虚構ゆえの真実
新中国禅宗史

John R. McRae
ジョン・R・マクレー 著

Ogawa Takashi
小川 隆 解説

大蔵出版

柳田聖山先生にささぐ
　　言葉につくせぬ感謝とともに

目　次

破家散宅の書──"Seeing through Zen"日本語版解説　［小川　隆］……⑴

緒　言　3
凡　例　9
禅研究におけるマクレーの法則　11

第1章　法系を見る──禅仏教についての新しい視座 …………… 13

 1　禅の法系図の脱構築　14
 2　「ひとつながりの真珠」の錯誤を回避する　24
 3　試験的な方策──禅の年代的段階　26
  3－1　原始禅　30
  3－2　初期禅　32
  3－3　中期禅　34
  3－4　宋代禅　35

第2章　発　端──菩提達摩と東山法門を区別しつつ接続する ………… 39

 1　展開する菩提達摩の聖人伝説　41
 2　原始禅と『二入四行論』　46
 3　弘忍と東山法門　53
 4　原始禅から首都禅へ──『修心要論』　57
 5　インド仏教と中国仏教の両極性　62

第3章　首都禅——朝廷の外護と禅のスタイル……………………69

 1　中国の帝都における禅ブーム　69
 2　神会の「北宗」攻撃　79
 3　牛頭禅——分派の危機の解消　83
 4　初期禅のクライマックス・テキストとしての『六祖壇経』　88
 5　無学な聖人としての恵能と禅の展開　97
 6　その他の三組の出来事　99

第4章　機縁問答の謎——誰が、何を、いつ、どこで？………………105

 1　「古典禅」と機縁問答　105
 2　馬祖の悟りの物語　112
 3　成文化された機縁問答の発生に至る八正道　117
  3－1　弟子たちに当意即妙に答える禅匠のイメージ
          ——八正道の一　118
  3－2　北宗における「指事問義」——八正道の二　119
  3－3　8世紀の資料における「禅説」のスタイル
          ——八正道の三　121
  3－4　初期禅の実践における交流的指導のための教義的基礎
          ——八正道の四　123
  3－5　儀式化された会話の師弟間での使用——八正道の五　127
  3－6　教えにおける逸話と問答との普遍的使用——八正道の六　129
  3－7　開悟物語の創作——八正道の七　130
  3－8　機縁問答の系譜的構造——八正道の八　131

第5章　禅と資金調達の法
   ——宋代における宗教的活力と制度的独占………………139

 1　反「なんでも禅」　139

2　中国史の中の禅仏教　141
　　3　体制乗っ取りの五つの要因　147
　　　3－1　神会の禅的「資金調達」の説得力　147
　　　3－2　馬祖の洪州宗の発展　149
　　　3－3　唐末の大惨事の影響　152
　　　3－4　公文書としての『祖堂集』　153
　　　3－5　禅宗法系の制度的機能　156

第6章　クライマックス・パラダイム
　　　──宋代禅における文化的両極性と自己修養の諸類型………161

　　1　クライマックス・パラダイムとしての宋代禅　161
　　2　大慧宗杲の偉大な経歴　166
　　3　大慧の看話禅　170
　　4　「黙照」と12世紀の曹洞禅　178
　　5　仏教と新儒教の組み合わせのパターン　185
　　6　宋代天台における修行の「間主観性」　190
　　7　禅と中国の社会秩序　194
　　8　パラダイムの消去　201

注　205

参考文献　229

索　引　243

破家散宅の書
──"Seeing through Zen"日本語版解説──

小川 隆

1　はじめに
2　伝灯の系譜
　　1）拈華微笑　　2）西天二十八祖　　3）祖師西来
　　4）南頓北漸　　5）青原と南岳　　　6）理致と機関
　　7）百丈清規　　8）五家七宗　　　　9）宋代の禅宗
　　10）公　案　　11）看話と黙照
3　攀龍附鳳
4　問答と公案
5　出逢いのパラダイム

1　はじめに

「英国人にとって家は城である──An Englishman's house is his castle.」英語にはそんな諺があるそうだ。そのこころは、「何びとの侵入も許さない」。いっぽう禅には「破家散宅（はけさんたく）」という成語がある。自ら大切に守るべきものであり、また、逆に、自らを守ってくれるものでもある家宅。それをすっかりご破算にしてしまうということで、あらゆる既成の見解を捨て去り、何ものにも依拠しない、という喩えである。

ジョン・マクレー教授の著書 "Seeing through Zen"（University of California Press, 2003年）は、禅宗史研究における「破家散宅」の書物である。本書においてマクレー教授は、禅の歴史に関する従来の通説・俗説を次々に解体し、すべてを白紙にもどして考え直す。刺激と挑戦に富むこの書物は、長年、禅宗史研究の末端に連なってきた自分のような者にとって、なかばは新鮮な啓

発を喜びつつ、なかばはちょっと迷惑を感ずるものでもある。こんな本が出てしまったら、せっかくの勉強がまたイチからやり直しではないか……。それにひきかえ、これから中国禅宗史を学ぶ人は幸運である。最初にこの"Seeing through Zen"を読み、そこで身につけた新鮮な問題意識と鋭い批評眼をたずさえて、先行研究にさかのぼってゆけばよいのだから。

そうした本書の基本的な立場は、「緒言」冒頭で次のように明確に宣言されている。

> この本は中世中国の禅仏教について、批判的かつ創造的な全体像を再現しようとする試みである。ここに提出する解釈は、この重要な宗教的伝統に対する、私にとって最善の、そして最も愛着ある知見である。本書が、一般読者、学生、そして同業の研究者たちによって、批判的に評価され利用されることを期待する。しかし、より重要なのは、個々の学説よりも、ここで用いられる分析の方法であり、ここに描き出される人間の宗教的活動のプロセスである。言いかえれば、この著作の目的は、中国禅についての唯一の物語を提供することではなく、この主題についての考え方に変化を起こすことなのである。

ここに言われるとおり、従来の研究に対するマクレー教授の批判は、その個々の結論よりも、多くはその暗黙の前提となっている――しかし、当事者たちが必ずしも自覚してはこなかった――禅宗史観の「考え方」のほうに向けられている。そうした立場から描き出された本書の斬新な中国禅宗史が、いかに自由で、活き活きとしたものであるか、それは本文をお読みいただけば、すぐに感じ取られることだろう。

しかし、本書が解りやすいかといえば、ちょっと疑問である。といっても、難解な術語が使われているとか、書き方が晦渋だとかいうのではない。本書は、むしろ、専門外のふつうの読者や参禅者を念頭に置き、特殊な専門用語や固有名詞の使用を極力避けつつ、一般性のある記述に努めている。読者ひとりひとりに語りかけてくるような文体は親しみやすく、時にはイタズラっ

ぽいユーモアも感じられる。だが、にもかかわらず、本書を読んで最初からすんなり理解できる読者は、そう多くないのではないか？　それが私の予想である。もし、そうだとすれば、それは本書が禅の歴史に対する従来の常識的な「考え方」――その常識のなかにいる人々が、そうとは自覚しないまま漠然と、しかし、根強く共有している「考え方」――それを根底から覆そうとしているからにほかならない。そのため、すでにそのような常識のなかにある人は、本書の記述に強い抵抗を覚えざるをえないであろう。だが、そういう方は、今日、むしろ少数ではあるまいか。実際には、あらかじめそのような常識を共有していないために、本書が何を覆そうとしているのか見当がつかず、まるで透明人間とスモウをとっている人を傍観するような、キョトンとした気持ちになる。それが大方の読者の率直な反応ではなかろうか？　旧套を脱するには、まず旧套を知らねばならない。本書の面白さが解るためには、旧来の語り方による禅の歴史の大枠と、そこでの常套の語句を知っておくことが不可欠だと思われる。

　そこで、ここではまず簡単に、禅門の伝統的な語り――本書が「ロマンティック」と評しているような語り方――による、禅の歴史の大略を紹介しておこう。このような「伝灯」系譜式の物語を、本書は「陳腐」化したものとも称している。だが、「陳腐」と言えるのは、それがひろく知られていればこそであろう。本書の「緒言」から見ると、アメリカでは禅センターを中心とした参禅者たちのコミュニティが各地にあり、そこでこのような伝統的な禅の歴史が、実践の支えとしてまじめに信奉されているらしい。そのため本書は、読者がそうした「先入観」をもっているという前提で書かれているのだが、残念ながら日本では、このような物語は「陳腐」と思われる段階を過ぎ、すでに忘れ去られつつあるようである。

2　伝灯の系譜

　禅門の伝承において、禅の歴史は、「師資相承（ししそうじょう）」「以心伝心（いしんでんしん）」の系譜として語られてきた。師の心から弟子（資）の心へ、代々、直に、法が伝えられていったという語り方である。その過程は、一本の蠟燭の火をもう一本の蠟燭

に移してゆくさまに喩えられて「伝灯(でんとう)」と呼ばれ、その継承関係は血統になぞらえて「法系(ほうけい)」「法脈(ほうみゃく)」などと称される。その相関関係の総体は家系図のような「法系図」に示され、その「伝灯」系譜に沿って禅者各人の言行録を集成した書物も多数編纂された。それらの書物は「伝灯録(でんとうろく)」「広灯録(こうとうろく)」「普灯録(ふとうろく)」などと名づけられ、「灯史(とうし)」と総称される。特定の教祖・開祖を戴かず、無数の祖師たちの系譜の総体に宗教的アイデンティティーの根拠を求めることは、禅宗の重要な特徴の一つである。

宗門で伝承されてきたそのような「伝灯」の系譜の大枠を、たとえば日本の鎌倉時代の禅僧、道元(どうげん)（1200-1253）は、次のように要約している。

　　　釈尊は霊鷲山(りょうじゅせん)で摩訶迦葉(まかかしょう)に法をさずけられ、それが仏祖から仏祖へと伝えられて菩提達磨(ぼだいだるま)尊者に至った。尊者は自ら中国におもむいて、慧可(えか)大師に法をさずけられた。これが、東土における仏法伝来の初めである。
　　　このように一代から一代へと法が伝えられ、やがて第六代の祖師大鑑(だいかん)慧能(えのう)禅師に至った。そこで真の仏法が東土中国でもひろく行われるようになり、項目・分類にかかわらぬ真実そのものが明らかとなったのであった。
　　　当時、六祖の下にお二人の高弟があった。南岳(なんがく)の懐譲(えじょう)禅師と青原(せいげん)の行思(ぎょうし)禅師である。いずれも仏法の証明を伝え、人間界・天上界の大導師たるお方であった。
　　　その二派が伝わってゆくうちに、五つの門流に展開された。法眼宗(ほうげん)・潙仰宗(いぎょう)・曹洞宗(そうとう)・雲門宗(うんもん)・臨済宗(りんざい)とよばれているものが、それである。現在、大宋国では臨済宗のみが天下にひろまっている。だが、五家(ごけ)の別はあっても、そこに伝えられているのは、ただ一つの仏心にほかならないのである。

　　　大師(だいし)釈尊、霊山会上(りょうぜんえじょう)にして法を迦葉につけ、祖祖正伝して、菩提達磨尊者にいたる。尊者、みづから神丹国(しんだんこく)におもむき、法を慧可大師につけき。これ東地の仏法伝来のはじめなり。かくのごとく単伝して、おのづから六祖大鑑禅師にいたる。このとき、真実の仏法まさに東漢に流演(るえん)して、

節目にかゝはらぬむねあらはれき。ときに六祖に二位の神足ありき。南岳の懐譲と青原の行思となり。ともに仏印を伝持して、おなじく人天の導師なり。その二派の流通するに、よく五門ひらけたり。いはゆる法眼宗、潙仰宗、曹洞宗、雲門宗、臨済宗なり。見在、大宋には臨済宗のみ天下にあまねし。五家ことなれども、たゞ一仏心印なり。(「弁道話」)

1）拈華微笑　上の一段が「大師釈尊、霊山会上にして法を迦葉につけ」と書きだされているように、「伝灯」の系譜は、釈尊から摩訶迦葉への伝法を起点とする（その前にさらに「過去七仏」を列する伝承もある）。「拈華微笑」とよばれるその故事は、たとえば次のように書き記されている。ところは、インドの霊鷲山。釈尊が仏弟子たちを集めて、しばしば説法された場所である——

　　世尊が昔、霊鷲山での説法の際、一本の花を手にとってみなに見せた。みな黙りこんだままだったが、摩訶迦葉尊者だけが、ひとりにっこり微笑んだ。
　　世尊は言われた、「わたしには、真理の核心、無上なる悟りの心、真実相であり且つ無相である妙なる法門がある。それは文字を立てず、経典の外に別に伝えられるものだ。今、それを摩訶迦葉に托す」と。
　　世尊、昔、霊山会上に在りて、花を拈りて衆に示す。是の時、衆皆な黙然たり。惟だ迦葉尊者のみ、破顔微笑す。世尊云く、「吾に正法眼蔵、涅槃妙心、実相無相、微妙の法門有り。不立文字、教外別伝。摩訶迦葉に付嘱す」。(『無門関』第6則)

一本の花を介した沈黙と微笑のうちに、釈尊の悟りの心はそっくり迦葉に伝えられた。それは経典の所説の外で心から心に伝えられたので「教外別伝」といわれ、文字によって特定の教条を定立することをしないので「不立文字」と形容される。この時、伝法の証として、金襴の袈裟があわせて迦葉に授けられたとされ（『天聖広灯録』巻2摩訶迦葉章）、その後の代々の伝法にあたっては、証明の品として、その衣、または衣鉢（衣と応量器のセット）が

法とともに伝授されていったとされている。師の学問や技芸を継承することを「衣鉢をつぐ」と表現するのは、禅宗のこの伝承に由来する。

　2）西天二十八祖　こののち「西天」(インド)で、第1代の摩訶迦葉から第2代の阿難へ、そして阿難から第3代の商那和修へと、法と袈裟が伝えられた。その後も、同様に代々の伝法が重ねられ、やがて第28代の菩提達磨に至った(達磨は、唐代の文献では「達摩」、宋代以降は「達磨」と書かれることが多い)。このように法と袈裟を伝えていった代々の人々を「祖師」とか「仏祖」とよび、西天では28代にわたって伝法が行われたので、それを「西天二十八祖」と総称する。

　3）祖師西来　西天で第28代の祖師となった達磨は、師の命を受け、海路、震旦(中国)に向かった。『碧巌録』はいう、「達磨、遥かに此の土〔中国〕に大乗の根器有るを観、遂て海を泛りて得得として来る。心印を単伝して、迷塗に開示す、文字を立てず、人心を直指して、見性成仏せしむ」と(第1則本則評唱。以下〔　〕は引用者)。「直指人心、見性成仏」、人の心を直に指さし、自己の本性を見て仏と成らせる、そのために達磨ははるばる海を渡ってやって来たのだというのである。

　当時、中国は南北朝時代であった。広東の港から中国にはいった達磨は、まず、南朝の梁の武帝と会見する。武帝は熱心な仏教信仰で知られた皇帝であった。だが、有形の功利的功徳を求める武帝との対話は、物別れに終る。達磨は見切りをつけて北魏に赴き、嵩山少林寺の洞窟で「面壁九年」、壁にむかったまま黙々と九年間坐禅しつづけた。人々は達磨のことを「壁観の婆羅門」とよんだという(『景徳伝灯録』巻3菩提達磨章、『碧巌録』第1則本則評唱)。

　やがて慧可という僧が、深い悩みを抱えて達磨のもとを訪れる(慧可も、唐代には多く「恵可」、宋代以降は多く「慧可」と書かれる)。しかし、達磨は、冷たく背を向けたまま、振り向きもしなかった。腰の高さまで雪が降り積もる、厳寒の夜のことであった。

　達磨が壁に面って坐禅していた。雪の中に立ちつくしていた二祖慧可が、

自らの臂を断ち切ってこう言った。「わたくしは心が安らかでありません。どうか師よ、心を安らかにしてください」。「しからば、その"心"なるものをもってまいれ。汝がために安らかにしてやろう」。「心を探し求めましたが、まったく捉えることができませぬ」。「ふむ、これで、汝のために、心を安らかにしおわった」。

　　達磨面壁す。二祖雪に立つ。臂を断ちて云く、「弟子、心、未だ安らかならず。乞う師、心を安んぜよ」。磨云く、「心を将ち来れ。汝が与に安んぜん」。祖云く、「心を覓むるも了に不可得」。磨云く、「汝が為に心を安んじ竟れり」。(『無門関』第41則)

　雪舟の絵でも有名な「慧可断臂」の伝説である。かくして達磨から慧可へ法と袈裟が授けられ、達磨は唐土(東土)の「初祖」、慧可はその「二祖」となったのであった。

4) 南頓北漸　それ以後、中国において「初祖達磨―二祖慧可―三祖僧璨―四祖道信―五祖弘忍―六祖慧能」と伝法が重ねられていった(慧能も唐代は多く「恵能」、宋代以降は多く「慧能」と表記される)。これをさきの「西天二十八祖」とあわせて「西天二十八祖、唐土(東土)六祖」「西天四七、唐土(東土)二三」などと総称する。

　慧能が五祖のあとをついで「六祖」となったことについては、次のような物語が伝承されている。慧能は文化はつる「嶺南」の出身とされ、しかも貧しく無学で文字の読み書きもできず、さらには当時、漢民族から蔑視を受けていた「獦獠」という少数民族の出身だったと伝えられる。

　　六祖慧能大師は、家が貧しく、薪売りをして母を養っていた。縁あって、法を求めるため、はるばる五祖弘忍禅師のもとをたずねた。
　　五祖が問う、「どこからまいった?」「嶺南よりまいりました」。「何を求めてまいった?」「仏となること、ただその一事のみにございます」。「嶺南の人間には仏性が無い。どうして仏になどなれよう」。「人には南北の別がございます。しかし、仏性がそのようでありましょうか?」

五祖は慧能がただものでないことを看ぬき、それゆえわざと「作業場に行って働け」と叱りつけた。慧能は作業小屋に行き、腰に石をくくりつけて米搗(こめつ)きをした。

　あるとき五祖は修行僧たちに告げた、世尊以来の袈裟と正法を授けるゆえ、偈(うた)を作って提出するように、と。そこで門下の首席、神秀(じんしゅう)大師が偈を提示した——

　　　身是菩提樹　　身(み)は是(こ)れ菩提(ぼだい)の樹(き)
　　　心如明鏡台　　心(こころ)は明鏡(めいきょう)の台(うてな)の如(ごと)し
　　　時時勤払拭　　時時(じじ)に勤(つと)めて払拭(ほっしき)し
　　　莫遣惹塵埃　　塵埃(じんあい)を惹(ひ)かしむる莫(なか)れ

　　　この身は菩提(さとり)の樹(き)
　　　心は澄みし鏡(かがみ)の台(うてな)
　　　つねに怠りなく　拭き清め
　　　塵ほこり　つかせることのなきように

慧能はこれを耳にし、合わせて次の一首を作った——

　　　菩提本無樹　　菩提(ぼだい)本(もと)より樹(き)無し
　　　明鏡亦非台　　明鏡(めいきょう)も亦(ま)た台(うてな)に非(あら)ず
　　　本来無一物　　本来無一物(ほんらいむいちもつ)
　　　何処惹塵埃　　何(いず)れの処(ところ)にか塵埃(じんあい)を惹(ひ)かん

　　　菩提(さとり)には樹など無い
　　　澄みし鏡(かがみ)の台(うてな)でもない
　　　本来無一物(ほんらいむいちもつ)
　　　どこに　塵ほこりなどありえよう

　五祖は黙ったまま、その深意を知った。夜、慧能を室内に呼び、ひそかに法の核心を告げ、伝法の証である衣鉢(えはつ)を授けた。そして、長江をわたり、大庾嶺(だいゆれい)を越え、南方の曹渓の地に帰ってわが「東山法門(とうざんほうもん)」を開示せよ、そう命ぜられたのであった。

　　　六祖大師(ろくそだいし)、家貧(いえまず)しく、薪(まき)を売りて母を養う。因(ちな)みに五祖に往(ゆ)きて法を求む。祖〔五祖〕問う、「汝(なんじ)、何(いず)よりか来(きた)る？」 師〔六祖〕云く、「嶺南(れいなん)

より来る」。祖云く、「何事をか須めんと欲す？」 師云く、「唯だ仏と作ることを求むるのみ」。祖云く、「嶺南の人、仏性無し。若為んが仏を得ん？」 師云く、「人には南北有り、仏性豈に然らんや！」 祖、異器なるを知り乃ち訶して云く、「糟廠に著き去け」。師、遂に碓坊に入り、石を腰にして米を舂く。因みに五祖、衆に示して偈を索め、衣法を付けんと欲す。堂中の上座、神秀大師、偈を呈す。云く、「身は是れ菩提の樹　心は明鏡の台の如し　時時に勤めて払拭し　塵埃を惹かしむる莫れ」。師聞きて乃ち之に和す。云く、「菩提本より樹無し　明鏡も亦た台に非ず　本来無一物　何れの処にか塵埃を惹かん」。祖黙して之を識る。夜、師を呼びて入室せしめ、密かに心宗の法眼を示し、衣鉢を伝付す。江を渡り大庾嶺を過ぎ、南のかた曹渓に帰りて、東山法門を開かしむ。（『禅林類聚』巻8「祖偈」）

　最後に見える「東山法門」は、四祖道信・五祖弘忍らの一門を指す。彼らは蘄州黄梅（今、湖北省）の双峰山に定住し、大規模な集団による修行生活を営んでいたと伝えられる。「東山法門」の名は、双峰山のうち、五祖が住したほうの山名にちなむ。

　かくして慧能は「六祖」となり、達磨以来の法と袈裟を受け伝えた。道元が「かくのごとく単伝して、おのづから六祖大鑑禅師にいたる」と書いていたのは、このことである。この後、禅宗は六祖慧能の「南宗」と神秀の「北宗」という二つの系統に分かれ、前者が正統とされるようになる。「南宗」は「頓悟」（段階をふまない瞬時の直観的悟り）、「北宗」は「漸悟」（持続的修行による段階的・漸進的な悟り）を、それぞれ旨とするものとされ、そこから「南能北秀」「南頓北漸」などの成語も生まれた。上に引いた慧能の物語は『六祖壇経』という書物に慧能の自述という形式で詳しく書き記され、ひろく人口に膾炙した。

　5）青原と南岳　その後、六祖慧能の下に、南岳懐譲と青原行思の二大弟子が出る。道元の文に「ときに六祖に二位の神足ありき。南岳の懐譲と青原の行思となり」とあったとおりである。そして、南岳の下に江西の馬祖道一、青原の下に湖南の石頭希遷が出、さらにそれぞれの門下に多数のすぐれた禅

者が輩出して、唐代禅の黄金時代が現出したとされる。『景徳伝灯録』巻6馬祖章に、次のような注記が見える。

> 懐譲〔南岳〕と道一〔馬祖〕の関係は、ちょうど行思〔青原〕と希遷〔石頭〕の関係に同じである。両者は源を同じくしながら派が分かれたもので、それゆえ禅の隆盛は、この二師に始まるのである。劉軻〔中唐の文人、生没年不詳〕が言っている、「江西は大寂〔馬祖〕を主とし、湖南は石頭を主とする。その間の往来はさかんであり、この二大師に見えたことが無ければ無知とされた」と。
>
> > 譲の一は猶お思の遷のごとし。源を同じくして派を異にす。故に禅法の盛んなるは、二師に始まれり。劉軻云く、「江西は大寂を主とし、湖南は石頭を主とす。往来憧憧、二大士に見えざれば無知と為せり」。（『景徳伝灯録』巻6馬祖章注）

修行者たちは道を求め、江西の馬祖と湖南の石頭の間をさかんに往き来した。両者は競合する関係ではなく、宗風を異にしつつ互いに補完しあう関係ととらえられていたのである。かくして盛時の禅の歴史は、「南岳―馬祖」系と「青原―石頭」系の二つの主流の歴史として回顧され憧憬されるようになった。いわゆる「灯史」の類も、全体を南岳系と青原系に二分し、そのうえで、それぞれの「伝灯」の系譜を記してゆくのを通例とする。ちなみに「江湖」という漢語は、大きな河川や湖沼という意味から、あるいは天下や世間を指し（いわゆる渡世人のことを中国語で「江湖人」とか「江湖客」という）、あるいは人間社会から離れた隠遁・隠棲の地を指す。だが、日本の禅門ではこの語をしばしば、「江西」の馬祖と「湖南」の石頭を中心とするひろい禅の世界、という意味で使っている。

6）理致と機関　この時代から、いわゆるの禅問答――本書のいう「機縁問答」――が盛んになったと考えられている。一見、チグハグでトンチンカンに見える、禅宗独特の問答応酬のことである。室町時代の禅僧、夢窓疎石（1275-1351）は言う。「馬祖・百丈以前は、多くは理致を談じ、少しきは、

機関を示す。馬祖・百丈よりこのかた、多くは機関を用ひ、少しき理致を示す」と（『夢中問答』81）。「理致」は理論的な教説。「機関」は個別の場面における臨機応変のやりとりのことで、「機縁問答」とほぼ同義。夢窓はそのさまを「或は棒喝を行じ、或は義理にわたらざる話頭を示す」と描写する。棒で打ったり、大声で一喝したり、非論理的な言葉を吐いたり、というわけで、馬祖やその弟子の百丈懐海の頃から、理論的な教説よりも、そうした大機大用のほうが多用されるようになったというのである。たとえば馬祖と百丈について、次のような問答が伝えられている——

　馬祖が百丈と歩いていたとき、カモの飛んでゆくのが見えた。馬祖が言った、「何だ」。百丈、「カモです」。「何処へ行ってしまった」。「飛んで行ってしまいました」。
　すると馬祖は百丈の鼻をひねりあげた。イタタタタッ！　百丈は思わず悲鳴をあげる。そこで馬祖はひとこと、「なんだ、飛んで行ってなどおらぬじゃないか」。

　　馬大師、百丈と行きし次、野鴨子の飛び過ぐるを見る。大師云く、「是れ什麼ぞ」。丈云く、「野鴨子」。大師云く、「什麼処にか去く」。丈云く、「飛び過ぎ去れり」。大師、遂に百丈の鼻頭を搊る。丈、忍痛の声を作す。大師云く、「何ぞ曾て飛び去らん」。（『碧巌録』第53則）

　唐代禅の思想的な基調となっているのは、「即心是仏」（自己の心こそが仏にほかならぬ）、あるいは「平常心是道」（ふだんのあたりまえの心がそのまま道である）、という馬祖の考え方であった。唐代の禅者たちはその考えを教説として説くよりも、それを活きた事実として修行僧自身に気づかせるべく種々の問答を行うことを好んだ。「理致」から「機関」へ、という夢窓の要約は、そのことを指していよう。それらの問答は個々の人と場面に即しているために、他の問答によっては代替されえず、また抽象や概括になじまない。その結果、個々の問答は個々の問答のままに記録・集積され、「語録」という独特の文献を大量にのこすこととなった。特定の聖典をもたず、かわりに多数

の禅者の「語録」をのこしたことも、禅宗の特徴の一つとなっている。

　そのような問答はしばしば意味不明でチグハグと見える。だが、そこには実は「即心是仏」という事実を修行者自身に発見させようとする論理的な仕掛けが内包されていた。今日では、唐代の口語の語彙と語法に即し、あわせて唐代禅宗の思想史的脈絡をふまえることで、そのような内在的論理を精密に解読しようとする研究が進んでいる（たとえば上の「野鴨子」の話については、小川『語録のことば——唐代の禅』禅文化研究所、2007年、p. 189、および同『続・語録のことば——《碧巌録》と宋代の禅』同 2010 年、p. 68 に分析がある）。だが、伝統的な理解はそうではない。たとえば筽坂光龍（おさかこうりゅう）（1901-1985）「中国における禅の展開」は、上の「野鴨子」を引き、さらに二、三の例を添えて次のように説いている。

> 馬祖は大機大用の具現者として、単に揚眉瞬目や手足の活用のみでなく、僧としての所持物である拄杖や払子などをも、単に手段としてでなく、自己薬籠中のものとして、問答の中心的存在たらしめている場合もある。それのみでなく、従来使用されてきた言語そのものも、言語の意味としてでなく、単に一偈を吐くだけの中に、仏心そのものというか、自己本来の面目そのものを全露するようになった。（『講座禅』第 3 巻・禅の歴史——中国、筑摩書房、1967 年／引用は 1974 年新装版 p. 127。傍点は引用者）

　夢窓が「機関」といい、本書が「機縁問答」と呼んでいるようなこの種の問答、それを宋代の禅門では、論理的に無意味であり、無意味だからこそ絶対的・超越的な何かを直指するものだと考えた。その種の理解——言語的意味を絶するという理解——は、その後も長く強い影響力をもちつづけ、現在でも多くの書物において、そうした立場から禅問答の紹介が行われている（上の引用で野鴨子の話が、「言語の意味としてでなく」「自己本来の面目そのものを全露」するものと説かれているのも、その例である）。そのため、宋代禅の書物と宋代禅の論理によって唐代禅者の像を語るという書物は、今日でも決して珍しくない。

7）百丈清規　「語録」とともに禅宗のいま一つの重要な特徴となっているのが、百丈が創始したとされる「清規(しんぎ)」である。「清規」は僧堂での集団的な修行生活を律する禅宗独自の規則だが、その意義を、たとえば中村元(なかむらはじめ)(1912-1999)は次のように説明している。

> 禅は仏教の修行をこの方向〔言葉を介さず瞑想によって直観的に真理を把握する方向〕に徹底して行ったが、志を同じくする人々が増えるにつれて、かれらは人里はなれたところで共住するようになった。放浪者・遍歴者的生活から集団的定住生活への転換は、第四祖道信（五八〇—六五一）の頃にすでに起こっている。ところで人里離れた山間で共同生活を行う場合には、村里に托鉢乞食に出かけることができないから、禅僧は自給自足の生活を行わなければならなかった。かれらは自ら田を耕し、樹を伐り、家を建てるという仕事に従事した。ここでは僧侶が生産に従事し、勤労を尊重することとなった。（これは従前のインドやシナの仏教教団には見られなかったことである。）このような活動を禅林では作務(さむ)と呼んでいる。こういう新しい共同生活を営むことになると、教団の新しい生活規定が必要となる。その生活規定を清規(しんぎ)と呼ぶが、それは百丈懐海(ひゃくじょうえかい)（七二〇—八一四）がはじめて組織したと伝えられている。ここで教団としての禅宗が確立したのである。（「魚返善雄『禅問答四十八章』解説」学生社、1955年／引用は1978年新装版 p. 133。傍点、（　）は原文。〔　〕は引用者）

ただし、百丈が定めたとされる「清規」の条文は現存せず、明文化された「清規」として実際に用いられたのは宋の『禅苑清規(ぜんねんしんぎ)』や元の『勅修百丈清規(ちょくしゅうひゃくじょうしんぎ)』などであった。

労働を尊ぶ百丈の精神は、「一日作(な)さざれば、一日食(く)わず」の故事によって語り伝えられている。

> 百丈山の大智禅師は、むかし馬祖の侍者だった時から、逝去の日の夜にいたるまで、一日として、人々のために働かなかった日は無かった。

もったいなくも「一日作さざれば、一日食わず」という事跡をのこされたが、それはこういうことである。百丈禅師はすでに高齢であられたが、一同総出で作業をするときは、壮年の者たちと同じように力を尽くして励まれた。みなはそのお姿に心を痛め、お気の毒に思った。しかし、禅師は、それを止められなかった。
　とうとうある日の作業の時、みなが道具をかくして禅師に持たせなかったので、禅師は、その日いちにち、食事をお摂りにならなかった。共同作業に加われなかったことを、遺憾に思われてのことである。これが「一日作さざれば、一日食わず」の事跡である。いま大宋国に伝わっている臨済宗の宗風でも、また他の諸方の僧堂でも、おおむねこの百丈のすばらしき宗風が保持され実践されているのである。

> 百丈山大智禅師、そのかみ馬祖の侍者とありしより、入寂のゆふべにいたるまで、一日も為衆為人の勤仕なき日あらず。かたじけなく一日不作、一日不食のあとをのこすといふは、百丈禅師すでに年老臘高なり。なほ普請作務のところに、壮齢とおなじく励力す。衆、これをいたむ。人、これをあはれむ。師、やまざるなり。つひに作務のとき、作務の具をかくして師にあたへざりしかば、師、その日一日不食なり。衆の作務にくはゝらざることをうらむる意旨なり。これを百丈の一日不作、一日不食のあとといふ。いま大宋国に流伝せる臨済の玄風ならびに諸方の叢林、おほく百丈の玄風を行持するなり。（道元『正法眼蔵』行持上）

　このような勤労の精神と自給自足の態勢を具えていたために、唐の終わりごろにおこった「会昌の破仏」でも、禅宗はさして大きな打撃をうけず、他宗が衰退するなかで逆に存在感を増していったのだとしばしば説明されている。また、伝統的な戒律では禁じられていた生産労働・肉体労働を逆に仏道修行として積極的に肯定した点をとりあげ、これを中国版の「世俗内的禁欲」と評価する説もある。

　8）五家七宗　「会昌の破仏」や「黄巣の乱」などの苦難を受けながらも、禅宗は唐末五代の時代、南方を中心に着実に勢力をひろげていった。そうしたなか、禅宗のなかにいくつかの派別が生じ、それらはやがて五つの宗派と

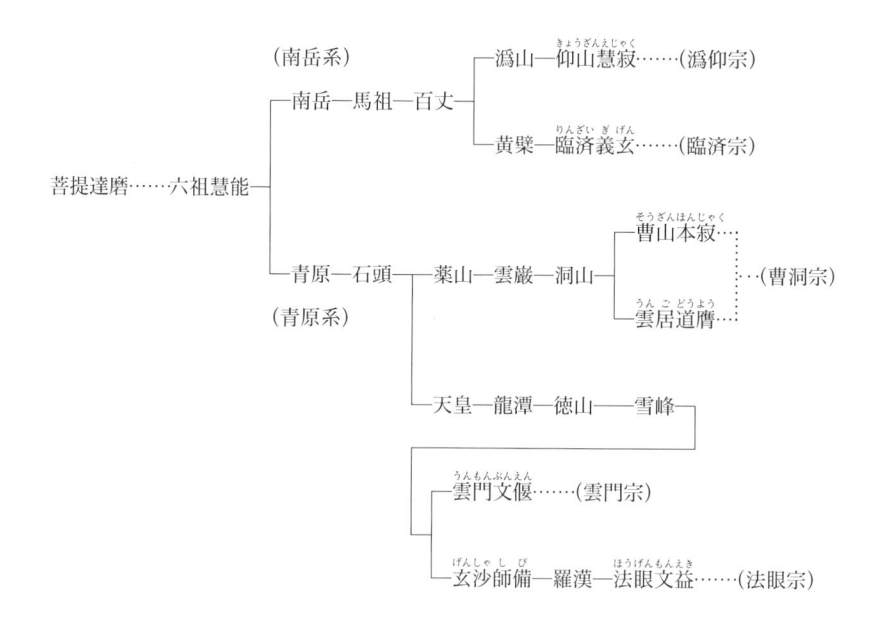

して整理され、「五家(ごけ)」とよばれるようになった。上に引いた道元の文章に「その二派〔青原系と南岳系〕の流通するに、よく五門ひらけたり。いはゆる法眼宗(ほうげんしゅう)、潙仰宗(いぎょうしゅう)、曹洞宗(そうとう)、雲門宗(うんもん)、臨済宗(りんざい)なり」とあったのが、それである。今、最小限の人名だけでその大枠を法系図の形にすると、次のようになる。

```
                              （南岳系）        ┌─潙山─仰山慧寂(きょうざんえじゃく)……(潙仰宗)
                         ┌─南岳─馬祖─百丈─┤
                         │                    └─黄檗─臨済義玄(りんざいぎげん)……(臨済宗)
菩提達磨……六祖慧能─┤
                         │                                  ┌─曹山本寂(そうざんほんじゃく)…┐
                         └─青原─石頭─┬─薬山─雲巖─洞山─┤                              ├…(曹洞宗)
                            （青原系）  │                    └─雲居道膺(うんこどうよう)…┘
                                        │
                                        └─天皇─龍潭─徳山─雪峰─┐
                                                                   ├─雲門文偃(うんもんぶんえん)……(雲門宗)
                                                                   └─玄沙師備(げんしゃしび)─羅漢─法眼文益(ほうげんもんえき)……(法眼宗)
```

　宋代の初期に勢力を持っていたのは、雲門宗だった。やがて臨済宗が取って代わり、北宋のなかば以降、禅門は臨済宗にほぼ席巻された。道元が「見在(げんざい)、大宋には臨済宗のみ天下にあまねし」と言っていたのは、宋代禅門における臨済宗の圧倒的優勢という状況を指したものにほかならない。栄西(えいさい)(1141-1215)の『興禅護国論(こうぜんごこくろん)』にも「此の宗、六祖より以降(このかた)、漸(しだ)いに宗派を分かち、法、四海に周(あまね)し。世、二十に泊(およ)び、脈、五家に流る。謂く、一法眼宗、二臨済宗、三潙仰宗、四雲門宗、五曹洞宗なり。今、最も盛んなるは是れ臨済なり」とある（第五宗派血脈門）。そうしたなか、曹洞宗は勢力としては弱小ながら独特の思想と行法を守って命脈を保ち、道元によって日本に伝えられた。なお、臨済宗は北宋の時期、さらに「黄龍(おうりょう)」派と「楊岐(ようぎ)」派の二

系統に別れたので、全体を「五家七宗(ごけしちしゅう)」と総称する数え方もある。鎌倉・室町の時代に次々と日本に伝えられた禅宗は、大部分が臨済宗楊岐派に属するものであった。

9）宋代の禅宗　宋の時代になると、禅宗は官僚機構のうちに組み込まれ、士大夫社会の一部となっていった。国家の安寧と皇帝の長寿を祈禱することが禅院の重要な任務となり、住持の任免には官許が必要とされた。南宋の時代に形成されたいわゆる「五山十刹(ござんじっさつ)」制度は禅院官寺化の完成形態であり、日本でも鎌倉・室町の時代に熱心に模倣された。唐木順三(からきじゅんぞう)（1904-1980）は日本中世の禅宗が皇室や幕府と結びついていった時代背景を説明するなかで、南宋の禅門の状況を次のように書いている（宋を北方から圧迫したのは「元」でなく「金」であるが）。

> やがて元(げん)という大帝国を建てた蒙古民族に圧迫され、江南に移った南宋の朝廷が、五山十刹の制度を定め、諸寺や禅僧を国家権力の保護、統制の下に置いたこと、入宋した日本の禅僧たちがその制度を当然のこととして受取ったこと、五山における開堂祝聖には聖寿の万歳を祈る儀式が盛大に行われたこと、そういう南宋禅やそれの指導的役割を勤めた大慧(だいえ)宗杲(そうこう)（一〇八九—一一六三）一派の影響があったろう。蒙古民族の圧迫のもとにあった南宋の朝廷には、自国を維持するために国家民族意識を昂揚する必要があり、禅僧たちもまたそのために動員され、興禅がただちに護国と結びつかざるをえなかったという事情があった。（『禅家語録集』日本の思想 10、筑摩書房、1969 年、解説 p. 15）

そのいっぽうで宋代は、多くの士大夫たちがきそって禅に参じ、思想・文学などの諸方面にひろく禅の影響が見られるようになった時代であり、それと同時に、禅僧たちが士大夫層と共通・同質の文化資本のうえで禅を営むようになった時代でもあった。唐木はいう。

> 更にもうひとつの宋時代の特色は「科挙(かきょ)」といわれる高等文官試験であ

る。「科挙」に合格すれば身分の如何にかかわらず官僚になることが出来る。官僚制度は宋において整ったが、その官僚は経典や詩文の試験に合格したものであった。「科挙」の制度は必然的に詩文の隆盛を来す。詩、書、画はかくして宋朝において盛んになった。南宋の首都臨安のあった江南の風光がまた詩興をそそったかもしれぬ。雪竇の『百則頌古』、圜悟の『碧巌録』を初めとするいわゆる宋朝文字禅は、宋代の文化の特色を禅の分野で示しているものであろう。そして禅があまりにも文学的になり、詩文偈頌をこれ事とするにいたれば、反動もおのずからに起ってくる。『碧巌録』を焼き捨てるということも出てくる。黙照禅と並んで看話禅（公案禅）も出て来た。……（同上、p. 16）

「圜悟」とあるのは、圜悟克勤（1063-1135）のこと。北宋期、雲門宗の雪竇重顕（980-1052）が古人の問答――「公案」――百条を選んで詩を付したのが上にいう『百則頌古』（『雪竇頌古』）で、それを圜悟が順次講義していった記録が『碧巌録』である。ひとつ前の引用に名の見えた大慧宗杲はその圜悟の弟子だが、『碧巌録』の安易な流行に立腹し、その版木を破砕、ないし書物を焼却したという伝説がある（『禅門宝訓』巻4、『碧巌録』方回序・周馳序等、夢窓疎石『西山夜話』）。看話と黙照のことには、後ほどふれる。

10）公　案　前代と異なる宋代禅の最も目立った特色は「公案」の使用にある。「公案」はもと、①役所で決済される公文書、②公文書に記された事件・案件、③役所の事務机、などを指す近世の中国語だが、禅の世界では、修行者に究明の課題として与えられる先人の問答の記録を「公案」という。灯史や語録のなかに記された先人の問答を禅門共有の古典として選び出し、それをいわば所与の教材として修行者に参究させるのである。夢窓疎石はいう。

　　むかしは、師のほうから、我が語を「公案」として参究せよなどと勧めることはなかった。……ところが今どきの人は、前世からの修行の蓄積も薄く、道を志す心も浅い。師の一言を聞くと、ある者は理屈で推量し、

悟ったような気になって、そのまま止めてしまう。また、最も愚かで、理屈もはたらかせられぬような者は、挫折してしまう。そうした状況を憐れんで、圜悟(えんご)や大慧(だいえ)以降、「公案」参究の方便が設けられるようになったのである。

> 古(いにし)へは知識の方(かた)より我が語を公案にして、提撕(ていぜい)せよとすすめたることもなし。……今時の人は、宿習も厚からず、道心も深からず。この故に、知識の一言を聞く時、或は識情を以て推度して、悟り得たる思ひをなして、さてやみぬ。或は最鈍にして、推量もめぐらぬ者は退屈す。これをあはれむ故に、圓悟(えんご)〔圜悟〕・大慧(だいえ)よりこのかた、公案提撕の方便を設け給へり。(『夢中問答』55)

実際には公案の使用は圜悟・大慧から始まったわけではなく、それ以前からひろく行われていた。二人はいわば宋代公案禅の完成者・代表者として、ここに名を挙げられているのであろう。では「公案」とは如何なるものか？夢窓はいう。

禅師が与える「公案」は、浄土往生のためのものでもなければ、成仏得道の要求に応ずるものでもない。また、世間のすばらしき事でも、仏門の理論でもない。すべて心意識による思考の及ばぬところゆえ、それを「公案」というのである。それは「鉄饅頭」に喩えられる。ただひたすら、心意識の舌をつけ得ぬところで、嚙んで嚙んで嚙みつづけたら、必ず嚙み破る時がくる。その時はじめてこの「鉄饅頭」が、世間の味覚とも出世間の意味とも異なったものであることが知られるにちがいない。

> その故は、宗師の人にこの公案を与ふること、往生浄土のためにもあらず、成仏得道(じやうぶつとくだう)の求めにもあらず。世間の奇特にも非ず。法門の義理にも非ず。惣(すべ)て情識(じやうしき)のはからざる処なり。故に公案と名づく。これを鉄饅頭(てつまんぢゆう)に譬(たと)へたり。ただ情識の舌をつくるあたはざる処に向かつて、咬(か)み来(きた)り嚼(ぎ)み去らば、必ず咬み破る時分あるべし。その時始めて、この鉄饅頭は、世間の五味(ごみ)・六味(ろくみ)にも非ず、出世の法味(はふみ)・義味(ぎみ)にも非ざることを知るべし。(『夢中問答』32)

「公案」は「鉄饅頭」のごとく、味も無く、歯も立たぬもの。それを無理やり嚙みつづけてゆくうちに、突如それが嚙み砕かれる、開悟の時があるというのである。
　公案の扱い方は、今日の目から見ると大きく二つに分けることができる。一つは詩文や寸評・講義等によって「公案」の評釈・敷衍を行う「文字禅」の営為。上の唐木の文に「雪竇の『百則頌古』、円悟の『碧巌録』を初めとするいわゆる宋朝文字禅」とあったのはこれを指す。曹洞宗にも、『従容録』など同種の作品が多数ある。もう一つは、大慧が完成した「看話禅」である。「看話」とは「話頭」を「看る」ということで、特定の「話頭」すなわち「公案」に理屈ぬきで全身全霊を集中しつづけて意識を追い詰め、その限界点で心の大破を起こし劇的な大悟の体験に至る、という修行法である（本書第6章・第3節に「話頭」を「公案の中の最も重要な──通常は最後の──一行を指す」とする説明が見えるが、穿ちすぎであろう。その箇所の注16にいうように「〜頭」は名詞の接尾辞で実義は無い。「話頭」は単にハナシということで、禅籍では「公案」とほぼ同義である）。なお上の唐木の文のように、従来、「看話禅」と「公案禅」を同義に用いている場合が少なくないが、議論の混乱のもとになるので好ましくない。「看話」を行わないことと「公案」を用いないこととは同じでないが、その両者の混同に起因する誤解がまま見うけられるからである。「看話禅」は「文字禅」とともに、「公案禅」の下位区分とするのが適当であろう。
　では看話とは、具体的にはどのように行われるものだったのか。一例として、大慧が門弟の開善道謙をつかわして在家の女性信者の指導を行った時のようすを看ておこう。

　　秦国太夫人〔宰相張浚の母、計氏〕は日ごろからよく経典を読んでいた。ある時、道謙禅師にたずねた、「大慧禅師は、ふだん、どのように参禅をさせておられますか？」　道謙禅師は答えた、「和尚は説かれます、雑事を捨て去って、ただ看るのだ──"僧、趙州ニ問フ、狗子ニ還タ仏

性有リヤ？ 州云ク、無！"と。あるいは"僧、雲門ニ問フ、如何ナルカ是レ仏？ 門云ク、乾屎橛！"と。ともかく、一切の時、一切の場で、くり返しこれ〔公案〕に取り組み、"悟り"を本義とするのです。夫人よ、この一事を究めるなら、経典を読むのを止め、専一に体得をめざさなければなりませぬ」。そこで夫人がその教えのとおりにやってゆくと、一月余りもせぬうちに、にわかに悟るところがあった。その境地を偈にしていわく——

　　日ごと経文を読みゆけば　　　昔のなじみに出逢うがごとし
　　つかえてばかりと言うなかれ　　手に取るたびに真新し

　　秦国太夫人、日常より経を看む。因みに師〔開善道謙〕に問うて云く、「径山和尚、尋常、如何にか人に教えて参禅せしむ」。師云く、「和尚、人をして雑事を屏け去りて唯だ看しむ、"僧、趙州ニ問フ、狗子ニ還タ仏性有リ也無？ 州云ク、無！" 又た"僧、雲門ニ問フ、如何ナルカ是レ仏？ 門云ク、乾屎橛！" 但だ一切時、一切処に、頻頻と提撕して看、悟を以って則と為せ。国太よ、此の事を弁ぜんと欲さば、宜しく経を看むを輟め、専一に体究して始めて得し」。国太、教に依り、未だ月余に及ばずして、俄かに省発する有り。偈を作りて云く、「逐日、経文を看むに、旧識の人に逢うが如し。言う勿れ頻りに礙有りと。一たび挙すれば一回新たなり。(『聯灯会要』巻17 建寧府開善道謙禅師／なお『大慧語録』巻14「秦国太夫人請普説」にこの一件の詳細が見える)

同じ話を伝える『五灯会元』巻20 秦国夫人計氏法真章では、道謙による大慧の教えの要約が、次のような表現で記されている。

「和尚はただ"狗子無仏性"および"竹篦子"の話を看させるだけです。語を加えてはならぬ、思考を加えてはならぬ、提起した瞬間に会得してもならぬ、口を開く瞬間をよしとしてもならぬ、ただ、そう説くのみです。"狗子ニ還タ仏性有リヤ？ 無！" ともかくただそう看よ、と説かれるのです。」

「和尚は祇だ人に教えて"狗子無仏性"及び"竹篦子"の話を看しむる

のみ。祇だ是れ下語(あぎょ)する不得(なか)れ。思量する不得(なか)れ。挙起(こき)する処に向(お)て会する不得(なか)れ。開口(かいく)の処に向て承当(じょうとう)する不得(なか)れ。"狗子(クシ)ニ還夕仏性有リ也無(ヤムー)？ 無(ム)！" 祇だ恁麼(たかよう)に人に教えて看しむるのみ。」

　看話の実践でよく用いられた代表的な公案は、上の引用のなかに見える趙州(じょう)「無字(むじ)」と雲門(うんもん)「乾屎橛(かんしけつ)」、首山省念(しゅざんしょうねん)の「竹箆子(しっぺいし)」、それに趙州の「庭前柏樹子(ていぜんはくじゅし)」、洞山守初(とうざんしゅしょ)の「麻三斤(まさんぎん)」などであった。なかでも趙州「無字」は大慧がとりわけよく用いた公案で、有名な『無門関』の第1則は、大慧流の看話における「無字」の公案の扱いを忠実に祖述したものにほかならない。

11）看話と黙照　宋代、とくに南宋の時代には、禅門は多数派の臨済宗と少数派の曹洞宗という二極によって構成されるようになった。唐木の文の最後にもふれられていたように、その状況は、しばしば大慧宗杲の「看話禅」対宏智正覚(わんししょうがく)（1091-1157）の「黙照禅」という対比によって語られてきた。

　　然るに南宋の頃になると、五家の中でも臨済、曹洞の二宗のみ行はれて、他は殆んど其の法脈を絶つといふ状態に在つた。此の時に当つて、古人の話頭に参じて待悟見性を唯一の目的とする看話禅と、祇管打坐の黙照禅と対立し、前者は臨済、後者は曹洞として其の旗幟を明かにして互に是非し褒貶するに至つた。其の中心の人物は臨済の大慧宗杲と、曹洞の宏智（天童正覚）とである。（衛藤即応「禅の思想」『岩波講座東洋思潮』1935年、p.50）

　大慧の右の文中に「黙照の邪禅」と排撃しているのは、彼と同時代に天童山に住した宏智（一一五七寂）を指す。『宏智広録』（巻八）には黙照銘一篇を収め、その他彼の著作の至るところに黙照の立場からみた坐禅観を高調している。蓋し黙照とは、寂然として坐し、黙々の中に天地の妙徳としての大公案、即ち天地そのものに冥合躰達せんとするの謂である。宏智よりすれば坐禅そのものに絶対性を持たせ、これを最高価値の行とするから、打坐を唯一の道として之を勧め、大慧の一派に対しては、そ

れを看話の妄風と誹謗したのである。大慧と宏智とは道交極めて厚く、互に相許し信頼し合う間柄であったが、宗旨の上では、一は待悟見性、他は打坐主義に立って対抗した。爾来看話と黙照とが中国における二大禅風を形成することとなり、これが我国に於ても夫々臨済と曹洞との宗旨の特色を示す標準となった所以である。（高雄義堅『宋代仏教史の研究』第9章「宋代禅宗の性格──三　看話禅と黙照禅の対立」百華苑、1975年、p. 100）

　確かに大慧は看話の方法を説くなかで頻繁に「黙照邪禅」への批判を述べており、いっぽう大慧と同時代の曹洞禅者であった宏智には「黙照銘(もくしょうめい)」の作品がある。そこから上のような、臨済対曹洞、大慧対宏智、看話対黙照という二項対立の図式が構成されたのであろう。ただし、上にも指摘されているように、大慧と宏智の間には親密な交流があったことが知られており、大慧の「黙照邪禅」批判も、そもそもは曹洞宗の真歇清了(しんけつせいりょう)を対象としたものであったことが明らかにされている（柳田聖山「看話と黙照」『花園大学研究紀要』第6号、1975年）。

　それにしても、大慧が看話の指導にあたって、決して開悟を待ってはならぬと再三説いているにもかかわらず、上のような文脈でしばしば大慧の看話禅が「待悟」の禅と規定されるのはなぜなのか？　道元の側からは確かに「近日大宋国禿子(とくす)等いはく、悟道是本期。かくのごとくいひていたづらに待悟す」（『正法眼蔵』大悟）とか「諸宗の坐禅は、待悟をば則と為す」（『永平広録』巻8）といった批判がある。だが、さきの引用にも見えたように、大慧自身はしばしば「以悟為則」とは説くが、断じて「待悟為則」とは説かないし（説くはずがないし）、他の中国の禅者にもこのような言い方は見出されない。想像するに、上の引用に見るような二項対立は、日本における、臨済対曹洞、白隠の「見性(けんしょう)」対道元の「只管打坐(しかんたざ)」という対比を、さかのぼって宋代禅宗史に投影したものだったのではあるまいか？　少なくとも上の引用に見られるような二項対立の構図を、中国の禅籍から直接抽出することは難しい（古田紹欽「公案の歴史的発展形態における真理性の問題」1956年、参照／『古田紹欽著

作集』巻2・禅宗史研究、講談社、1981年、所収)。

　現在では中国曹洞宗の「黙照」禅と道元の思想の相違が強調され、道元の思想は、中国曹洞禅の継承であるよりは彼独自の思索にもとづくものと看られている。いっぽう大慧によって完成された「看話」禅は、のちに日本の江戸時代の白隠によってさらなる体系化・方法化を加えられて普及し、現在、日本の臨済宗・黄檗宗(おうばく)は、派別を問わずすべて白隠の法系によって占められている。趙州「無字」とともに最も代表的な公案として用いられている「隻手音声(せきしゅおんじょう)」は、白隠の創作にかかるものであった。

　　　――両掌(りょうしょう)相い拍って声あり、隻手(せきしゅ)に何の声かある。

3　攀龍附鳳

　以上、いくらか私見もまじえながら、伝統的な禅宗史観の大枠を紹介した。ここに紹介したのは、宋代から現代までの新旧の諸説から引き出したいわば最大公約数的な――あるいは新旧の諸説から合成した少々誇張気味のステレオタイプな――禅の歴史の筋書きである。あいだに挿入したのも、宋・元代の禅門の書物、およびそれに基づく日本の禅僧や学者の文章からの随意の引用であった。したがって、このような歴史がこのままの形でどこかに書いてあるわけではないのだが、我々が30年前、「禅学概論」という禅学科2年生の必修科目で教わったのは、おおむね、このような流れであった。授業が時代後れだったわけではない。禅の書物を読むためには、今日でも、こういう伝統的な枠組みを心得ておくことが必須なのである（現にこれを知らないと、古典はもちろん、本書のような最新の禅宗史さえ読めない)。日本から禅を伝えられた西洋社会でも、同様の禅の歴史が欧文で書きつづられていった。しかし、そのいっぽうで、20世紀には、西洋近代の学問方法の導入と敦煌文献の発見を契機として実証的・批判的な禅宗史研究が活発に進められ、以上のような伝承の虚構が解明されるようになった。上記のような伝承が、唐代から宋代にかけて流動的に、しかも種々の利害の交錯のなかで作為的に形成されていったものであることが、急速に明らかにされていったのである（我々

が学生の頃、禅学科では、同じ学年に平行して「中国禅宗史」という必修科目が設けられ、そちらで敦煌文献などを使った近代的な禅宗史を教わった）。

そのような研究の先駆的な開拓者は、胡適(こてき)（1891-1962）であった。胡適は新出の敦煌文献にいちはやく着目し、清朝考証学の手法とプラグマティズムの思考を駆使して、精力的に初期禅宗史の研究を進めていった。たとえば上記の、慧能対神秀、「南宗」対「北宗」、「頓悟」対「漸悟」という対立図式が荷沢神会(かたくじんね)という僧の戦略的な創作であったこと、種々の六祖伝説がその後で重層的に生み出されていったものであったこと、『六祖壇経』が神会以後の資料にもとづいて創作され、その後もたえず増広と改編を重ねられていった書物であること、西天二十八祖説が諸派のさまざまの主張の交錯のなかで最終的に「二十八」という数字に落ち着いたものであること、「六祖―南岳―馬祖」という系譜が馬祖の弟子たちが遡って作ったものであるらしいこと……、胡適の研究によって新たに解明された事実は実に枚挙にいとまない（個々の結論としては、新資料の発見やその後の研究の進展によってすでに否定されたり修正されたりしたものも少なくないが）。だが、個々の事実以上に重要なのは、系譜というものは何らかの意図・目的のために、後世の人たちによって、下から上へ遡って創作されてゆくものだという視点の確立である。胡適はそれを「攀龍附鳳」――龍や鳳にとりすがる、すなわち、権勢のある者に依附して自らの出世をはかる――という中国語の成語で表現した。胡適のこの視点は、近代化のための伝統破壊という強い動機に導かれており、彼はしばしばウソの暴露という言い方で自らの研究の意義を説明した。たとえば「中国禅学的発展」（1934年）という講演の冒頭で、胡適は次のように語っている。

> 中国あるいは日本の禅学研究者は、禅宗を信仰しているにせよ、仏教全体を信仰しているにせよ、ともかく禅にたいしては、おおむね新たな宗教的態度によって研究しているのでありまして、ただ信ずるだけで毫も懐疑するということをしない、これが第一の欠点です。次に歴史的眼光を欠いていて、禅を研究するのにその歴史に注意する必要がないと思っ

ている、これが第二の欠点であります。そして第三が資料の問題です。禅宗はもとは仏教のなかの一小宗だったものが、後に属国が栄えて大国となり、しまいにはなんと中国仏教そのものに取って代わってしまったものです。ただ、中国の現存の禅宗関係の資料は、おおむね皆な宋代以後のものであります。しかし、実は禅宗が最も発達したのは、むしろ7世紀末から11世紀——だいたい唐の武則天から北宋の滅亡前あたりまでのことでありまして、この四百年間の資料こそ最も重要なのですが、しかし、それがまた最も得難いものでもあるのです。正統派の人々は、あろうことか自身の観点からほしいままに禅宗の歴史を改変してきたのです。……かつて多くの大師たちは、禅宗の資料について、好んでウソイツワリをやっていました。それで、私がそれを暴露すると、多くの人の不興を買ってしまいました。けれども私は宗教家ではありませんので、ただ歴史的眼光と学術研究の態度にしたがって、正直にものを言うことしかできないのです。

　胡適のこの立場は、伝統否定と全面西洋化によって中国の窮状を打開しようという切実な動機と一体であり、それをここで軽々に論評することは控えたい。だがこのような立場ゆえに、禅宗史研究が過度に偶像破壊に偏し、禅の内在的理解が妨げられていたことは否めない。そこで、このような胡適の視点を鮮やかに反転し、禅宗史研究に新たな一期を画したのが、マクレー教授の禅宗史研究の師であり、そして、それゆえに深い敬意とともに本書がささげられている柳田聖山（1922-2006）であった。柳田は、敦煌文献と唐代の碑文資料を駆使した精緻な文献批判と史実の考証という胡適の手法をうけつぎつつ、しかし胡適とは反対に、虚構をウソイツワリとして切って捨てるのでなく、虚構が生み出されていった過程をこそ活きた歴史として解明するという立場を打ち出した。

　かくて、灯史の書は決して単なる歴史的事実を記したものではなくて、寧ろ宗教的な伝承の表現である、其らは作られたものというよりは、歴

史的に生み出されたものである。言わば、伝承的な説話の一つ一つに、敢えて虚構と言うならば、虚構される必然的な理由を内包しているのである。従って、此処では逆に歴史的事実そのものまでが、すでに説話的な意味を以て記録されているとも言える。所謂、史実でないからという理由で、其等の説話を一概に否定し去るだけならば、すでに灯史を読む資格はないと言うべきである。灯史が史実を伝えるのみのものでないとは、そもそも自明の前提だからである。寧ろ虚構された記録の一つ一つを、丹念に吟味してゆく過程に於て、逆にそれを虚構した人々の、歴史的社会的な宗教的本質を明らかにし得るのであり、所謂史実と異った別の次元の史実が、歴史的に洗い出されてくるのでなかろうか。灯史の虚構は、あくまで灯史の本質であって、単なる方便や表現の偶然ではない。(『初期禅宗史書の研究』法蔵館、1967年／今、柳田聖山集第6巻、同2000年、p. 18)

この視点の転換は中国古代史研究における「疑古」から「釈古」への転換に似ており、また今日の「歴史の物語論」(narrative theory of history) とも通じ合う。本書の冒頭に掲げられた「マクレーの法則」四か条は、この柳田の視点を継承・発展させたものと言ってよい——

1．「事実ではない、それゆえに、より重要である。」
2．「法系の主張は、それが強力であればあるほど、真実から離れている。」
3．「記述の詳細さは、不明確さを意味する。」
4．「ロマン主義は、シニシズムを生み育てる。」

この四か条は、一見、とっぴな逆説のように見える。というより、そう見えるようにわざと刺激の強い逆説的な書き方がなされている。だが、その趣旨はこうである——法系図という形式にそって語られる禅宗史の伝承、それらはおおむね後世の虚構であり、しかも虚構である度合いが甚しければ甚しいほど、その記述はいかにもまことしやかに詳細である。それを額面ど

おり真に受けるのも滑稽だが、しかし、それらを虚構ゆえに無価値なものとして切り捨てることも正しくない。そうした虚構が生成され発展させられていった過程、それこそが真に検討されるべき禅宗史の課題にほかならないのだ、と。

　視点としては、柳田の継承と言える。だが、上に引いた柳田の『初期禅宗史書の研究』は、時代を初期禅宗に限り、かつ思想の問題を禁欲して考察対象を客観的な文献成立史に局限することで、はじめて宗学のくびきを脱し、上のような視点に立つ実証史学としての「禅宗史」を独立させえた書物であった（前川亨「中国思想史研究の立場からみた柳田聖山の位置──達成された成果と残された課題」『禅文化研究所紀要』第30号、2009年、参照）。本書はそうした限定を超え、この視点を思想史や教団史までをも含めた唐宋代禅宗史の全体に推し及ぼしていった著述にほかならない。おそらく「中国禅についての唯一の物語」という主題について読者の「考え方に変化を起こす」ためであろう、本書の文体はポストモダンの術語などを多用して、一見いかにも軽快に現代ふうではある。だが、それは、あくまでも表面的な印象にすぎない。本書の記述が、実は、マクレー教授自身をもその主要な担い手の一人としてきた胡適・柳田以来の実証的な禅宗史研究の、その重厚な蓄積のうえに立脚していることは、自分のような昔ながらの禅宗史の学徒には一目瞭然である。そうでなければこの書物が、従来の禅宗史研究の無意識の呪縛をかくも鋭く「Seeing through──看ぬく」ことができたはずがない。本書は実はマクレー教授が、自分たちの積み重ねてきた実証的な歴史研究の蓄積を敢然と白紙に返し、それを上記のような斬新な視点から大胆に組み立てなおそうとしている意欲的・挑戦的な書物なのである。

4　問答と公案

　だが、こう手放しで讃えてばかりいては、きっとマクレー教授からバカにされてしまうだろう。冒頭に引いた「緒言」に「本書が、一般読者、学生、そして同業の研究者たちによって、批判的に評価され利用されることを期待する」とあったように、従来の研究に向けられた本書の鋭い批判の眼差しは、

ひるがえって本書自身にも向けられなくてはならない。そこで、ここで一つ、私が本書の限界と感ずる点——したがって今後の展開の可能性に最も富む、次なる課題と思われる点——にふれてみたい。"Seeing through Zen"は次の各章から成っているが、そのうち第4章で論じられた「機縁問答」の特質についてである（この章の主な内容はすでにマクレー教授自身による抜粋・再編をへて、「禅問答への八正道——初期禅に現れる機縁問答の兆し」という日本語論文として『東アジア仏教研究』第6号、2008年5月、に発表されている）。

  禅研究におけるマクレーの法則
1．法系を見る——禅仏教についての新しい視座
2．発端——菩提達摩と東山法門を区別しつつ接続する
3．首都禅——朝廷の外護と禅のスタイル
4．機縁問答の謎——誰が、何を、いつ、どこで？
5．禅と資金調達の法——宋代における宗教的活力と制度的独占
6．クライマックス・パラダイム——宋代禅における文化的両極性と自己修養の諸類型

この章の内容はきわめて多岐にわたり、かつそれら多くの問題が複雑にいりくんだ形で論じられている。だが、それらの問題を個々に検討することは、ここでの目的ではない。マクレー教授が本書で先行の禅宗史研究に対してなされたごとく、本章の前提となっている「機縁問答」という考え方の枠組み自体を検証することが、ここで目指すことである。

本章は冒頭で「機縁問答」の「典型」として、まず次の三つの問答を掲げている。本章はその出典を個別に挙げているが、今日、一般には『無門関』の第37則「庭前柏樹」、第1則「趙州狗子」、第18則「洞山三斤」として通行しているものである。

「趙州庭前柏樹子」
  趙州因僧問、「如何是祖師西来意？」　州云、「庭前柏樹子」。

趙州、因に僧問う、「如何なるか是れ祖師西来意？」　州云く、「庭前の柏樹子」。

「趙州無字」
　　趙州和尚因僧問、「狗子還有仏性也無？」　州云、「無！」
　　趙州和尚、因に僧問う、「狗子に還た仏性有り也無？」　州云く、「無！」

「洞山麻三斤」
　　洞山和尚因僧問、「如何是仏？」　山云、「麻三斤」。
　　洞山和尚、因に僧問う、「如何なるか是れ仏？」　山云く、「麻三斤」。

　そして多くの例外があることをことわりつつ、本章は「機縁問答」の特徴として次の四点を挙げる。
　　（1）9－10世紀の禅者（具体的には馬祖以後の唐五代の禅者）を主な登場人物とする。
　　（2）無名の修行僧の定型的な発問とそれに対する著名な禅匠の応答とを基本型とする。
　　（3）「文脈的な手がかりや背景の説明が、まったく与えられていない」ことがふつうであり、「それを読む我々の注意は直接、問答のより広い宗教的含意——それがどのようなものであれ——のほうに、自ずと向けられる」。
　　（4）第4点として「おそらくほとんどの読者が、禅匠たちの応答がナンセンスであるという点を加えるであろう」が、しかし実際には「禅匠たちの応答がすべて非論理的であると結論することではなく、それらをすべて、その時代の文化に即した遂行的な言詮と看ること」こそが重要である。「ここで"遂行的"というのは、修行者の理解の促進剤として作用するよう考案された、という意味である」。
　（4）に見える「遂行的」（performative）は、つぶさには「行為遂行的」とも

訳される言語哲学の用語である。J・L・オースティン（1911-1960）の『言語と行為』(*How to Do Things with Words*) で提示された概念で、「事実確認的」(constative) な発言と異なり、「その文を口に出して言うこと」が「当の行為を実際に行うことにほかならない」ような発言のことをいう（坂本百大訳、大修館書店、1978年、pp. 11-12）。以前、マクレー教授はこれについて、「火事だ！」という例を話してくれた。この一句の本領が、火災の発生という事実の伝達よりも、避難や消火という、実際行動を迫る命令のハタラキのほうにあることは明らかであろう。マクレー教授はこの術語を借りて、字面どおりの意味とは別の次元で、学人を開悟せしめる契機として機能する言語、そうした含意を「機縁問答」に付与しているのである。夢窓疎石なら「小玉を呼ぶ手段」というところであろう（『夢中問答』77）。

同章の後文では「機縁問答」を定義する際の不可欠の要件として、さらに次の三点が説かれている。最後の（C）の点はとりわけ重要であるので、要約も省略もせず、そのまま引く。

(A)「機縁問答」は禅の「灯史」や「語録」に記録された問答である。では、「灯史」「語録」とは如何なる書物かといえば、それは「機縁問答」を記録した書物である。この定義は「率直に言って、論理的には循環論法でしかない」。しかし、東アジアの禅門の伝統において、「機縁問答」は正にそのようにイメージされてきた。

(B) 史実性いかんにかかわらず、「機縁問答」はあくまでも実在の禅者によって行われた、現実の問答として記録されている。口語の多用がそのリアリティを助けている。

(C)「禅の機縁問答は、思想の直接的な交換を回避するものである。それは、さまざまなタイプの論理的不連続、不可解で偶像破壊的な断言、ジェスチャー、身体による実演、さらには、喝、棒拳による痛打、脚蹴り、などによって特徴づけられている。こうした特徴を理解する最良の方法は、これらのテキストに描かれている師弟の意図の根本的なくいちがいを、機能として理解することである。弟子たちは通常、悟りに到る修行の道程を攀じのぼってゆくための、手助けを請うものと

して描かれる。一方、禅匠は、弟子のその素朴な懇願を拒否し、それに代わって、目的意識にとらわれた弟子の視点を逸せせ、彼らに自己本具の完全性を自ら悟らせようとする役割として描かれる。むろん、この言い方はあまりに単純化しすぎているし、この大雑把な型に当てはまらない応酬の例はいくらでも見出すことができる（型の超越を旨とするジャンルの型を定義することは、実に至難のわざだ！）。しかし、にもかかわらず、我々の仕事は――自らが宗教的修行者としてそれらの問答の謎を解くことではなく――機縁問答の応酬を宗教的ジャンルとして理解することなのであり、この基本的な知的枠組みを認識しておくことこそが有益なのである。」

　このうち（B）は上の（1）（2）と、（C）は（3）（4）と関わりあっている。これらをさらに集約して言い換えれば、本章にいう「機縁問答」を次のように定義することができようか――「機縁問答」とは、唐五代の禅僧が現実に行ったものとして「灯史」「語録」に記されている、一見、非論理的で不可解な問答のことである。だが、それは、修行者を悟りに向かわせるために「遂行的」言語を素材として造形された、宋代禅門独自の一群の「作品」にほかならない、と。

　そして本章は、そのような問答がさかんになされたとされる時代の禅を「古典禅」と名づける。それは禅宗史の時代区分としての「中期禅」（780年の『六祖壇経』成立から960年の宋の初めまで）と年代的にはほぼ重なりあいながら、両者はまったく別の概念である。本章によれば、「古典禅」とは実在した歴史ではなく、あくまでも宋代の禅籍によって造形され憧憬された「中期禅」時代の人物たちの「言行のイメージ」なのである（上の（1）（2）と（A）はこのことに関連している）。

　かくして本章は、かかる「機縁問答」のルーツを初期禅宗文献のなかに探ってゆく。そこで挙げられたのは、のちの「機縁問答」の要素となったであろう次の八項目であり、本章はこれを「成文化された機縁問答の発生に至る八正道」と名づけている。

　1）当意即妙に応答する師のイメージ

2）「北宗」の「指事問義」（目前の事物に即した師の発問）
　　3）8世紀の禅説（暗示的表現）
　　4）教義的基礎（内面的悟りと外面的行動を一対とする「二入」の説など）
　　5）師弟間の儀式化された問答（『五方便』など）
　　6）逸話の使用（たとえば梁の武帝と達摩の問答）
　　7）開悟の物語の創作（師との問答を重ねて弟子が開悟にいたるという構成をもつ文献、たとえば『絶観論』等、の成立）
　　8）系譜的構造

　この分析は本章の中心をなすものであり、初期禅宗史の実証的研究で多くの優れた成果をあげてきたマクレー教授ならではの独自の見解が数多くもりこまれている。だが、ここで考えてみたいのは、これらの分析の個々の当否ではない。さきほどことわったとおり、ここで論じたいのは、こうした分析の前提になっている本章の「機縁問答」そのものの捉え方である。

　マクレー教授が厳密に規定するとおり、上記のような「機縁問答」は確かに宋代禅籍において作られた「イメージ」であり、今日から見たその「イメージ」の最大公約数として、この章に説かれた特徴はきわめて妥当かつ的確なものである。俗にいう「禅問答」の一般的イメージについて、これほど周到に考察した例はおそらく稀であろう。また、歴史としての「中期禅」と宋代以後に創作された遡及的イメージとしての「古典禅」を分ける視点も、きわめて意義あるものである。第2節でふれたように、『碧巌録』や『無門関』などの宋代禅籍によって馬祖や百丈の禅を語るという時代錯誤が、伝統的に長く行われてきたからである。だが、いうまでもなく宋代禅自身にも長く複雑な歴史的展開があり、そのなかで問答の扱いにも大きな転換があった。上記のような「機縁問答」の「イメージ」は、そうした過程をへて最終的に宋代禅の主流となった考え方に基づくものであり、それをそのままさかのぼって唐五代の問答の記録である『祖堂集』や『景徳伝灯録』にあてはめること、そしてさらにそのルーツをまっすぐに初期禅宗のなかに求めることには、やはりいささか無理な飛躍があるように思われる。

　たとえば、上で「機縁問答」の典型として最初にあげられた趙州の「柏樹

子」の話について考えてみよう。これは『祖堂集』の記載では、もともと次のような問答だった。

> 僧が問う、「祖師西来意とは如何なるものにございましょう」。趙州、「庭前の柏樹子」。「和尚、"境"で示すのはおやめください」。趙州、「いや、わしは"境"でなど示しておらぬ」。「しからば、祖師西来意とは如何なるものにございましょう」。趙州、「庭前の柏樹子」。
>
> 問う、「如何(いか)なるか是れ祖師西来意」。師〔趙州〕云く、「亭前〔庭前〕の柏樹子」。僧云く、「和尚"境"を将(も)って人に示す莫(なか)れ」。師云く、「我れ"境"を将(も)って人に示さず」。僧云く、「如何なるか是れ祖師西来意」。師云く、「亭前〔庭前〕の柏樹子」。(『祖堂集』巻18 趙州章)

この話については、すでに衣川賢次先生の「古典の世界：禅の語録を読む（２）」（『中国語』内山書店、1992年12月号）に分析があり、それを承けて私も何度か解釈を書いてきた（小川『臨済録――禅の語録のことばと思想』岩波書店、書物誕生、2008年、等）。近頃、それらをふまえつつ、フランスのディディエ・ダヴァン氏がこの問答に対して独自の精彩ある解説を加えているので、ここではその文章を借りてみたい（掲載誌では控えめに「翻訳・編集部」と書かれているだけだが、この精緻で明晰な訳文の実際の訳者は『禅文化』編集部の前田直美女史である）。

> ……結局、禅問答の観点に立てば、菩提達磨はわれわれがすでに仏だということを言いにきたのではなく、それを直指しにきたのだ。そこには、微妙だが、本質的な違いがある。われわれが自ずとこのように目覚めているということは、少なくともいくつかの経典ですでに言われている。だが、祖師は、それを告げるのではなく、直指する。そのことを弟子に知らせるのではなく、自ら気づかせるのである。かくして、祖師西来意を問うことによって、師にこの問いの答ではなく、この真実を直接つかむ方法、真の自性、本当の自己を知る方法、つまり悟りに至る方法を求

めることになるのである。「祖師西来意」の問答の初出は、老安国師
(嵩山慧安、五八二〜七〇九)に提示されたもので、この点が見事に説明
されている。彼は伝承によれば驚異的な長寿であった。

　　　坦然禅師問う、「如何なるか是れ祖師西来の意旨」。師(老安)曰く、
　　「何ぞ自家の意旨を問わざる。他の意旨を問うて什麼をか作す」。

　論理的に一貫性のある返答ではなく、効果的な教えを期待する弟子
(ここでは禅師となっているが、そうなるのは後のことである)の質問に師の
老安は教義に忠実に彼を導きながら答える。「初祖のことに気を取られ
るな。問いを向けるべきは、おまえ自身、おまえの真の自己にだ」。し
かしこの自己は明確に定め難い。自己を取り巻く作られた慣習――名前、
肩書、職務等――に縛られることなく、いかにしてそれをつかむか。自
己のもっとも率直な実在性において真の自己を実現しようとすること。
そのことは、その変形である次の問答に特に明らかに示されている。

　　　問う、「如何なるか是れ学人の自己」。
　　　師云く、「還た庭前の柏樹子を見る麼?」

　ここには二つの貴重な教えが示されている。まず、問いが、「自己」
という言葉ではっきりと言われていること、つまり目覚めた真の自己で
ある。そしてさらに意味があるのは、見るという動詞の疑問形である。
「見るか」という表現が示しているのは、実際、師の答の核心をなして
いるのは柏樹ではなく、弟子がそれを見るということなのだ。賢者が月
を指し示し、愚者がその「指」を見るという有名な表現がある。それと
は逆に、ここでは、師が弟子の自己を指し示し、愚者が柏樹を見るので
ある。(「説きえぬものを説く――禅問答をどう読むか」『禅文化』第218号、
2010年10月、p. 31下／Didier Davin "Expliquer l'inexplicable : comment lire les
dialogues du Zen?" RELIGIONS & HISTOIRE n°28（Sept/Oct 2009）)

　言うなれば、「祖師西来意」を問うことは自己本分事を問うことに外ならず、
趙州の「庭前の柏樹子」はまさにそれ、すなわち柏樹子を見る「学人の自己」
そのものを直指した語に外ならない。それが、おそらく、この問答の原義で

あった。唐末の玄沙師備（嗣雪峰）が師弟（おとうと弟子）の長慶慧稜に「直下に是れ你——お前はずばりお前自身だ」という意を悟らせようと長い問答を行っているが、そのなかに次のような一段があることも、この解釈の有力な傍証となるであろう。

　玄沙、「太鼓の音が聞こえるか？」
　長慶、「太鼓の音がわからぬはずはありませぬ」。
　玄沙、「太鼓の音を聞いている者、それこそが汝に外ならぬ」。
　　師〔玄沙〕云く、「你、鼓声を聞く也無？」　稜〔長慶慧稜〕云く、「某鼓声を識らざる可からず」。師云く、「鼓声を聞くが若きは、只に是れ你のみ」。(『玄沙広録』上)

　一見した時の奇妙な印象とはうらはらに、唐代の問答からはこのように思想的な論理を読み取ることが可能である。だが、宋代になると同じ問答が、論理を絶し理解を拒む無意味で無分節なコトバの塊——すなわち「公案」——として取り扱われるようになる。「柏樹子」について、宋の大慧宗杲は次のように言っている。

　　五祖法演禅師が言うておられる、「"如何ナルカ是レ祖師西来意？　庭前ノ柏樹子"、このように会得したら、たちまち誤りとなる。そうではなくて、"如何ナルカ是レ祖師西来意？　庭前ノ柏樹子"、このように会得して始めて正しいのだ」と。諸君、解るか。こういう言葉は諸君にとって理解不可能なだけでなく、わし自身にとっても理解不可能なものなのだ。そもそも我が法門には、理解可能・理解不可能という事じたいが存在しない。あたかも鉄の牛にとまった蚊のごとく、そこには嘴——すなわちコトバ——を挿しはさむ余地が本来存在しないのである。
　　所以に五祖師翁、言える有り、「如何ナルカ是レ祖師西来意？　庭前ノ柏樹子。恁麼く会さば、便ち不是と了也。如何ナルカ是レ祖師西来意？　庭前ノ柏樹子。恁麼く会して方始めて是なり」と。爾ら諸人、還た会す

麼？這般る説話は、爾ら諸人の理会し得ざるは莫道ず、妙喜も也た自ら理会し得ず。我が此の門中には理会し得ると理会し得ざると無し。蚊子の鉄牛に上れるがごとく、爾の嘴を下す処無し。(『大慧語録』巻16「悦禅人請普説」)

「柏樹子」の問答に含まれていた自己本分事の直指という論理は捨象され、問答全体が無機的で不可解なコトバの塊り——クチバシを挿しはさむ余地のない鉄の牛のような——として扱われ、それに応じて問答の本文も単純な一問一答に切り詰められている。こうした「公案」のとりあつかいをさらに方法化した「看話」についてはすでに第2節でふれたとおりであり、そこで引いた夢窓疎石の文が「公案」を「鉄饅頭」に喩えていたのも、ここの「鉄牛」と同工の譬喩と言ってよい（宋代は石炭の普及にともなって鉄器の使用が急速にひろがった時代であった。そのためか、宋代の禅籍には「鉄酸餡」「鉄橛子」など、「公案」の無分節性を鉄に喩えた用語がよく見られる。「鉄酸餡」「鉄橛子」については、小川「鉄酸餡——問答から公案へ　公案から看話へ」参照。『臨済宗教学研究紀要』第8号、2010年)。大慧は「柏樹子」の話を用いた看話の行じ方を、在俗の士人のために次のように書き与えている。

もし、すぐには捉えどころが得られなければ、ともかく、ただただ古人が道に悟入した際の「話頭」を看よ——「僧、趙州ニ問フ、如何ナルカ是レ祖師西来意？　州云ク、庭前ノ柏樹子。僧云ク、和尚、境ヲ将ッテ人ニ示スコト莫レ。州云ク、我レ境ヲ将ッテ人ニ示サズ。僧云ク、既ニ境ヲ将ッテ人ニ示サザレバ、却ッテ如何ナルカ是レ祖師西来意？　州只ダ云ク、庭前ノ柏樹子。其ノ僧、言下ニ於テ忽然ト大悟ス」と。さあ、伯寿どの。ともかく日常の行住坐臥のところ、皇帝陛下にお仕えするところ、そのさなかにおいて、一念一念とぎれることなく、時々刻々これにとりくみ、時々刻々これを念頭に置くのだ。かくてこの「柏樹子」の上で、突如、分別意識が息の根を止められたら、それが正しく徹底大悟のところに外ならないのである。

若し卒に巴鼻を討め不著ければ、但只だ箇の古人入道底の話頭を看よ。「僧、趙州ニ問フ、如何ナルカ是レ祖師西来意？ 州云ク、庭前ノ柏樹子。僧云ク、和尚、境ヲ将ッテ人ニ示スコト莫レ。州云ク、我レ境ヲ将ッテ人ニ示サズ。僧云ク、既ニ境ヲ将ッテ人ニ示サザレバ、却ッテ如何ナルカ是レ祖師西来意？ 州只ダ云ク、庭前ノ柏樹子。其ノ僧、言下ニ於テ忽然ト大悟ス」。伯寿〔この手紙の相手の名〕よ、但だ日用の行住坐臥の処、至尊に奉侍うる処、念念に間断せず、時時に提撕し、時時に挙覚せよ、かくて驀然と「柏樹子」上に向て心意識、気息を絶さば、便ち是れ徹頭の処なり。(『大慧語録』巻23法語「示太虚居士」)

　ここに説かれている方法が、第2節で見た「無字」(狗子無仏性)の公案による看話とまったく同じものであることは見やすい。この一文のなかの「柏樹子」の公案を「無字」にいれかえても、さらに「麻三斤」や「乾屎橛」にいれかえても、文脈上に何の変化も齟齬も生じないであろう。それは「公案」がすでに次のようなものとされているからである。「公案」の定義としてよく引かれる、元の中峰明本(1263-1323)の言葉である。

　「公案」とは公府の案牘にたとえたものである。法のありかであり、王道の治乱は実にこれにかかっている。「公」とは聖賢たちが軌を一にし、天下がそのすじみちを共有するという、至高の理のこと。「案」とは聖賢たちがその理を実践したさまを記した、正式の文のことである。……
　しかもそれは、意味による解釈も、言語による伝達も、文字による説明も、意識による推測も、すべて不可能なものである。それは塗毒鼓のごとく聞く者みな死し、大火聚のごとく触れればたちまち焼ける、というものなのだ。それゆえ霊鷲山で世尊が「別伝」したというのは、これを伝えたのであり、少林寺で達磨が「直指」したというのは、これを指し示したのである。南宗と北宗が分かれ、五家が並び立つようになってから、善知識たちは、別伝されたものを操り、直指されたものに拠りつつ、師と弟子の間の虚々実々の問答応酬のなか、精粗さまざまの言葉を口の勢いのおもむくままに鋭く発した。稲妻のごとく、そこには耳を掩

う間も無い。かくて「庭前の柏樹子」「麻三斤」「乾屎橛」などの言葉には、穿鑿しうるような意味や論理はまったく無く、あたかも銀山鉄壁のごとく突破不可能なのであった。……

> 「公案」は乃ち公府の案牘に喩うるなり。法の所在にして、王道の治乱、実に焉に係る。「公」は聖賢、其の轍を一にし、天下、其の途を同じくするの至理なり。「案」は聖賢の理を為せるを記すの正文なり。……且つ義を以って解する可からず、言を以って伝う可からず、文を以って詮する可からず、識を以って度る可からず、塗毒鼓の如く聞く者皆な喪し、大火聚の如く之に嬰れなば則ち燎く。故に霊山、之を「別伝」と謂うは此れを伝うるなり。少林、之を「直指」と謂うは此れを指すなり。南北、宗を分かち、五家、派を列して自り以来、諸の善知識、其の伝うる所を操り、其の指す所に負いて、賓叩き主応え、牛を得て馬を還すの頃に於て、囈言細語、口に信せて捷出し、迅雷の耳を掩うを容れざるが如し。「庭前の柏樹子」「麻三斤」「乾屎橛」の類は、略く義路の人の与に穿鑿せしむる無く、之に即けば、銀山鉄壁の透る可からざるが如し。……
> （『山房夜話』上／『天目中峰和尚広録』巻11上）

以上、わずか一例ではあるが、敢て単純に図式化すれば、禅の問答に対する扱いに、大略、次のような変遷があったことがうかがわれる（詳細は、前掲、小川『臨済録――禅の語録のことばと思想』および『語録のことば』『続・語録のことば』参照）。

（1）唐五代の問答は唐五代の禅宗の文脈のなかで有意味な思想をもっていた。

（2）それが宋代の禅門において意味と脈絡を剥奪され、無意味であることによってこそ人に開悟の契機をもたらす不可解な話――いわゆる「公案」――とされるようになった。

（3）「公案」は趣旨を解するべきものではなく、開悟の手段として活用されるものとなり、やがて大慧の「看話禅」に方法化されていった。

いわば、問答から公案へ、公案から看話へ、という変遷である。だが、本書の「機縁問答」の分析では、（1）唐五代の「問答」と（2）宋代の「公案」

が未分化のまま、主に後者を中心とした考察対象が想定されているように思われる。それはマクレー教授の考えというより、いわゆる「禅問答」なるものについての一般的通念であるから、今日の通俗的な禅言説の解体をめざす本書がそうした対象を設定するのは当然であり、実際、その分析と批判は頗る創見と啓発に富んでいる。しかし、その分析をそのまま五代の『祖堂集』にあてはめてよいか？ そして、その由来を一気に初期禅宗のうちに求めることができるか？ その疑問は、やはり残る。年数の隔たりが問題なのではない。中間の段階が考察対象から抜け落ちることで、不連続な両端を直接因果関係で結びつけるという無理が生じているのではないかという疑問である。むろんマクレー教授自身も、この問題に注意していないわけではない。「指事問義」について述べるなかで、教授は関口真大の説を念頭におきつつ、こう言っている。

> これらの「指事問義」が後代の禅の公案に似ている、そう言った学者が少なくとも一人はある。しかし、これらの質問がただちに 11 世紀およびそれ以降の公案集に結びつかないことは、明白である。

問題はすでに、明確に把握されている。しかし、この段階では「問答」と「公案」の時代差を具体的な用語と文脈に即して読み分けるという技法が、未だ確立されていなかった（今もまだ試行錯誤の段階というべきかも知れないが）。そのため本書の分析も、結果的には、初期禅宗と宋代公案禅を一足とびに結びつけるものになってしまっているように思われる。いわゆる「機縁問答」が宋代禅籍によって「遡及的」に造形された「イメージ」だという指摘は、本書のすぐれた創見のひとつである。だが、その指摘が実地に活かされるためには、宋代禅籍独自の思惟と表現を、それ以前との対比のもとに理解することが必要であろう。言い換えれば、唐五代の問答を、唐五代の用語と論理に即して読み解くという研究があってはじめて宋代禅籍の独自性が分析できる。そのような研究は近年緒についたばかりだが、現在、確実に進行しつつある。いずれその成果をこの問題に適用できるようになれば、本書に

よって提起された「宗教的ジャンル」としての——すなわち宋代禅門の「作品」としての——「機縁問答」の分析は、今後いっそうその有効性を増してゆくに違いない。日本に居を移して後のマクレー教授は、すでにそのような解読を行う共同研究班の主力メンバーの一人であり、逆にマクレー教授の斬新な視点は、ともすると近視眼的な訓詁と注解に埋没しがちな我々の解読作業に強い刺激を与えている。この問題を新たな形で討論できる日は、おそらく、そう遠くない。

5　出逢いのパラダイム

　本書は、事実の考証を細々とならべていった本ではない。細密な点描のようにではなく、大胆な一筆書きのように禅宗史の全体像を活写しているところ、そこにこそ本書の本領がある。そのような書物に対して、細かな事実をあげつらい、コレコレの事柄が書かれていない、と批判することほど、見当違いな批評は無いであろう。

　上の指摘は、あるいはそうした見当違いの批評のひとつであったかも知れない。だが、面白いのは、本書の描写に共感したり反発したりしながら、自分ならこんな面を強調したい、自分ならこの事柄は省いてよい、などと考えていると、だんだん自分流の禅宗史像が浮びあがってくることである。はじめに引いた本書の「緒言」でマクレー教授はこう語っていた——「この著作の目的は、中国禅についての唯一の物語を提供することではなく、この主題についての考え方に変化を起こすことなのである」。本書の描く禅宗史像が唯一の正解として人々に信奉されることは、おそらくマクレー教授の望む所ではない。本書の「破家散宅」の功によって従来の禅宗史観を解体し、本書の挑発にのせられながら、まっさらになった画用紙の上にあれこれと新しい禅宗史像を思い描いてみること、それこそが本書に最も適した読み方であり、そして、読者にそうさせずにおかない触発力を具えているところこそが、本書の最大の魅力なのである。本書第4章でマクレー教授は、悟りというゴールに向かって一本道を登ってゆく「双六」のような修行のあり方を「道のパラダイム」、いっぽう、師と弟子の二極間の交流からなる「囲碁」のようなあ

り方を「出逢いのパラダイム」と名づけ、そして修行者のあり方を前者から後者に転換させるところに「機縁問答」の重要な機能があったと説いている。

> 弟子たちにおいてはこのような「道のパラダイム」が前提となっているのだが、それに対して禅修行の指導者は、問答という相互作用が働く「出逢いのパラダイム」に入るよう彼らに強いる。先入観というのはえてして頑固なものであり、この転換はもちろん、言うに易く行なうに難きことではあろう。だが、ともかく禅宗の出現によって、真の精神的な進歩を実現するモデルが、双六風の一次元的修行から二次元的な出逢いの世界へと変わったのである。ゲーム盤上でコマを動かすのに比べ、この二次元的な相互交渉の世界では、ルールで規定される割合が少なく、より直感的かつ創造的である。あたかも、二人で舞うダンスのレッスンや、男女の恋の手ほどきのように。

この一文はそのまま本書の「機能」を言い当てているように、私には見える。"Seeing through Zen"は、禅宗史の正解を教えてくれる教師ではなく、逆説的な挑発によって読者を白紙からの思索と双方向の対話に導いてゆく、禅の老師のような書物なのである（もっともマクレー教授は私などからこんな譬えを奉られるより、すてきな読者から「恋の手ほどき」の先生に見立てられることのほうを望んでおられるかも知れないが）。

本書の論旨をウノミにするほど、本書にふさわしくない読み方はないであろう。禅には「見の師と等しきは師の半徳を減ず」——師と同じ見解に立つことは、師の徳を半減させる、という成句もある。本書の所説を正解として奉ずるのではなく、本書という手ごわい相手との対論を通して、本書を批判するだけの眼力を身につけ、そしていつか自分で禅宗史について考え、ひいては禅宗史を通して人間の歴史と文化をまっさらな目で見直すことに向かってゆく、それがマクレー教授が読者に期待することではあるまいか。"Seeing through Zen"という英語は「禅を看ぬく」という意味と「禅を通して看る」という意味の、二重の意味にとれるという。台湾仏光山の尼僧さんたちがマ

クレー教授に寄せたという次のメッセージは、本書のそうしたハタラキを言いとめたみごとな著語(じゃくご)になっている(第6章注59)。

　　マクレー教授、あなたの教えて下さったことは真実ではない。――それゆえに、いっそう重要です！

　最後に、本書日本語版の縁起について記しておく。
　この日本語版は、原著と並行して訳書があり、原著者のほかに訳者がいる、という通常の翻訳書とは異なっている。これは原著者であるマクレー教授自身が、複数の日本人の友人の協力を得ながら作成した日本語版であり、その製作過程はむしろ、いにしえの仏典漢訳の作業に似る。この書物の場合も、碧い眼の西域の三蔵のもと、原語に忠実な直訳を作る人、それを意味の通りやすい訳文に修整する人、訳文と原語を対照して検討する人、翻訳を書物にしたてて流通(るづう)させる人、その他、多くの人々の分業によって作成された。作業の過程で出た意見や疑問をもとに原著に無い加筆が施された箇所があることも、漢訳仏典とよく似ている。
　具体的にいうと、こうである。まず2003年の原著出版後、アメリカで曹洞禅の指導に当たっておられる奥村正博老師が本書の初訳を作成され、その後、マクレー教授と膝づめで一文ずつ内容の確認をされた。2004年、末木文美士教授（当時は東京大学、現在は国際日本文化研究センター）が演習の教材として"Seeing through Zen"をとりあげられ、すでに日本に居を移していたマクレー教授自身も毎回参加した。院生諸君が原文にもとづいて一章ずつ詳細なレジメを作って梗概を報告した後、マクレー教授をかこんで質疑と討論を行うという頗るぜいたくな授業だったが、その際、英文は読み解けたのに言われていることがよく解らないという場面がたびたびあり、いっしょに聴講していた小川が、マクレー教授が相手どっている禅門の古い伝承や20世紀の禅宗史研究の情況などについて傍らから解説する役回りとなった（この解説のなかに「伝灯の系譜」についてながながと書いたのは、その時にその必要を痛感したからである）。

その後、日本語版の出版を決心したマクレー教授は、大蔵出版編集部の井上敏光編集部長と上田鉄也氏に会って具体的な計画を話しあい、小川に初訳の修整と日本語版の解説を委ねた。2008年、小川は全六章のうち前半三章まで修改を進めたが、翌年から勤務先の大学で入試と募生を所管する事務部局への出向を命じられたため、作業は中断した。作業を引き継いでくれる人をほかで紹介してもらったから大丈夫だと教授は語ったが、その後、その方とは連絡が絶え、結局、何もしてもらえなかったという。2010年、病を得て急遽アメリカに帰ることとなったマクレー教授は、作業の継続について丘山新教授（東京大学東洋文化研究所）に協力を求めた。そこで丘山教授の指導のもと、前川亨氏（専修大学准教授）と柳幹康君（東京大学インド哲学仏教学専攻博士課程在学）が加わって共同作業の態勢を整え、第4章柳、第5章小川、第6章前川、全章の注を前川・柳、という分担で訳文の修改をつづけ、最後に小川が全六章を通して調整を行った。こうしてできた修改稿をマクレー教授自身がメールを通して再度校閲し、それと並行して、ステファン・グレイス君（駒澤大学仏教学専攻修士課程在学）が原文と訳文の対照点検、上田氏が編集の立場から表記・体裁の統一と訳文に関する疑問点の指摘を行ってくれた。それぞれからの指摘を小川が集約してさらに全体の修改・調整を重ね、その後、編集・校正・索引作成等もろもろの実務が上田氏の献身的な尽力によって進められた。当分さきのことになりそうだと伝えてあったのが、いきなり年間の出版計画にわりこんでの突貫工事となったので、大蔵出版側ではそうとう困られたに違いないが、井上編集長の高配と上田氏のひとかたならぬ努力によって無理に推進していただいた。ほんとうに申し訳なかったが、お二人ともたいへん快く助けて下さった。訳文は最終的に小川の判断で定稿としたので、誤りがあればすべて小川の責任だが、こうした集団の作業を通してできあがった本なので、著者と別に固有名の訳者というものは存在しない。日本語版の製作・刊行の過程は、一選手のマラソンでなく、マクレー教授を中心とする我々のチームの「駅伝」であった。
　病気が見つかって急に帰国が決まった時、マクレー教授は自身の病気のことは伏せて小川に作業再開の目処について問い、小川の状況が変わらないこ

とを確かめた後、作業の継続について丘山教授に相談した。丘山教授へのメールには病状が詳しく書かれ、そこには、聞けば苦しむであろうから、小川には自分の病気のことは言わないでやってくれと書き添えられてあった。後日、丘山教授からそのことを教えられ、たまらず熱いものがこみあげたが、丘山教授と前川・柳両氏のおかげで作業を全うでき、井上・上田両氏のおかげで刊行にこぎつけられた。とりかえしのつかない自責と後悔に陥る最悪の事態を避け得たことを、心底ありがたく思う。しかも、さらに喜ばしいことに、当初あと数ヶ月と宣告されたマクレー教授の病状は、あたかも日本語版の作業の進捗と歩調を合わせるかのごとく奇跡的な好転を示し、今は確実に快方に向かっている。試験段階の新薬がよく合ったという話だが、私には、みなの思いが天に通じたのだと強く感じられてならない。東京でマクレー教授をかこみ、この日本語版をテキストとして中国禅宗史を論じあえる日も、きっと遠くないだろう。マクレー教授をめぐる多くの人々の縁によって生まれたこの日本語版が、本書の「出逢いのパラダイム」を通して、さらに多くの読者の方々とよき縁をひろげてゆけるよう切に願ってやまない。日本語版完成のために尽力くださったみなさま、そして、この本を手にとってくださる読者のみなさまに、心よりお礼を申し上げます。

2011 年　中秋の日

　2011 年 9 月 12 日の夜、以上の解説がしあがり、翌日、本文の最終稿といっしょにメールでマクレー先生にお送りした。12 日に脱稿したのは偶然だったが、その日がたまたま中秋節にあたっていたことは、なんとなくうれしく思われた。中国では中秋の満月は円満な団欒の象徴とされているし、遠く異郷にある者どうしの心をつなぐ景物として、しばしば詩に詠われたりもするからである。
　その気持ちに応ずるように、いつものように日本語で、マクレー先生から返事があった。16 日の日付だった。

　　小川先生：
　　このメールをいただいて、涙がでるほどうれしいです。今は長い返事はさ

けるけれども、実にご多忙な時期にこんなにしてくださって、感謝のきもちでいっぱいです。
　これから送っていただいたファイルを拝見して、できるだけ速く必要とされる文章をつくって送ることにする。
　個人のことを一つだけつけくわえる：今はタイのフア・ヒンで、楽しく荷澤神會の研究をしております。今年いっぱいできっと完成できると思う。
　では、みんなに「よろしく！」
　馬克瑞

　「馬克瑞（マーコールェ）」はマクレー先生の中国名。我々はよく「馬老師（マーラオシー）」と呼んでいた。馬祖に通ずるというので、マクレー先生もお気に入りの呼び方だった。文中の「必要とされる文章」とは、私が依頼した著者略歴のこと。先生の経歴はこちらでも確かめられたが、ぜひ「長期にわたる、しかし常に三日坊主の仏教実践者である」（日本語版 p.5）という一句の入ったやつを、と、お願いしてあったのである。
　数年来の心の重荷だった約束が、ようやく果たせて、安堵した。そして何よりもマクレー先生が元気そうなのが、うれしかった。よかった、間に合った。もう大丈夫だ。「楽しく」神会の本まで書いてるなんて！……東京でできたての日本語版を卓上におき、マクレー先生をかこんでみなで祝杯をあげている光景が目に浮かんだ。
　だが、10月24日、我々は、思いもよらぬ悲報に接した。先生のふるい同学であるミリアム・レヴァリング先生の発せられた訃報が、数人の方から転送されてきたのである。10月22日、土曜日、タイの病院でご家族の見守るなか逝去。享年64。
　最初は信じられなかった。そして、誰に対してなのかわからないまま、激情がこみあげてきた。ひどいじゃないか！　約束がちがうじゃないか！　元気で神会の本を書いているって、ちゃんと書いてあったじゃないか！……怒りとも悲しみともつかぬ、やり場のない感情だった。だが、それは、時とともに、しだいに、ふかい悔恨に変わっていった。自分がもっと頑張っていれば、生前に日本語版を見せられたのではなかったか……。マクレー先生にも、日本語版のために尽力して下さったみなさまにも、申し訳なく、辛かった。
　しばらくは、後悔と自責のうずにのみこまれ、本書の原稿を見返すことができなかった。もう、今さら、何をあがいてもしかたないという、無力感にも陥

った。だが、編集の上田氏から、先生が亡くなられたのなら、なおのこと、これをきちんとした書物に仕上げ、先生の学問の生命をしっかり伝えてゆくのが我々の責務ではないのか、そう厳しく叱咤され、ようやく作業を再開した。上田氏の指摘と指示にもとづいてさらに本文を修整しつつ、用字・用語・体裁などの統一をはかり、その後、同氏の丹念な手作業によって端正な版面が作成されていった。送ってもらう約束だった原画の入手が望めなくなったので、原書にあった三枚の写真と一枚の絵は割愛し、本文と注もそれに合わせて修整せざるをえなかったが、全体としては、マクレー先生に、あの明るく温かな笑顔でうなづいてもらえる日本語版ができあがったと思う。

　著者亡き後も、本書は、生きた話し相手として、多くの読者と双方向の対話をくりひろげてゆくことだろう。また、本書を仲立ちとした読者と読者の新たな討論も展開されてゆくに違いない。マクレー教授の禅宗史研究の生命が、教授とふかい縁のあったこの日本の地でも、ながく、ひろく、そして、活きいきと読みつがれてゆくことを、切に祈る。

2012 年 2 月 27 日
入稿にあたって

虚構ゆえの真実
新中国禅宗史

ジョン・R・マクレー

##　緒　言

　この本は中世中国の禅仏教について、批判的かつ創造的な全体像を再現しようとする試みである。ここに提出する解釈は、この重要な宗教的伝統に対する、私にとって最善の、そして最も愛着ある知見である。本書が、一般読者、学生、そして同業の研究者たちによって、批判的に評価され利用されることを期待する。しかし、より重要なのは、個々の学説よりも、ここで用いられる分析の方法であり、ここに描き出される人間の宗教的活動のプロセスである。言いかえれば、この著作の目的は、中国禅についての唯一の物語を提供することではなく、この主題についての考え方に変化を起こすことなのである。
　私が予想している読者は、禅あるいはその他の仏教の実践者、中国の宗教学・仏教学およびその関連分野の学生や学者、そして、アジアの宗教や人文文化に興味をもつ一般読者のみなさんである。一般読者のみなさんは、本書のうちに、現在の国際文化の中で禅がどのように見られているかについて、幅広い批判のための充分な基礎を見出されるであろう。のみならず、中国禅の宗教的実践は根本的に系譜学的なものである、という私の分析は、特に欧米における現代的な禅の発展の分析にも、新しい比較の視点を提供するであろう。つまり、禅の修行が、元来、系譜学的——私はこの言葉で、父系制的、世代的、そして関係的であるという意味を表している——であったことによって中国の中世社会にうまく適合しえたのだとすれば、では、21世紀の世界において、禅はどのように変革されてゆくことになるのであろうか？　言いかえれば、国際化・西洋化の文脈の中で成長し流布してゆくなかで、禅はどのように変わろうとしているのであろうか？
　学者、学生、および一般読者のみなさんがこの書物の読者であることは、ごく自然である。しかし、なぜ、禅の修行者もこの本を読むべきであるの

か？　その端的な答えはこうである。もし仏教の精神的修行の目的が、物事を如実に見ることにあるのだとすれば、禅に対するあらゆる解釈を取り巻いている、馬鹿げた過度の単純化と混乱した臆断をのりこえることは、如実に物事を見るための一つの重要な行となりうるのではないか、と。これ以上に明細な回答をしようとすれば、さらにいくらかの説明が必要となる。

　私が最初に修行者の共同体のために中国禅の講義をしたのは、1987年のことであった。アメリカ西部のニュー・メキシコ州ヘメス・スプリングス市にある、臨済宗の佐々木承周老師の主宰にかかる仏教研究団体、ボーディ・マンダラの夏期セミナーにおいてである。そのとき聴講者の中にいたアメリカ人の年配の禅僧が、私の講義に激しく抵抗し、何回も繰り返してこう詰問してきた。「それが私の修行にとって、何の役に立つのか？」と。一週間にわたるそのセミナーの企画担当者は、その禅僧の攻撃的な態度に恐縮し、彼はライト級のボクサーだった時、あまりにもたくさんのパンチを浴びてしまったのだろう、と言った。しかし、私のほうは、実はその挑戦を楽しんでいたのである。その問いが私を、大学の講義では決して起こることのない問題に否応なく直面させてくれたから。かくて私は、その後いくつかのセミナーや研修会において、砥石で研ぐように自分の対応を研ぎ澄ましてきた（もしもお望みなら、それは防戦一方の対応だったのだろうとお考えいただいても結構だが）。その中には、臨済宗の島野栄道老師の主宰にかかるニューヨーク州大菩薩禅堂、故前角泰山老師が創立された曹洞宗のロスアンゼルス禅センター、前角老師の弟子の大道ローリ老師が指導されるニューヨーク州マウントトレンパーの禅マウンティンモナステリィ、同じく前角師の法嗣の天心フレッチャー師が指導される禅マウンティンセンター、鈴木俊隆老師によって創立されたサン・フランシスコ禅センター、大円ベナージュ師主宰のマウントエクィティ禅堂、オレゴン州ポートランド市にある香厳・玉光カールソン夫妻のダルマレイン禅センター、澄禅・法元ベイズ夫妻の禅コミュニティ・オブ・オレゴン等が含まれる。これらアメリカの禅センターに加えて、私は二度、台湾の高雄市にある仏光山において、二週間の集中講義を行なう機会をもった。一度目（1992年）、参加者の大半は台湾の若い尼僧さんたちであ

った。二度目（2002年）は、東南アジアの中国人の尼僧とアフリカ、インド（ナーランダー出身であった！）、そしてアメリカ合衆国出身の僧侶たちが、クラスの構成員であった。この本の各章は、最初、独照ビラルバ師の主宰にかかる、スペインはバレンシア市の、万象山和光禅寺における講義のために準備したものである。この著作は、そうしたさまざまな修行道場での聴講者たちとの相互のやり取りから、深く恩恵を受けている。そして、私は、彼らの注意と質問と示唆に、心から感謝している。

　この本の中には、人々の宗教的実践に直接役に立つものは何も書かれていない。私は禅のマスターではない。瞑想の指導者でさえない。これは禅の独習書ではない。料理を例にとれば、私は禅の生活を調理し盛りつけるジュリア・チャイルド（アメリカの有名な料理のインストラクター）ではない。そうではなく、むしろ私は、彼女の教え方やドラマチックなパフォーマンスを批評する芸術評論家である。あるいはむしろ、彼女の料理が鍋から皿へと移されるダイナミックな展開を分析する科学者である。芸術評論家は必ずしも自身が優れた演技者ではないし、科学者が料理の鉄人だとは限らない。私は実際に仏教徒であるけれども――私の自述には必ず「長期にわたる、しかし常に三日坊主の仏教実践者である」という一行を加えることにしている――そして、若くして仏教に改宗した自分自身の宗教的アイデンティティーは、研究対象に対するある種の共感を許すけれども、しかし自分はあくまでも研究者であって、グルではない。むしろ、極端に世俗的――反宗教的――な州立大学の教授を長年勤めるなかで、教室の講義には説教めいたことは一切持ち込まないということを身につけてきた。この本においても、その姿勢は変わらない。私は読者を仏教に改宗させようと狙っているのでは断じてない。改宗ということが、読者の存在の中核をも貫くような、知的変革を意味しているのなら話は別だが。

　この書物は確かに、禅についての著作である。だが、禅の修行の仕方についての本ではない。その点で、英語で書かれた他の大多数の禅の書物とは異なっている。私は読者がこれから禅の修行を始めるかもしれない、とは想定していない。むしろ、最も熱心な修行者も、この本を読むために、ひとまず

は、ご自身が選んだ仏教の伝統の外に出てみるよう努力されることが有益だと考える。私は学者や読者の役割は、中国禅の中世的展開に対する、積極的かつ批判的な理解に参与することであると信ずる。ここで「積極的」というのは、禅がいかにして中世中国の社会的・思想的文脈のうちに出現したのかを見極めようと絶えず努力することであり、「批判的」とは、すべての利用可能な証拠を、すべての可能な視点から考慮して仮説を試み、それに対する反対意見を正当に評価することである（これは、いわゆる「批判仏教」とは無縁のことである）。

いろいろな意味で、私のこの道の訓練は、大学院におけるスタンレー・ワインシュタイン教授のもとでの勉強から始まった。私は教授に、8世紀の禅仏教に関する私の二つめの研究書をささげたい。題して『禅の布教師 荷沢神会──頓悟思想と中国禅仏教の南宗』(Zen Evangelist: Shen-hui (684-758), Sudden Enlightenment, and the Southern School of Chinese Ch'an Buddhism 黒田基金の援助により、ハワイ大学出版局から近刊予定)。アメリカ仏教学界における最も洗練された学者グループの育成に生涯をささげられたワインシュタイン教授から恵まれた学恩は、実に測り知れない。

この著作は、柳田聖山教授の創造的な著作に倣おうとする私の試みである。私は博士論文を書く間、教授のもとで勉強する特典に恵まれた。20世紀における中国禅研究の第一人者として、柳田教授は該博な知識と深い感受性をその著作に持ち込まれた。柳田教授のもとで教えを受けたのは、この書物を書くことを思い立つ何年も前のことであったが、教授の書斎で傍らに坐り、おいしい抹茶をいただきながら中国禅のテキストについて議論を交わしたことは、今でも楽しい思い出である。会話の中で、適当な日常の日本語の語彙に困って私が思案している間も、古典中国語の文法を破壊したようなめちゃくちゃな読み方をしてしまった時でさえも、教授が忍耐を忘れることはなかった（花園大学で週に一度あった中国禅籍のゼミの時、吹奏楽部がにぎやかな行進曲の練習を別の時間にしてくれていたら、なお申し分なかったのだが）。

敦煌の洞窟から発見された写本の分析によって禅理解に革命を起こした日本の学者の新しい波、その先導者であった柳田教授は、西洋から来たある世

代の学生全員に活力を与えたあの明快な解釈を、変わることなく示しつづけられた。もしも私が教授の遺産のたとえ小さな部分でも受け継ぎえているとすれば、教授が手本を示されたユーモアに満ちたヒューマニズムが、この著作のページのなかにも輝いていることを望む。言葉では表現できないほどの感謝をこめ、この著作を柳田教授にささげたい。

　もちろん、その他の大勢の方々にも御礼を申し上げねばならない。上に述べたように、この本のもとになった原稿は1999年6月19日から21日にかけて、スペインのバレンシアにある独照ビラルバ師主宰の万象山和光禅寺において、スペイン語通訳つきで講義するために準備したものである。その旅は日本曹洞宗によって後援された。最初のスペイン語への翻訳はルチア・フェラモ女史と愛語カストロ師によって準備されたものである。両氏には、講義のときにも共同で通訳をしていただいた。ビラルバ先生、カストロ師、フェラモ女史、および和光禅寺の会員のみなさんに感謝を申し上げたい。みなさんのおかげで、私の訪問は楽しくまた生産的なものとなった。続いて、第1章は中華仏学研究所において中国語で講義したものである。中国語訳は関則富氏によって作成され、「審視伝承――陳述禅宗的另一種方式」と題して『中華仏学学報』第13期（2000年）に掲載された。1998年12月から1999年8月まで、研究のために台湾に滞在した私に対する、張聖厳師と同研究所長、李志夫教授、陳秀蘭書記、そして研究所のスタッフの方々の親切なご助力に御礼を申し上げたい。また、第4章の一部は、スティーブン・ハイネ、デール・S・ライト編集の『公案――禅仏教における文献と文脈』(*The Kōan: Texts and Contexts in Zen Buddhism*, New York; Oxford University Press, 2000, pp. 46-74) に「中国禅仏教における機縁問答の先駆」("The Antecedents of Encounter Dialogue in Chinese Ch'an Buddhism") と題して発表したものである。

　ジャン・ナティエは原稿の全体に目を通し、私の貴重な言葉の数々に、気前よく校正のインクを上塗りしてくれた。彼女自身の3世紀中国仏教の翻訳に関する研究から、たまにこちらに注意を向けてくれたに過ぎないとしても、私は大いに感謝している。ウィリアム・ボディフォード、ステフェン・ボーケンカンプ、ロバート・バズウェル、ロバート・カンパニー、そしてデヴィ

ッド・エッケルの諸氏は、原稿を通覧し、有意義で有益な示唆を与えてくれた。心よりの感謝を、これらの友人、同僚諸氏にささげたい。

　上に述べた修行道場での講習会やセミナーのほか、私は多年にわたって、ハーバード大学、コーネル大学、ハワイ大学の学部および大学院の学生たちのクラスで、またスタンフォード大学、インディアナ大学、イェール大学の学者の方々を聴衆として、中国禅の解釈に関するつまらない話で、みなさんを煩わせてきた。それらに参加された先生がたや学生のみなさんからの厳密な質問のおかげで、見慣れた材料を異なった見方で吟味することを余儀なくされた。それらの方々にも感謝したい。上に述べたさまざまな人々からのご助力にもかかわらず、もしも不足の点や訂正されずに残った間違いがあれば、その原因がひとえに私自身の理解の至らなさにあることは言うまでもない。

　　　　　　　　　　　　　　　　　2002年6月
　　　　　　　　　　　　　　　ハワイ州ホノルル市、天ヶ小箱にて

凡　例

　この書物の目的は、さまざまな必要をもつ読者の多様な学習を手助けすることにある。本文は、初心者・非専門家を含めた、あらゆる読者のためのものである。一方、注記と参考文献は、学生や学者による使用を意図している。本書で採用した主な基準は以下のとおりである。

1. テキストの中に相互参照の指示をたびたび挿入した。読者はこれによって、議論のさまざまな要素を、容易に憶えられる。能動的な読書は、ページ上での往復をある程度要求するものであろう。
2. "T"という略号によって示された著作は、東アジアの仏教聖典の標準的な集成である、高楠順次郎・渡辺海旭編『大正新脩大蔵経』からの引用であることを示す。"X"という略号をつけて示されたものは、新文豊出版公司影印の『卍続蔵経』からの引用である。
3. 日本語版は英文原著の忠実な翻訳ではなく、著者が複数の日本人研究者との協働によって新たに作成したものである。その経緯については小川「解説」を参照されたい。日本語版作成の過程で、細かな誤記を訂正したり、記述の補足や修改を行なった箇所がある。
4. 原典資料の引用は、日本語版では基本的に原著の英訳から訳出したが、あわせて適宜原文（漢文）を対照することで重訳による意味の乖離をふせぐよう努めた。原文について他の句読・解釈が考えられる場合も、本書では原著の読みにしたがっている。引用文中、理解の便宜のために著者が挿入した語句は日本語版では、原著で［　］で囲んでいる訳の補足を〔　〕で、(　)で囲んでいる言い換えや語句の意味を（　）で示す。
5. 原著では専門外の読者への配慮から、本文では、中国史や中国禅に関する術語や固有名詞の使用、引証の資料名などの提示が極力控えられている（英文のなかでは意味不明な中国語のローマ字表記がならぶことになってしまう）。しかし日本語の読者には、漢字の原語が示されていたほうが便宜であると思われるので、（　）内にそれらを小字で補った。「五つの禅の家系」のところに（「五家」）、「普寂の弟子であった法雲（ -766）の碑銘」のところに（李華「潤州天郷寺故大徳雲禅師碑」）と補記したのなどが、その例である。それに対し、原著以来（　）に入れてあるものは、原則として本文と同じ大きさの文字にした。

禅研究におけるマクレーの法則

1．事実ではない、それゆえに、より重要である。

禅文献の内容は、「それは本当に起こったのか？」というジャーナリズムのような明白さに基づいた、単純な基準によって評価されるべきではない。どのような出来事も言表も、ひとつの想像上の時点における、単に十指に満たない人々が関与したささやかな事実に過ぎなかったかもしれない。しかしそれは、禅の伝説の創造に関与した、何世紀にもわたる幾千もの人々の手によって圧しつぶされている。禅文学の神話作成は中国人の宗教的想像力を示すものである。それは広大な規模と深い意味あいをもつ現象である。

2．法系の主張は、それが強力であればあるほど、真実から離れている。

法系の独自性と「歴史」に関する記述は、自己主張の道具である。現代的な意味での歴史的正確さに基づいた、史実の批判的評価ではない。すべての法系の自己主張は、重要さに比例して不正確である。歴史的に明確なものとして示された法系の自己主張は、宗教的アイデンティティーの記述の常として、論理的にはつじつまの合わないものである。

3．記述の詳細さは、不明確さを意味する。

数字や日付、その他の詳細な記述があれば、その物語にまことしやかな雰囲気が与えられる。しかし、それが詳細であればあるほど、我々はそれを文学的な装飾と認識しなければならない。とりわけ禅研究の場では、記述の詳細さは、時間的な距離の遠さによってもたらされた人為的加工と見るべきである。そして、より古い物語に曖昧さがあれば、むしろその正直さ

にこそ満足しなければならない。我々は「原初なるもの」に対する誤った探求を避けなければならない。と同時に我々はまた「よいデータ」と粉飾的な添加物を鋭く見分けなければならない。我々が中世の論争術のベクトルについて考察する場合が、そうであるように。

4．ロマン主義は、シニシズムを生み育てる。

物語の話し手は、不可避的に、英雄と敵役(かたき)を創り出す。そして、そのような禅の初期の祖師たちや偶像的人物たちの描写は、唐代の「黄金時代」と、おそらくは停滞的であったろう宋代の形式主義の双方について、我々の理解を歪めてしまう。一方をロマン化してしまうと、もう一方は貶められざるをえず、結果、両者がともに正体を隠して素通りしてしまうことになるからである。禅のロマン主義と、儒教を絶対視する護教主義——敗退した仏教を尻目に栄光の座に上る宋の新儒教を含む——との結託は、禅と中国の世俗的伝統の、どちらを理解するためにも障碍となる。よって、結論はこうである。冷たい現実主義によってこそ、否定的な誤解は排除される、と。

第1章　法系を見る

――禅仏教についての新しい視座――

　禅仏教についての議論を、どのように始めるべきであろうか？　ひとつのやり方は、物語から説き起こすことだろう。なにか感動的な逸話で読者の好奇心をかきたてるのである。禅の灯史の中には、その可能性がまさにおびただしくある。第一は、熱心な中国人の求法者――後に中国の二祖となる恵可(えか)という人物――が、インドから来た得体の知れない聖人、菩提達摩(ぼだいだるま)の教えを受けるために、自分の腕を切り落とした、という話である。修行者を激励し、さらなる精進(しょうじん)に向かわせるために、この物語は、中国のみならず、世界中の坐禅堂でいくたび語られてきたか知れない。あるいは、これほど過激でない物語を見つけることもできる。たとえば、龐居士(ほう)が世俗的な富を追い求めることの空しさを覚り、自らの財産をすべて川の底に沈めてしまった、という話などはどうだろう？　確かに、財産に対する執着からの自由を教えるこの故事は、深い精神的なメッセージを伝えようとするものであろう。このように、ここで使えそうな、少しずつ重点を異にする伝説・逸話の在庫は、無数にある。むろん、それとは違った書き出しも可能である。多くの著者たちが、自身にとって最も好ましいやり方で禅の最も本質的な特徴を規定し、禅の伝統の全体を総括する特徴の簡潔なリストを提供している。あるいは、そのような口当たりのよい一般化を避け、何世紀にもわたる、信じがたいほどの禅の創造力とその宗教現象としての活力を単純に褒めたたえる、という書き出し方も可能であろう。

　それらに対してここで私が採用した方法は――すでに上の考察自体から明らかなように――疑問の提示から始めることである。それは単なるナマの好奇心ではなく、批判的な疑問を読者の中に喚起するためにほかならない。そ

こでまず率直に、どのように禅仏教を見るべきかという、疑問の考察から始めよう。どのような方法を採用するべきなのか？ どのような手法は避けるべきなのか？ どのような形の分析が実りあるものなのか？ そして、どのようなやり方が、一般的に受け入れられている陳腐な説教の繰り返しに過ぎないのか？

　どのように禅仏教を見るべきか？ この疑問は避けて通ることのできないものである。この問題を無視し、事実や概念を繰り返し唱えるだけでは、無言のうちに結論を出してしまっているのと同じである。つまり、否認というやり方を採ることによって、実はその質問に答えてしまっているのである。しかし、平板で単純な言葉で回答することも、やはり適当だとは思えない。私がこの序説を20世紀が終わろうとしている台北市の郊外で書き綴っていた時、そして今、21世紀の初めにホノルルでその推敲をしている時、私自身の人格の中にも、また私が想定している読者の中にも、信じがたいほど多種多様な文化的アイデンティティーが内在していることを実感する。さまざまなあり方、さまざまな時点において、私は研究者であったり、実践者であったりした。学生だった時もあり、教師だった時もある。そして、人を愛する者であり、また隠遁者でもあった。ここで私が提供しようとしている書物は、私が、アメリカ、日本、台湾で経験した、広範で、連続的で、かつまた教育的な出逢いを通して学んだことであり、この書物は中国だけではなく、ヨーロッパやアメリカ、そして日本の読者に読まれることを意図している。だから、禅仏教を見る「唯一の」正しい見方があるべきだと議論することさえ不可能である。見方の多様性とある種の分析的類型学の流動性は、このポスト・モダンの世界ではすでに周知の事実なのである。

1　禅の法系図の脱構築

　私が脱構築したい、したがって回避したい、と願っている禅の見方の規定から始めるのが、便宜であろう。まず私は、この見方を風刺的に描写しようとしているだけなのだということを告白しなければならない。そうすること

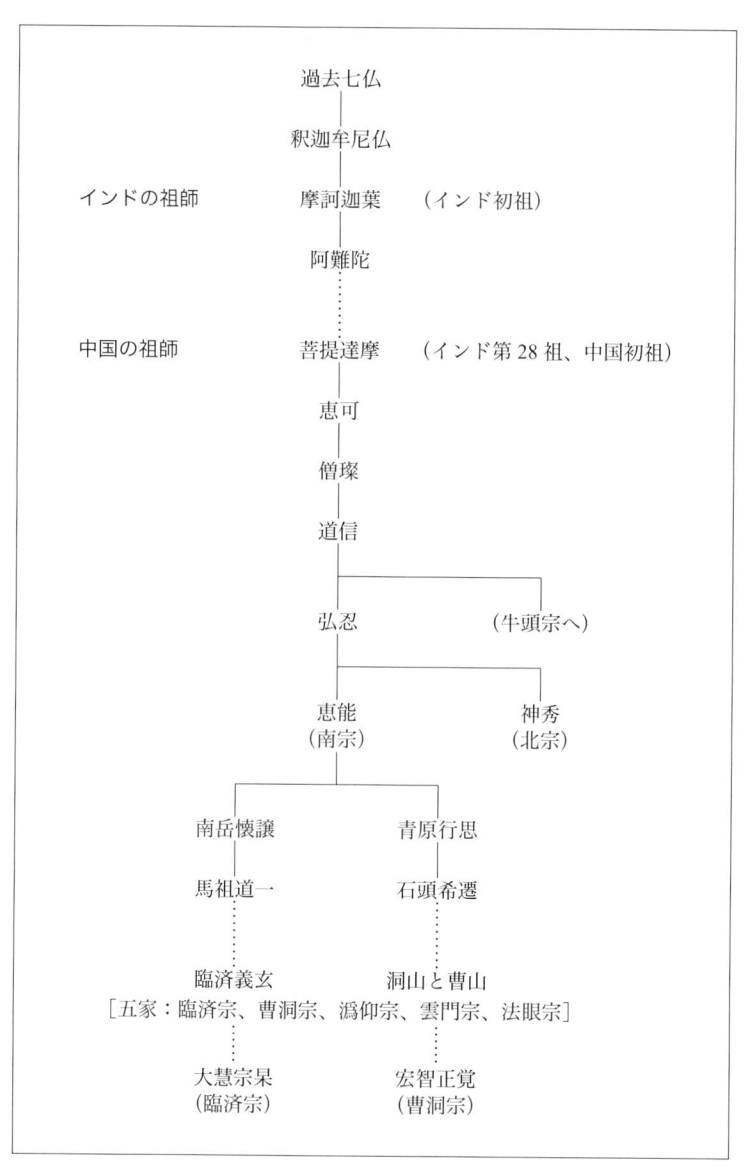

```
                          過去七仏
                            │
                          釈迦牟尼仏
                            │
インドの祖師              摩訶迦葉    （インド初祖）
                            ┆
                           阿難陀
                            ┆
中国の祖師                菩提達摩    （インド第28祖、中国初祖）
                            │
                           恵可
                            │
                           僧璨
                            │
                           道信
                      ┌─────┴─────┐
                     弘忍      （牛頭宗へ）
                  ┌───┴───┐
                 恵能      神秀
                （南宗）   （北宗）
              ┌───┴───┐
           南岳懐譲    青原行思
             │           │
           馬祖道一    石頭希遷
             │           │
           臨済義玄    洞山と曹山
         ［五家：臨済宗、曹洞宗、潙仰宗、雲門宗、法眼宗］
             │           │
           大慧宗杲    宏智正覚
          （臨済宗）   （曹洞宗）
```

第1図　中国禅の法系図

によって、今行なっている観察は、我々をある種の理解に至らしめる梃子の形成のために使うことができる（実証主義の哲学者であるジョン・デューイと彼の弟子である胡適(こてき)をパラフレーズすれば、そういうことになる。胡適は、中国をある種の未来に向かわせる梃子を創り出すためにこそ、過去について研究するのだと言っている）。その見方とは、第1図のような法系図によって図式的に描かれる、伝統主義的アプローチのことである。このような法系図は、これまで書かれてきた禅に関するほとんどすべての書物に含まれ、歴史的な物語を示すための枠組みとして使われてきた。しかし、ここでは、直接にその物語に跳びこみ、その図の内容に基づいて学説を構築するのでなく、まず初めに、法系図そのものの解釈とそのコミュニケーション媒体としての記号学的インパクトについて考察しておかなければならない。もしも、その媒体がメッセージであるのならば――マーシャル・マクルーハンによって一般に知られるようになった言い方によれば――法系図の構造そのものによって伝達されるメッセージは何なのか？ 禅が「不立文字(ふりゅうもんじ)」を標榜し「教外別伝(きょうげべつでん)」を主張するということは、しばしば指摘されるとおりである。これらの句は、まさに今、私自身がそうしようとしているように、禅者は自らの教えを語るのに実に多くの言葉を費やしている、という皮肉な観察を添えて紹介されるのが常である。禅の言語使用と「不立文字」、その問題には後ほど戻って来ることとしよう。ここで見て取れることは、法系図なるものによって、禅が自身の歴史的背景をいかに理解しているのかということについての、基本モデルが提供されているということである。つまり禅は――たとえば天台(てんだい)宗が『法華経(ほけきょう)』を強調するように――特定の経典に基礎を置く多くの宗派のひとつであるとは、自身を規定していない。禅の文献は逆に自分の宗派を仏教そのもの、あるいは仏教の中核なるものと主張する。そしてそれは、過去(か)七仏(しちぶつ)から二十八代のインドの祖師たち、六代の中国の祖師たち、さらには彼らにつづく中国、朝鮮および日本のすべての禅師たちを通して伝えられたものであるというのである（菩提達摩は、インドの第二十八祖にして且つ中国の初祖であり、中枢の位置を占める）。その全体的な伝法の体系が完成されるのには、数世紀が費やされた。最初期のレンガ積みの基礎作業は7世紀が終

わろうとするころに現れ、そして完全な体系を含む禅文献は、早ければ801年（『宝林伝』）、晩くとも952年（『祖堂集』）までに完成されたのであった。

　法系図の考察から始めることのまぎれもない利点の一つは、禅宗の歴史上、最も重要な登場人物たちの紹介が可能なことである。過去七仏は伝説的な人物たちであって、さほど注意を払う必要はない。禅文献は彼らの宗教的個性——アイデンティティー——をいくらか増幅し修飾するが、今の目的のためには、禅が単に東アジアの大乗仏教というよりも、さらに大きな伝統から受け継がれた文化遺産の一部であると認めれば充分だろう。もちろん、禅は釈迦牟尼について独自の神話的伝承をもつ。それは、「歴史的」人物としての釈尊に関する私たちの概念とは、かなり異なったものである。しかし、それもまた、別の機会に論ずべき課題であろう。二十八代のインドの祖師たちにもさして注目する必要はない。彼らの聖人伝説の語られ方は魅力的なものであり、ひじょうに複雑な研究課題でもある。しかし、ここではそれを考察するだけの紙幅がない[1]。ところが、菩提達摩以下、中国の六代の祖師たち、とりわけ第六代の恵能と神秀、そしてその後を継いだ何世代かの弟子たちは、このドラマの中で、他の役者たちよりも頻繁に登場することになるだろう（読者はまず、我々の法系図に、神秀の弟子たちがひとりも含まれていないことに気づかれるであろう。これは、それ自体著しい欠落である。これについて、私はのちに29ページで簡単に考察する）。臨済宗・曹洞宗の代表的祖師として記憶されている人々の名は、法系図の均衡を保つ装飾物として、禅宗の歴史の中で最も重要な人々のうちに含まれている。

　この法系図から、いくつかの重要かつ基本的な推論を引き出すことができる。第一に、法系図の歴史的起源に関する解釈である。禅の系譜は、インドと中国の両文化の複合的産物である。本の書き手たちは、禅をしばしば、中国仏教の諸宗派の中で最も「中国化」されたものとして描き出す。そして、その場合に彼らが決まって持ち出すものの一つが、この禅の法系図の方式である（私はこの理論にことのほかアレルギーをもっている。そのような表現は一般的に、真に分析的な洞察であるよりは、むしろ自分の文化についての狂信的なナショナリスティックな感覚から生ずる、説明ぬきの同語反復の域

を出ない。そして、禅は日本文化の真髄を代表するものであると、鈴木大拙およびその他の人々が日本の禅についてほとんど同じことを表明しているという事実は、そのような意見の本質的な空虚さと戦術的な意図、その双方に気を許してはならないことを示している[2]。事実、法系に基づいた伝法体系の起源のいくばくかは、インド仏教や4-5世紀のカシミール仏教の禅定の伝統の中に見出されるものである。禅の伝法系譜と、8世紀あるいはそれ以降に見出すことのできる中国の家系図との間には、確かにいくつもの類似点がある。しかし、中国人と同じくインドの仏教徒も、両親や師匠、そして家系や秘伝授受の系図を持っていたことに思いを致すべきである[3]。中国禅の伝法の体系は、インド的要素と中国的要素の混合物として中国仏教の文脈の中で発達し、その社会的環境の中でとりわけよく適合したものだったのである。鄧小平が唱えた「中国的特色をもつ社会主義」のごとく、中国の禅の法系図を「中国的特色をもつ仏教の系譜説」と呼んでもいいだろう。

　第二に、法系図によって禅を「教外別伝」と規定することで、禅の創唱者たちは、自らの宗派が他のすべての仏教宗派とはまったく異なった、根本的に勝れたものだと宣言した。他の宗派は仏教の一つの解釈を代表するに過ぎないが、禅は仏法の実物そのものを伝えているのだというのである。これは他の宗派に対する禅の優位を確立しようとする論争的な動きである。他の東アジアの仏教諸派は、一つには彼ら自身の法系を構築することによって、また一つには、禅はただ仏教の戒、定、慧の三学の中の定学を強調したに過ぎないのだと主張することによって、その動きに対抗しようとした。中世の中国仏教を単に智慧の最高形態として認識するにせよ、あるいは王朝の保護やその他の現世的な利益を得るための運動と看るにせよ、あるいはさらにその双方を同時に狙った努力と看るにせよ、少なくとも彼らは知的・文化的覇権を得るために競合相手と対抗していたのである。だから、法系理論のもつ論争的性質を見逃してはならない。ついでながら、禅仏教を論争・競争の面から描き出すことは、私個人の価値判断の行使ではなく、まして伝統に対する侮辱でもない。そうではなく、それはただ単に、歴史的な事実を認識するだけのことなのである。

第三に、禅の伝法の体系において期待されることは、釈迦牟尼や菩提達摩、恵能、そしてその他の人物たちの生涯に何が起こったのかという「事実」ではなく、むしろそれらの人物たちが禅の神話の中でどう見られていたのか、ということである。この点については、この書物の中で繰り返し論ずることになろう。そして、私はそれを、より複合的な立場から論議したい。ジャーナリストが言うような、明瞭ではあるが単純な事実の正確度、そうした見地から見れば、禅文献が起こったと主張する事柄は、ほぼ、どれもこれも、確実に起こったことではないのである。しかし、事実と虚構という概念に固執するよりも、むしろそこに関わった、神話作成プロセスのダイナミズムにこそ注意せねばならない。何かの逸話がその言葉が語るとおり「確かに」起こったことを提示しているか否かは、歴史の偶然に過ぎない。そしてどんな場合でも、「原初」の事件に関わったのはごく少数の人々であり、大きく見積もっても地方の小さな一僧団の構成員に過ぎない。それよりも重要なのは、それらの逸話が、発生し、流通し、編集され、改良されていったプロセスである。すなわち、それらが禅の修行者や信奉者たちにあまねく伝承され、その逸話によって、禅匠たちが中国文化を通じて認知されるに至った、という事実である。これが禅学におけるマクレーの法則第一である。

　　——事実ではない、それゆえに、より重要である。

　これはいわば、虚構——実は別種の真実——は「本当に起こったことなのか？」という疑問にもとづく単純な判断基準よりも、ずっと重要だということである[4]。
　第四に、「空」（śūnyatā）の思想[5]に基づいて言えば、この伝法の構造において、真に伝えられる「モノ」など何もない。師匠と弟子の間で起こったのは、単に後継ぎが完全な悟りを開いたという印可証明だけなのである[6]。これは第一に、禅の教義的原理である。しかし、法系図の最も重要な部分は個々の祖師の一つ一つの名前ではなく、彼らの間にある空間である。つまり、彼らをつなぐ線である。というのは、与えられているのは人物たちの連続の

みではなく、個々の師匠と彼の後継者との出逢いなのである。禅文献においてしばしば強調されるように、悟りとか仏心とかいうような、一人の祖師から次の祖師へと手渡された「モノ」など、実は何ら存在しない。そのような「モノ」の存在は、この世界の物事や存在に個物としての不変の実体があるということを否定する、仏教の基本教義に抵触するものである。この教義的主題は、人間については「無我」と呼ばれ、人間を含む存在のさまざまな構成要素については「空」と呼ばれる。これは単に哲学的な考察ではない。むしろ深い系譜学的インパクトを伴う実存的な姿勢である。焦点は何が伝えられたかということではなく、むしろ仏たちや祖師たちとの間の出逢いの関係である。このように、伝法という行為は、何らかの「モノ」を師匠から弟子に授与するということではなく、精神的な成熟の認定なのである。これは特別なパートナーたちを巻き込んだ宇宙的ダンスである。出逢いの関係、精神的な最も深いレベルにおける出逢いなのである。

　第五に、それぞれの仏や祖師の悟りは完全なものであるから、インドの仏や祖師たちと中国の祖師たちとの間に、宗教的な地位の高下はない。これは、系譜に基づく説明がなぜ中世中国の仏教徒たちにとって魅力的であったかという問いへの、おそらく最も重要な回答となろう。なぜなら、これによって、中国生まれの祖師たちの権威を、インドの先駆者たちと同等のところまで引き上げることができるからである。これは仏教の中国化、つまり仏教がいかに中国社会に受用されたかという面で非常に重要であり、中国宗教の研究や中国学一般におよぶ広い学問領域にとっても、きわめて重大な課題となろう。しかし、ここで私が強調したいのは、最も顕著でありながら、しかし最もしばしば見逃される法系図の特徴である。すなわち、そのきわめて単純な授受相続のラインがもつ、祖師たちの均質化作用である。

　中国の禅仏教を過去七仏から中国の六代祖師にまで通じる直線的な連続態として提示することによって、このような図表は、非常に複雑な文化的宗教的現象を単純化することになる。二人の祖師の間の直線的な関係が法系図のなかに据えられる時、全世界の複雑性や人間同士の入り組んだ関係や経験を含む宇宙は、常に効率的に視界から消し去られてしまう。だが、生涯を通じ

た数多くの人間関係のなかから、たった一つの師弟関係を選ぶことによって、宗教的人物のアイデンティティーが十全に要約され得るであろうか？　中国の禅匠たちの伝記をわずかに垣間見るだけでも、そこにどれほど大きな歪みがあるかが見て取れる。充分な資料がある場合には、さまざまな師匠の下でさまざまな出来事に触発され、複数の悟りの経験[7]をした人物をしばしば見出すことができる。にもかかわらず、それらのことは、すべて単線の伝法ラインに矮小化されてしまう。禅の伝統を象徴させるために法系図を用いること——その使用は禅の伝統それ自身と同じくらいに古いのであるが——その系譜的特性を明らかにすることによって、禅は特殊な宗教的運動としての独自性を生み出した。だが、それは、覇権的な形容語句であり、一つの世界観を、他のあらゆる見解を排除するほどにまで意図的に拡大するものだったのである（のち 23 ページにおいて、さまざまな支派と分派について論ずる）。

　第六に、かかる「系譜的モデル」は、釈尊から菩提達摩を通して伝えられた教えだという、禅の歴史的自己認識を示すだけでなく、禅の修行をいかになすべきかを規定したものとしても重要である。つまり、自己の浄化と仏位へ向けての個人的で階梯的な努力という、基本的にインド的な修行概念とは対照的に、禅の系譜的なモデルにおいては、師匠と弟子の出逢いによって起こる精神的な自己変革こそが、最も肝要だということである。たとえ禅の文献がその事実をさほど強調していないとしても、禅の修行者が禅堂で長時間すごしていたことは承認されてよい。しかし、禅文献の焦点は、もっぱら師匠と無名の弟子、あるいは将来禅匠になる修行者とその幾人かの師匠、という両者の間の会話・応酬にあてられる。このように、法系図は、禅宗の歴史的自己認識たるにとどまらない。禅の修行自体が、そもそも系譜的なのである。系譜的であるということは、禅の修行のポイントが系譜的に理解された出逢いの経験であることを意味している。その経験は、関係的（それは個人的な努力によるのではなく、むしろ個人間の相互作用を含む）であり、世代的（それは親子でなく師弟の世代によってまとめられている）であり、反復的（つまり、現在と未来の師弟の生活の中で、模範とされ反復されることを意図している）である。中国禅とインド仏教の禅定修行との関係がいかなる

ものであろうとも、この独特の複合性は、他の宗派や異なった形態の仏教の修行には決して見出されない性格である[8]。

　しかし、最も基本的な歴史的事実として、禅の法系図の均質化作用のために極度の歪みが引き起こされていることは、認識されなければならない。これが禅学におけるマクレーの法則第二である。

　　――法系の主張は、それが強力であればあるほど、真実から離れている。

　より公式的な言葉でいうならば、法系の主張は、その重要性に比例して問題を含んでいるということである。つまり、ある集団の禅匠たちが法系の中で直系として繋がっているということを読む時、その言明はおそらく何らかの意味で正確ではない。そして、そのことがそこに関係する個人たちの宗教的アイデンティティーにとって重要であればあるほど、その正確度はいっそう疑わしいものとなる。その関係から大したことが引き出されないなら、ずっと大きなことが引き出される場合に比べて、その法系の主張が正しい蓋然性はより高い。そしてほとんどすべての場合において、そのリストの最後に出てくる人物、もしくはその弟子たちこそが、その主張に最大の利害関係をもっているであろうことは言うまでもない。彼の宗教的自己認識がその法系の継承を根拠に規定されねばならないとしたら――つまり彼の歴史的な地位が、ある特別な先駆者たちの集団によって作られたカリスマの相続如何にかかっているとしたら――そこでは常に、何か重大な事実の歪曲が行なわれていると考えられるのである。むろん、私が「事実」という言葉を使う時には、法則の第一を思い出していただきたい。それはこの場合にも当てはまる。法系という枠組みのなかでの事実の提示は、何らかの種類の神話作成の印にほかならない。そしてそれが事実でないことこそが、必然的に、より重要なのである。

　第七、私はさきに「個々の師匠と彼の後継者」に言及した（20ページ参照）。性別を特定した用語法は、ここでは適切なものである。禅の伝統は圧倒的に男性に支配されている。そして、英語の「patriarchal」（父系の）とい

う用語の強烈な含意は——禅の代表者たちとその男性中心のイデオロギーを顧みる時——実にふさわしいのである。ナンシー・ジェイは、権力と生産力の連鎖からの女性排除の正当化に、家系制度なるものがどれほど理由を与えてきたかを分析した[9]。後の章で私は、禅が中国の仏教僧院体制のなかで権力を組織化していった流儀について考察する。むろん、男性支配的イデオロギーとしての禅については、性差別に関連するより広い問題がある。遠慮なしに言えば、禅は中国社会の中で女性を抑圧するために使用された武器ではなかったか？ ということである。残念ながらこの書物のなかでは、この問題についてこれ以上の思考をめぐらすことはできないが、この課題が持ち上がってきたときに、学者としてそれを避けて通るべきでないことは言うまでもない。しかし、この点に気づくことは、ここでは、それとは異なった、そしておそらくはより大きな意味で、有意義である。それは、その問題の次のような変形を扱うことと密接な関係があるからである。「禅は中国の一般の宗教実践者を抑圧する武器ではなかったか？ あるいは、それは、そのうちのある特定の集団を抑圧する役目を果たすものではなかったか？」 確かにこれは衝撃的な問いである。だが、知識を構築するいかなる方法——法系の構成もむろんその一つだが——も、一定のものの見方を培養し、それと異なった考え方を抑圧するものである。禅や仏教の瞑想や精神的修養一般に対して、私自身が共鳴しないというのでは決してない。しかし、中国仏教における禅宗の支配が、その代替物たり得る他の宗教や宗派の見方をいかに妨げてきたかについて考察することが、我々の知的責任の一つであることは明白であろう。

　ここまで読んできて、一つの単純な法系図からかくも多くの推論を引き出してきたことに読者は驚かれるかもしれない。だが、紙幅にさえ制限が無ければ、法系図から導き出される洞察はさらに際限なく書き連ねることができるであろう。禅の法系と系譜的自己認識についての論評は後にゆずることとして、そもそもこの議論を始めた理由について述べてみよう。

2 「ひとつながりの真珠」の錯誤を回避する

　法系図に関する以上の観察は、回避すべき解釈に対するある程度の予防法である。簡略に言えば、禅仏教を法系の体制と一致したものと断言することは、根本的に新しい洞察に富んだ説を立てることではなく、既定のものの反復に終始するという危険を冒すことにほかならない。妥当な分析を経ることなくそのようにすることは、受け継がれてきた象徴的な体制の単なる繰り返しでしかないのである。この文脈においてその種の論者が最も重んじている思想的なニュアンスは、系譜的モデルの平凡な変種に過ぎない。ここでは、インサイダーとアウトサイダーの明確な区分をしておくことが有益である。禅的認識の枠組みの「内部」で活動する宗教的修行者に期待され、またそれが自然であるようなこと——つまり家父長制的な法系の中で会員権を確立するために必要とされるようなこと——は一時的にせよ観察者・分析者として禅の「外側」に立つ人々にとって、知性を衰弱させるもの以外の何ものでもない。禅の宗教的修行にとって絶対に本質的であることも、知的な分析の見地からすれば、支配権力に対する受動的な従属であり、知性の病に知らず識らず冒されてゆくことでしかないからである。

　では、ここで、してはならないことは何なのか？　換言すれば、すべての豊かな複合性のうちにありながら、禅の歴史を見る能力を遮るような思考形式に陥る時、あるいはその危険がある時、我々はどうすればそれを認識することができるのだろうか？

　この見地から見るならば、問題はいとも簡単である。禅を一人の偉大な祖師から次の祖師への法系の継承として説明しようとする限り、常に「ひとつながりの真珠」という錯誤を免れない、ということである。その錯誤のなかで禅仏教の展開は、一すじの糸に通された真珠のごとき、個々の祖師のつながりとして描写される。これは、歴史書において、不可避的にとりとめのない過去の現実の詳細を少数の偉大な男たちの意図的な努力の結果として説明しようとする、「英雄」史観の錯誤の一変種にほかならない（再び、性別を

限定した用語を使うのには充分な理由がある)。論理的にもう少し明確に言えば、それはまた「原型」(アーキタイプ)の錯誤の例でもある。つまり、「時間の外に存在する根源的な原型の繰り返しとしての概念化された変化」である[10]。

　禅研究について言えば、敦煌(とんこう)文献が、多くの著作における旧来の禅の評価を根底的に変容させるものとしてよりも、むしろそれを補完するものとして使用されているということに、この傾向はあまりにも明らかに表れている。死海文書と同じく貴重な文化財である敦煌文献は、20世紀の初頭、中国領中央アジアにおいて、塗り込められた洞窟のなかから発見され、そして、世界中のいくつかの図書館に分散して保存された。それらの文献は、宋(そう)代において仏教文献が大規模に編集され均質化される直前の、8世紀から10世紀にかけての禅文献の断面図を提供するものである[11]。これらの文献を利用できるようになってから、学者たちは中国禅仏教の初期の段階を、それ以前には到底不可能だったやり方で探査できるようになった。かくて、この素晴らしい埋蔵文化財の分析は、20世紀の全期間を通して学者たちの関心を独占した(禅のみではなく、仏教の他の分野や、道教の研究、そして歴史的・社会的な多様な研究領域でも同様である)。しかし、禅研究において、敦煌文献から得られた証拠資料は、もっぱら昔ながらの伝統的な絵の上によりよい容貌を描きこむために、そして上述の系譜的モデルに魅力的なディテールを追加するために用いられてきた。学者たちは、菩提達摩や恵能、およびその他の人物たちの個々のより生き生きとした肖像を作成するための道具として、敦煌文献を他の証拠と結びつけて使用してきたのである。かくて、それらの人物が描かれている枠組み自体が大きく変化させられることは、ついぞ無く、彼らがそもそも系譜的パラダイムに含まれることになった文化的・宗教的ダイナミクスについて研究をしようという動きも、いっこうに起こらなかったのである。むろん例外も無いではないが、それは極めてまれであった。

　私は決して、法系の嗣続に関する記述を一切含むべきでない、と主張しているわけではない。ただそうする時には、法系図を使用する理由と、それにともなう危険性の認識がなければならない、と言いたいのである。法系に関

連した概念を使うことなしに禅について語ることは不可能であろう。連続的な過程として記述される限り、禅はその最も深いレベルにおいて「系譜的」な現象だからである。しかし、証拠資料を通して焦点と視点をくりかえし移動することによってしか、最大の利益は得られまい。「ひとつながりの真珠」の錯誤を犯すことは、ひとつの姿勢にかたくなに執着し、自分の見方さえ分からなくなることである。単に複数の静止的な位置の間を移動するのではなく、むしろ複数の角度から主題を照らし出し、多様な解釈能力によってそれと出逢うように研究を行なうべきなのである。

3　試験的な方策——禅の年代的段階

　次ページの年代表は、上に掲げた法系図(第1図)とはかなり異なったやり方で、禅を年代的に表示した略図である。伝統的な禅の法系図は個々の人物の名前を列挙するが、この図は禅の「展開」(evolution)の諸段階ないし動向を表示したものである[12]。これらの段階や動向の名称は、禅に関する書物の中で一般に通行しているものではない。そして、それらの段階の境界線をどこに置くかは、議論すべき課題である。私はこれらの用語と時代区分を、以下の章を通して注意ぶかく吟味しつつ、あるいは使用し、あるいは使用しないことによって、その曖昧さを保持しておきたい。独自でしかも曖昧さがないように聞こえる名称の各段階と、それら相互の間の境界線が、実は本質的にファジーなものであることによく注意されたい。この時代区分の有用性は、おそらく、これらの段階名のような恣意的な項目では、禅の歴史を厳密には把握できない、そう省察する場合においてのみ理解されるであろう。

　表のように命名された各段階は、特定個人の集合を指すものではなく——最も代表的な人物たちの幾人かは表に示してあるけれども——多様な出典を通して知られる宗教活動の形態を示すものである。それぞれの段階を特徴づける主要なモデルは、むろん伝統的な法系図の中の祖師たちである。彼らはある種の宗教的アイデンティティーについての象徴的役割を果たす。これらの男性たち——ごくまれには女性たち——は、悟りの行動の典型として機能

原始禅 500-700頃	菩提達摩（-530頃） 恵可（485頃-555頃あるいは574以降没） 『二入四行論』（645以前） 概略：中国北部の複数の場所。仏性思想に基づく修行。法系の理論については不詳。いくつかの伝統的なテキストと少数の敦煌文献によって知られる。
初期禅 600-900頃	弘忍（601-674） 神秀（606?-706）　恵能（638-713） 神会（684-758） 北宗、南宗、牛頭宗の分派 『六祖壇経』（780頃） 概略：「観心」についてのさまざまなアプローチをもつ、多様でゆるやかな結合の分派・集団。初期禅と原始禅との関連は不明。689年以降に統合のイデオロギーとしての法系の理論が出現。多数の敦煌文献と伝統的な資料を通して知られる。
中期禅 750-1000頃	馬祖（709-788）　石頭（700-790） 臨済（-867）　雪峰義存（822-908） 五家に先だつ洪州と湖南の分派 『祖堂集』（952） 概略：修行と説法の主要形態としての「機縁問答」の出現。口語体で記録され、952年に大量の集成が発刊される。宗教的修行の法系のモデルが示される。敦煌文献には現れないが、宋代のテキストを通して知られ、宋代には「黄金時代」として理想化された。
宋代禅 950-1300頃	大慧（1089-1163）　宏智（1091-1157） 五家、臨済宗と曹洞宗 『碧巌録』（1300） 概略：禅の最盛期。管理・経営のイデオロギーとして中国の僧院体制を独占。悟りの自発性を発揮する唐代禅僧のイメージは、宋代の高度に形式化した環境で記述された。短い機縁問答が収集・編集されて悟りの行動の先例――公案――として機能し、瞑想修行の課題として使用された。

注：宋代末から現在に至るまでの禅を網羅するためには、この図表には少なくとも宋代以降の諸段階をも含めるべきであろう。しかしながら、それら後代の発展は本書では扱っていないので、時代区分の試みは控えておく。

第2図　中国禅の発展段階略図

しているのである。彼らの逸話は、それ以降の世代の修行者たちの行動の模範となるまで、くりかえし語り継がれる[13]（禅は悟りの自発性を重んじ、様式化された行動を超越するとされる。しかし、この様式化を捨棄するということ自体が、理解され、模範化され、様式化されて、はじめて、模倣され、脱構築され、再現されることができるのである）。これら代表的な祖師たちについての資料は、教義的な説明やその他の情報と同じく、口頭の伝承や筆録された文献によって流通していた。各段階の禅は多様な次元で記述できる。たとえば、その典型的・代表的人物によって、あるいはその地理的範囲と彼らの活動の時期によって、またあるいは彼らの行動を記述しその教えを伝える文献によって、等々である。年代表では各段階の要約の中に、これらの情報を簡略に提供してある。

　法系図と年代表との間の基本的な違いは、こうである。法系図はすべての個々の人物を、有意味だが単一な宗教的形態によって理解することを可能にする（と同時にそう制限する）。そのため、彼らを単一の集団の開悟者の典型として提示し、それを均質化する傾向がある。それに対し、この年代表は多様な見方や理解を促すために、時代的な軸にそって、質的な相違を区分しようとする。年代表の目標は意味のある区別を生み出すことであり、父系的な祖師たちの権威の変わらぬ継続を主張することでは断じてない。

　読者は、法系図が決して単一の成長線をたどっているのではないことに気づかれるであろう。そこでは数箇所にわたる二つの線への分岐（「南岳」系・「青原」系）を経て、五つの禅の家系（「五家」）が特定されているのである。一方で法系図の均質化作用とその下に横たわる宗教的前提を認めつつ、それと同時に、いかにしてこれらの分岐を説明できるだろうか？　それらの諸例のほとんどについて、後ほど詳細に考察するであろうが、そうした分派は、均質化という法則の例外のようでありながら、実はそうではない。南宗と北宗の象徴である恵能と神秀が、禅のイデオロギーの中で二人の孤立した個人ではなく、同時に協力的かつ競合的な関係で繋がれており、互いに切り離すことのできない一対のペアとして機能している。このことは、承認されてすでに久しい。彼らは相い俟って二人一組の典型人物として表現され、文学的・

宗教的な一つの両極性を構成しているのである。この複雑な二つのモードを表現する便利な言葉は、フランス語の「duel」であろう。この言葉は英語の「duel」（二者間の闘争）と「dual」（両数）の両方の意味を兼ねそなえているからである[14]。かくて、南宗と結びついた頓悟（とんご）の教義は、北宗のものとされる漸悟（ぜんご）の教義を参照することなしには説明不可能となるのであった（「頓悟」対「漸悟」に関する極端に単純化された説明は、歴史的事実の前には悲しいほど不完全である。しかしそれは、瞑想による「目標達成」というあまりにも単純な観念にとらわれた修行者の迷いを解くのには、ひじょうに効果的であったようである）。これら二つの宗派がともに、牛頭宗（ごず）とならんで8世紀の「初期禅」の段階に含まれていることに注目されたい。これは意図的にそう分類するのである。というのは、これら三つの宗派は相違点よりも類似点のほうが大きいために、あるいは、少なくとも彼らの宗教的自己認識が緊密に絡み合っているために、三者をいっしょに記述しなければならないからである。神秀の弟子たちが誰ひとり禅の法系図に入っていないのは（さきに17ページですでに指摘した）、伝統主義的な禅解釈の考慮によって彼らが排除されたためである。ここでの彼らの意味ぶかい不在は、伝説的な——虚構であるがゆえにより重要な——恵能からたどられる「正統」の線、それが一本道をまっしぐらに進んできたということを際立たせる役割を果たしている。第6章（185ページ参照）で臨済宗と曹洞宗の間を区別する場合に、これと似かよった両極性、つまり敵対的あるいは二者択一的関係にある二つの集団が、同時にいかに対比的かつ競合的な関係にあったかを考察することにしよう。

　読者はこの年代表が、歴史的因果関係の連鎖を反映したものだと推測されるかもしれない。しかし実際は、これは禅の諸段階の、遡源的自己認識を特徴的に示したものにほかならない。過去のさまざまな出来事をどう組み合わせて時代区分を行なっても、それは後から遡っての再構成の作業の結果でしかない。それは情報の単なる排列や整理ではなく、過去を構造化し映像化する全体的再編なのである。過去についてどのような映像を創り出すことも、決して間違いとは言えない。それどころか、最善の方法で過去の出来事を映

像化することこそが、職業的にも、時期的にも、歴史家としての自己の責務だと私は信ずる。しかし、5世紀から13世紀までの進展を整理することには、かかる再構成が不可避的にともなうことを心しておかねばならない。単に便宜のために情報を整理しているだけで、その過程で本当は何も改変していない、といった、ナイーブな確信の危険性を避けて通ることはできない。

　この遡源的な性質は、禅の伝統にくまなく染み透っている。そこでは特定の時点に起こった事実そのものではなく、人々が過去に起こったと考えていたことが取り扱われているのだということに、我々はしばしば気づかされるであろう。したがって本書は、事実や出来事よりも、むしろ伝説化や再構成の過程を、人物の業績や貢献よりも、むしろ物事が誰に帰せられ誰の遺産と考えられていたかということを、より多く扱っている。推定上の「本当の」出来事ではなく、伝説化と再構成こそが、後代の宗教的・社会的慣習を決定するのである。この観察は中国禅を越えて、伝統を伝統たらしめるものを記述するのに広く応用することができるかもしれない[15]。ともあれ、この考えが禅に適用できることは確かであり、それゆえ私は「事実ではない、それゆえに、より重要である」と言うのである。

　以上の考察を心にとめつつ、以下の各章で取り扱う課題についてよりよい展望を得るために、年代表に列挙した各段階について、いくらか詳しく見ておこう。といっても、ここでは、読者がそれらの材料になじみやすいように、そして以下に続く分析に対する準備態勢を整えられるように、多少の前置き的な解説を提供するにとどめておく[16]。

3－1　原始禅

　「原始禅」という名称は、苦行と禅定に献身したことで知られる菩提達摩・恵可の周辺にいた、一群の修行者たちの、あまり明確ではない種々の活動を指す。それはおよそ西暦500年頃に始まり、7世紀そしておそらく8世紀初頭まで継続するので、時期的には次にいう「初期禅」と部分的に重なっている。このグループの人々は中国北部のいくつかの場所で活動した。そこに関わった個々人が、一つの集団ないし運動に参加しているという自覚を、

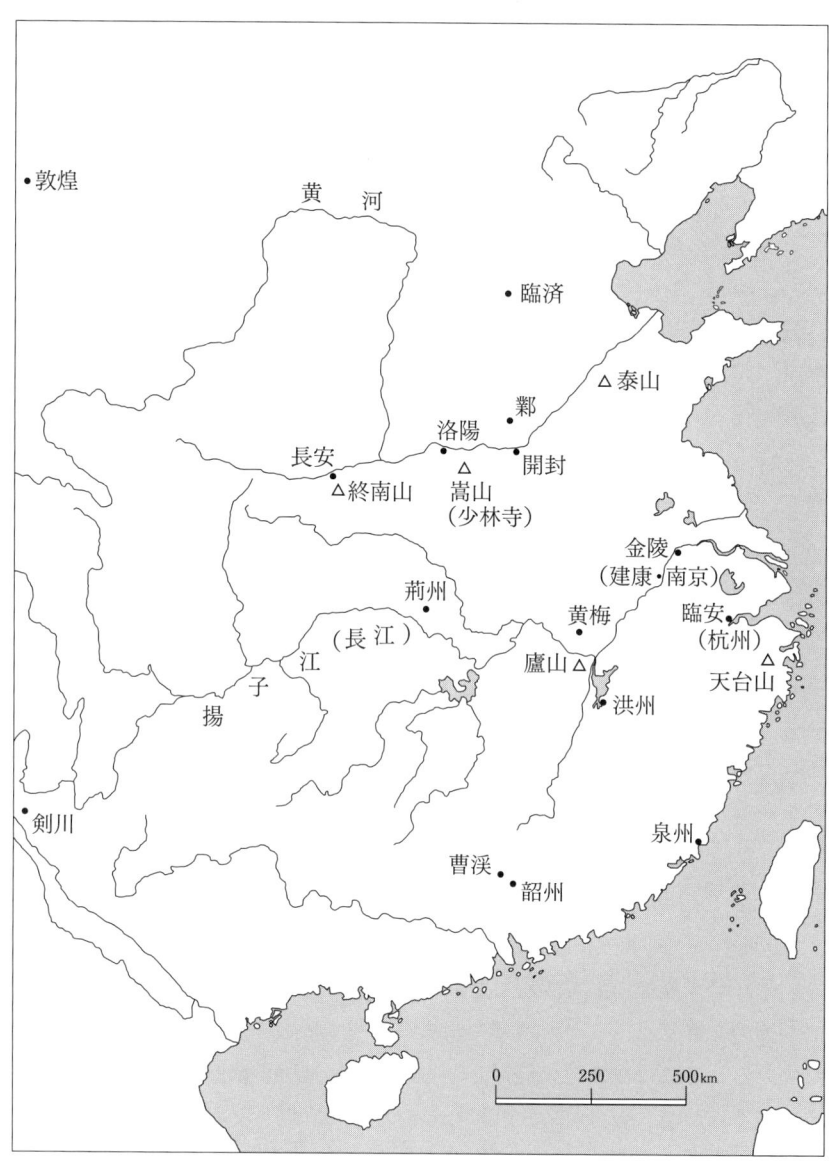

地図1　原始禅、初期禅、中期禅の地理的背景

どの程度もっていたかは明らかでない。まして彼らは自分たちの活動が後の「禅宗」と連続しようとは知る由もなかったのだから、「原始禅」というこの便宜的な用語さえ、実は厳密な吟味に堪えるものではない（彼らの諸活動は、それに続いてどういうことが起こったのかを知っている者にとってのみ「原型」なのである）。菩提達摩のもとで学んだ少数の人物たち、そしておそらくその師の没後は主に恵可の周囲にいたのであろういくらか大きい数の人々の存在が知られており、「原始禅」に参加した人々の伝記的資料もある程度は存在する。しかし、それらによって彼らの多様な経歴が立証されはするものの、彼らが何かしらグループとしての意識をもっていたか否かについては、ぼんやりとしたイメージが伝わるに過ぎない。

　後の禅宗の展開にとって重要な「原始禅」の特徴は、少なくとも彼らが共通して、菩提達摩の名のもとに流通した一つの文献——すなわち『二入四行論（ににゅうしぎょうろん）』——に関心を集中させていることである。このテキストが流布するなか、菩提達摩の教えに共鳴した修行者たちは、自身の解釈をそこに追加して最初期の禅の教えを集大成していった[17]。原始禅の活動の範囲を正確に記述することはできないが、『二入四行論』は、後の禅修行のイデオロギーの教義的核心をなす思想について、的確な洞察を提供してくれる。このテキストは、すべての衆生（しゅじょう）における仏性（ぶっしょう）の存在を強調する基本姿勢と、その仏教理解が日常生活のなかでいかに実践されるかについて記述している[18]。

3－2　初期禅

　「初期禅」は禅宗、ないし後に禅宗となるものが[19]、その法系イデオロギーを明確かつ大規模な形で表現した最初の段階である。事実、敦煌文献と伝統的な禅の記録には、この段階に由来する、驚くほど多彩で多様な教説が含まれている。そこには、時の経過とともに、禅の運動が成熟して明確な形をとってゆくなかで共有されるようになった複数の課題、それに関する厖大で多様な試みのあとが明らかに見て取れる。それらの説述のあるものには瞑想修行の特定の方法が記され、時には漸進的な進歩の段階が提示されている。また他の文献では、内在的仏性ないし「清浄心」の役割が、内なる純粋性の認

識を覆い隠す迷妄・虚妄の分別たる「染汚心」の働きとともに記述されている。後代の禅のテキストに比較するとしばしば奇妙に思えるが、これらの説述自体が特に不可解であったり難解であったりするわけではない。この時点では、あくまでもこの新しい形の仏教の教えを明確に表現することだけが重んじられており、まったく別種の表現方式を生み出そうということは考えられていないのである。

　「原始禅」とは対照的に、初期禅の段階では、一箇所での長期間の定住のようすが示される。道信と弘忍は624年から674年まで、きっかり半世紀を黄梅（湖北省）の同じ僧院複合体のなかで過ごした。そして神秀が玉泉寺（湖北省、湖南省にまたがる荊州にある）で過ごした四半世紀を、この時期に含めることも無理ではなかろう。その後、8世紀の間、長安と洛陽の二つの首都に禅が爆発的に広がったことによって、事態はいっそう複雑な様相を呈するようになる。「原始禅」を研究するときには、きつね火の幻影の様な漠然とした印象しか残らないが、かたや「初期禅」の源を分析するとなると、7世紀の大部分を占めるなだらかな増加から、8世紀における爆発的な拡張に至るまでの、継続的な集団の展開と成長のパターンを見て取ることができるのである。また、「原始禅」は凝集力に乏しく、一義的に定義しがたい集団でありながら、単一の信仰形態を呈していたが、かたや「初期禅」は、さまざまな共同体・集団ないし党派の集合として理解されることになるであろう。

　「東山法門」という名称は、最も直接的には、道信と弘忍の共同体とその教義を指す。しかし重要なのは、そこで起こった事柄が、もっぱら彼らの後継者の伝える情報を通してしか知られないということである。それらの後継者たちは、自分自身の勝手な革新的教義を売り込もうとしていたのではなく、自ら「東山法門」の正統の後継者をもって任じていた。だが、道信や弘忍に結びつけられた思想は、何といっても、彼ら追従者による、後からの再構成であることを認めざるをえない。この点を認めることは、それらの思想と東山法門の指導者たち自身との関係を切断するのではなく、ただ、その過程に重要な遡源的性質を付与するものである。8世紀の初期に長安と洛陽において活躍した後継者たちが、「北宗」というラベルで知られるようになったこ

とは、歴史的に興味ある事実である。後世、「南宗」というラベルが禅宗全体を指すものとして採用されるが、それは8世紀中葉の神会(じんね)（684-758）の活動に由来する。初期禅の典型でもあり最高峰でもある『壇経』製作への明らかな関与によって歴史的に重要な役割を演じた牛頭宗は、それよりもう少し晩れて発展することになる。

　東山法門については、菩提達摩や原始禅とともに第２章で取り扱う。首都禅——つまり、長安、洛陽の二都に展開した分派[20]——の最も重要な流れである「北宗」「南宗」「牛頭宗」については、第３章において一括して論じる。この三つの宗派を一括して論じることは、適切なことである。それは彼らが相互の対話の中にあったからであり、彼らの間の根源的な歴史的自己認識には、禅の伝説が我々に信じさせようとしているほどには明確な区別が見出されないからである。東山法門を完全に独立した段階として区切ることも、また適切かもしれない。しかし、これらの境界線が仮定的な性格のものであることを示すためには、ここでこのことを指摘し、また年代表の区分と章の組み立てを違ったやり方で組織するだけで充分であろう。ここで使われている「初期禅」と「首都禅」というカテゴリーの不一致は、意図的なものである。

3-3　中期禅

　「中期禅」の段階では、ひじょうに重要な出来事が起こる。禅匠たちと弟子たちとの対話という形で描き出される風変わりな方法、すなわち「機縁問答(きえんもんどう)」——いわゆるの「禅問答」——の発生である[21]。馬祖道一(ばそどういつ)（709-788）とその後継者たる百丈懐海(ひゃくじょうえかい)（749-814）、南泉普願(なんせんふがん)（748-834）、臨済義玄(りんざいぎげん)（ -867）、そして石頭希遷(せきとうきせん)（700-790）とその後継者、洞山良价(とうざんりょうかい)（807-869）、曹山本寂(そうざんほんじゃく)（840-901）、それら著名な人物たちが結びつけられて、この段階は禅が本当に禅になり、禅匠たちが本当に禅匠らしく振る舞うようになったと見える時期である。中期禅のさまざまな機縁問答の逸話は、一般的な禅の書物において、逆説的に悟りを示す行動の例として、最も頻繁にくりかえされてきたものである。ここにおいて宗教的修行の中心は、僧堂(そうどう)内での個人的な瞑想の努力から決定的に移行させられ、あらゆる習慣的・論理的パターンの平衡を破

ることを追求する過酷な尋問の形式に取って代わられる。自発性がその鉄則であり、偶像破壊的な行動がその標準であった。

　しかし、それはあくまでも、そのように見える、ということである。ここでは、宗教的行動の主要な方式としての機縁問答の重大性のみならず、それらすべての自発的やり取りが、実際にいつ行なわれ、どう行なわれたのかが考慮されなければならない。最も有名な禅の伝承の物語の数々について、それが起こったと想定される時とそれが書き記された時との間に相当の開きがあることが見出される。また、それらの物語が口承と筆録の双方の文学的特徴を備えた、複雑な起源をもっていることも知られるであろう。過去において学者たちは――私自身も含めて――中期禅の段階を禅の「黄金時代」とか、「古典時代」と呼び習わしてきた。これらの用語のうち、前者はそのロマンティックな色合いからしても、容易に放棄されるべきであろう[22]。後者はまだ使われてよいかもしれない。しかし、それが指し示すものは、8世紀から10世紀にかけて事実として起こった活動や出来事の集積ではなく、あくまでもそれらの活動や出来事に基づいて宋代禅の信奉者たちが遡源的に再創造した、唐代の不可思議な人物たちのイメージなのである。馬祖やその他の唐代の人物たちが古典時代の代表者となったのは、その時代が過ぎ去って、彼らの人物像が宋代禅の要求にかなうようにデザインし直されてからのことである。「中期禅」は歴史的な段階と見なしうるが、「古典禅」はそれ自身、機縁問答を収録した後代のテキストのうちにある、中期の活動に対するロマンティックな表象なのである。

3−4　宋代禅

　宋代の禅仏教によって設定された枠組みは、現代まで続く禅の伝統を規定する、成熟したパターンである。私は生態学的な比喩を使って、このパターンを「クライマックス・パラダイム」と呼ぶ。それは成熟した森林あるいは生態系によって達成されたダイナミックな均衡である。以前の著者たちは学者も護教家も、一つにはより創造的な唐代の禅匠たちを研究したいという願望から、またあるいは海を越えて日本禅宗の興起を強調せんがために、この

時期を無視する傾向にあった。宋代は一般の教科書でも、中国仏教の凋落、その教団的形式主義への硬直の始まりとして軽視されてきた。しかし、こうした態度は今や変化しつつある。少なくとも欧米の学者の間では、宋代の宗教は前近代の中国宗教研究の重要な焦点となっている。この変化にともなって、宋代禅の印象も変化しつつある。東アジア全域、そして今日では世界中に広まった禅の基本的な輪郭が実は宋代において生起したものだということは、ますます広く承認されつつある。これは、中国禅における「話頭」あるいは「公案」の修行の革新者であり最も偉大な代表者でもある大慧宗杲（1089-1163）の行実と教説において、最も明白である。しかし、宏智正覚（1091-1157）及びその他の曹洞系の禅匠たちによって提唱された瞑想的内観のスタイルを詳しく点検し、彼ら自身の教えを評価することなくしては、宋代禅の構図は完全なものとならない。なぜなら、大慧が単に競争意識から編み出した「黙照」という命名にもとづいて彼らを評価することは、不充分だからである。結局、臨済と曹洞との二つのアプローチは、8世紀における頓悟・漸悟の論争と同様、互いに不可分のペアであることが分かる。そしてそれは、菩提達摩に帰せられる「二入」ということとも響きあっているのである。しかし、ここでその問題に踏み込むと、話が先走ることになってしまう。今はまず、菩提達摩自身についての伝説的な物語に立ち返り、禅がそもそもどのようにして出現したのかを見てみよう。

黄河

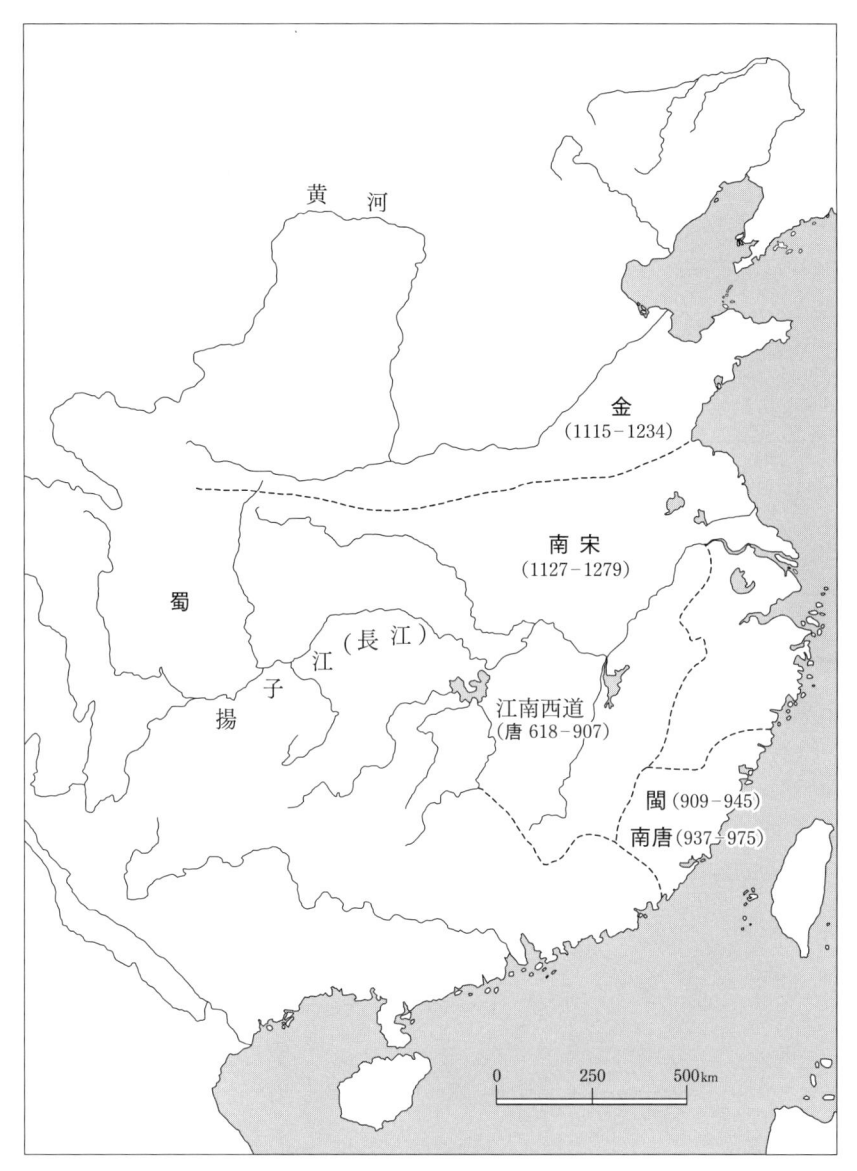

金
(1115-1234)

南宋
(1127-1279)

蜀

揚子江（長江）

江南西道
(唐 618-907)

閩 (909-945)
南唐 (937-975)

0　250　500km

地図2　宋代禅の地理的背景

3　試験的な方策　37

第 2 章　発端

――菩提達摩と東山法門を区別しつつ接続する――

　一般に知られている伝説では、菩提達摩は南インドの偉大なバラモンの王の第三子であり、それが出家して仏門に入ったのだとされている[1]。彼は大乗仏教の深い教えに魅かれ、やがて釈迦牟尼から代々受け継がれてきた法系の第二十八祖となった。そして、大乗仏教の正しい教えを広めるため、海を越えて中国に到着。その後、梁の武帝（在位 502-549）と次のような問答を交わしたという。武帝は、寺を建て、仏像を造り、大勢の人々の出家を許すなど、仏教の教化活動を保護したことで知られていた。

　　武帝、「朕は仏教のために、さまざまなことを行なってきた。どのような功徳があるだろうか？」
　　菩提達摩、「いかなる功徳も無い」。
　　武帝、「では、そう言うそのほうは、何者か？」
　　菩提達摩、「識らぬ」。

　南朝では教化を施す条件が正しく整っていないと看て、菩提達摩は、葦の葉に乗って揚子江を渡り、北魏に入って大都市洛陽のすぐ南にある嵩山にたどりついた。その地の少林寺に居住したものの、そこの僧侶たちの通常の活動には加わらず、九年間を洞窟中での面壁坐禅に過ごした。その尋常でない修行ぶりは、やがて恵可という修行者の注意をひく。恵可は菩提達摩の後を継いで禅宗の第二祖となる人物である。この時、恵可は菩提達摩の弟子となって教えを受けるために、仏法への完全なる帰依の証を示さなければならなかった。達摩は彼を一顧だにせず、瞑想に浸り続けていたからである。そこ

で修行者恵可は達摩の背後にひざまずき、沈黙の嘆願を続けた。北方中国の冬の厳寒のさなか、雪が彼を埋めんばかりに降り積もる。そのうち菩提達摩は沈黙を破って、何を望むのかと恵可に問いかけた。恵可の返答はもちろん、仏教の教えを示して欲しいということであった。達摩は再び修行者を無視した。恵可は失望し、そして自分の真剣な帰依の意志を示すために、自身の腕を切り落として達摩の前に差し出した。これを見て、菩提達摩はついに修行者の至誠を知り、問法を許した。

　　　恵可、「私の心は安らかでありません。どうぞ安らかにしてください」。
　　　菩提達摩、「では、その心をこれへ持ってまいれ。安らかにしてやろう」。
　　　恵可、「しかし、探そうとしても、心は見つけられるようなモノではありません」。
　　　菩提達摩、「ほれ、これで、汝の心を安らかにしおわった」。

　恵可はこの言葉を聞き、突如、悟りを開いた。かくて菩提達摩のもとで修行を続け、やがてその後継者と認められるようになったのであった。
　その後、真実の仏教を理解しない嫉妬深い僧侶たちが、こぞって菩提達摩を批判するようになった。彼らは何度か菩提達摩を毒殺しようと試みた。菩提達摩はその毒を飲んだけれども、効果はなかった。しかし、然るべき時期が来たと考えたとき、達摩は自分の意志で、彼らが与えた毒を飲んで死んだのであった。恵可は洛陽の南にある川べりに達摩の遺体を埋葬した。しかし、その後、菩提達摩はインドに帰った。彼の墓にはクツが片方だけ残されていて、もう片方のクツを手に持って中国とインドの国境を越えようとしている達摩を目撃した者があった、というのである[2]。後に恵可は教法を僧璨（そうさん）に伝えた。それは僧璨からさらに、道信（どうしん）、弘忍（こうにん）、そして六祖恵能（ろくそえのう）へと伝えられていったのであった。
　かいつまんで言うと、以上が禅という宗教的伝統の中で伝えられてきた菩提達摩の伝説である。古典的な禅の教義の首尾一貫した精髄として、これが

有益であることは疑い無い。つまり、悟りを開いた偶像破壊的な禅匠である菩提達摩は、真実の仏教の教えを中国に伝えた。彼が来るまで、仏教はその地において、皮相な自己流のやり方でしか理解されていなかった。恵可が自分の腕を切ったのは、何に代えても真実の理解を求めようとする欲求の凄惨な表現であり、達摩の教えの深さを示すものであった。少林寺における「面壁九年」と恵可に対する無言の要求、それは一般的な仏教の教えを度外視して真の悟りを達成しようとする修行者は、いかなる努力も犠牲も惜しんではならぬということを意味している。中国、朝鮮、日本、そして今ではアメリカやヨーロッパの坐禅堂において、この物語は修行者のさらなる奮起をうながすために、いくたび語られてきたことであろう！

「安心問答」は、禅の精神訓練それ自体の原型的な見本である。それは系譜的な文脈の中に設定された、師弟間の相関的な出逢いの話であって、個人的な努力であるよりは相互交渉的な事件であった。菩提達摩への攻撃は、真実の教えの唯一の伝持者という彼の特殊なアイデンティティーを際立たせるのに役立っている。そして、自分自身の死期さえ自分で決めることができたことや、埋葬されてから自分の生国に帰ったという伝説は、彼の尋常ではない能力に神秘的な趣きを付け加えている。上に紹介したのは放射状に分岐した数々の資料から抽出した輪郭に過ぎず、ほんとうは伝説の数々というべきものである。これらの菩提達摩の伝説は、高度に総合された禅のメッセージを凝縮したものであり、何世紀もの間、最も愛好された禅の説教や問答の主題の一つであった。

しかし、これらの物語は、「事実」ではない。

1　展開する菩提達摩の聖人伝説

物語のなかのいくつかの部分が疑わしいというのではない。あるいは、ある部分は正確で、他の部分は不正確だ、というのでもない。もしくは、それぞれの要素は受け入れられるが、その全体像が歪んだ合成物になっている、ということでもない。これらの選択肢はどれもある程度は正しいだろうが、

しかし、たとえそれらを結びつけたとしても、真実の状況を正確に表現することにはならない。問題はもっと根本的なものである。

今日まで伝えられている菩提達摩のイメージは、長期にわたる聖人伝説（hagiography）作成プロセスの結果である。その人物についてのある程度は「正確な」記述、という意味での「伝記」ではない。逆にそれは悟りというカリスマの人格的体現であり、インドの聖人の中国における生涯であり、理想化された聖人のイメージなのである。結局、この聖人伝説の原初的な「軌跡」の役割を果たした、その人物本来の、ないし正確な伝記を再構成することは到底不可能である。ここにいう「軌跡」（trace）はジャック・デリダの用語で、現象の無始の起源であり、想像はされるがしかし決して知的には把握することのできない根源、という意味である。それゆえ菩提達摩の生涯の決定的な物語を再構成しようとする現代の伝記作者の試みは、はじめから失敗を宿命づけられているのみならず、もしかするとその意図自体が、前近代の作者たちの聖人伝説作成の努力と何ら択ぶところのない代物かもしれないのである[3]。もちろん、この聖人伝説作成過程における根源とその展開を検討することが、無価値なものとして軽蔑されるべきだということでは決してない。ただ、そういう作業をしているとき、聖人伝説作成の原動力についてはっきりと意識していなければならないのである。

菩提達摩の伝記に関する最初期の証拠は、究極的に同一の基準では計れないさまざまの資料から出ている。つまり、聖人伝説的な菩提達摩のイメージは、「歴史的」人物としてある時点で存在したかもしれない、いかなる菩提達摩その人とも、根本的に異なったものなのである。禅の伝説のなかに生じた菩提達摩の聖人伝説的な性格を理解することは、学問研究にとって瑣末なことではない。それどころか、それは中国禅を文化的・宗教的伝統として理解する上で、すこぶる重要な鍵である。しかし、菩提達摩に関する聖人伝説作成過程の意味について考察する前に、以下に述べる一つの基本線を確立しておかなければならない。むろん伝記的真実の核心としてではなく、彼に関する神話的想像力の原初的発現たる、物語の発端として、である[4]。

菩提達摩の最初期の聖人伝説的イメージが作り出された過程について、時

系列に沿った以下のような記述は、かなりの確信をもって主張することができる。すなわち、7世紀中葉ないしそれ以前の種々の資料によると、達摩は ⓐ 495年以前、中央アジアをわたるシルク・ロードを通って、中国北部に到着した。ⓑ 516年から526年までの間のいつごろか、洛陽にいた。ⓒ 530年頃（つまり、524年から534年の間のいつごろか）に死んだ。この他、ⓓ 南インドのバラモン階級の生まれであり、おそらくどこかの王族の一員であった。ⓔ 大乗仏教を奉じ、禅定を教え、その活動の焦点を洛陽地域に置き、ⓕ 恵可を含む、少数の名を知られた弟子をもっていた。菩提達摩の追随者たちの集団的発展において、恵可は傑出した存在だった。そして、ⓖ 曇林という名の僧が、菩提達摩の名を使って──おそらく達摩の死後に──『二入四行論』というテキストを編集した[5]。

　上に述べた七つの記述はすべて──信頼性のレベルはまちまちだが──文献資料に基づくものである。けれども、それらを総合して禅の初祖に関する概括的な単一のイメージを作り上げようとする誘惑には、抗しなければならない。これら七つの主張は、別々の時期に、別々の著者によって書かれた、別々の資料から引き出されたものだからである。最初の三つの主張を総合すると、菩提達摩はゆうに三十五年ぐらいは中国に居住していたという、いささか考えにくいシナリオに行き着いてしまう。まして479年か、それ以前に、海上から中国南部に到着したという説をとれば、菩提達摩の在中期間はなんと半世紀にも及ぶことになる。それは不可能ではないにしても、そうだとすれば彼は比較的若いときに中国に来たことになる。これは──たとえば項目ⓑの資料に出てくる──彼が百五十歳だったという伝説に抵触する。また、その資料が示唆する時間的枠組みから言って、菩提達摩と梁の武帝の問答の物語は、武帝の在位期間が502年から549年である以上、明らかな時代錯誤とせねばならない。菩提達摩の生涯について入手可能な情報を検証するには、数え切れない矛盾と微妙な点の処理が必要である。彼の聖人伝説は、禅におけるさまざまな伝説的人物の像が時代とともに変化してゆくことを示す、実に恰好の例となっている。

　禅の聖人伝説の変化の型を理解する最も容易な方法は、菩提達摩のイメー

ジが時の経過とともにどのように進展していったかを追跡することである。彼の伝説の各要素が文書化されて現れた最初の年次を示した次の表から、伝記の増広と改変の全体的パターンが明らかになろう。つまり、禅の祖師としての菩提達摩のイメージは、時の経過とともにより詳細になってゆくだけでなく、宗教的イコン（聖人像）のイメージが変わってゆくように、新しいモチーフがそれ以前のものに取って代わってゆくのである[6]。

547年：516年から526年の間に、中央アジアの波斯国（ペルシャ）から洛陽に到着したとき、彼は百五十歳であったとされる。（『洛陽伽藍記』）

645年：南朝の宋の時代（420-479）に渡来した、南インド出身のバラモン僧として描かれる。恵可の腕は盗賊ないし反乱者によって切断されたとされる。（『続高僧伝』）

667年：『楞伽経』を恵可に伝えたと記される。（『続高僧伝』増補部分）

689年：菩提達摩から、恵可、僧璨、道信、弘忍へ、という伝法系譜が説かれる。（「法如禅師行状」）

710年頃：嵩山少林寺と結びつけられる。恵可が自分の腕を切ったという物語が加わる[7]。菩提達摩が自らの意志で毒を飲んで死んだとされる。その後、からっぽの墓をのこしてインドに帰るところを、中国の国境で見かけられたという。（『伝法宝紀』）

715年頃：南インドのバラモンの王の第三子として記述される。『楞伽経』の翻訳者、グナバドラ（求那跋陀羅）につぐ第二代の祖師と認定される。（『楞伽師資記』）

730年頃：梁の武帝との会見の物語の登場。恵可が腕を切り落とした後、法衣が伝えられたとされる。（『菩提達摩南宗定是非論』）

758年、あるいはその少し後：「初祖」と特定される。恵可に『金剛経』を伝えたとされる。（石井本『神会語録』）

801年：死に臨んで伝法偈を唱えたと記される。（『宝林伝』）

952年：恵可との「安心問答」が行なわれたとされる。（『祖堂集』）

988 年：「面壁」して坐禅したと言われる。(『宋高僧伝』)
1200 年頃：「舎利」（一般に、火葬にした身体から出る！）が日本達磨宗によって崇拝される。[8]
1224 年：九年面壁したことが言及される。[9]
13 世紀：少林寺が武道と結びつけられる。
1642 年：武道書が菩提達摩の名前で作られる。[10]

　菩提達摩の生涯について伝えられるさまざまな詳細は、どれもこれも、ジャーナリズム的正確さからいえば「真実」ではない。それゆえにこそ、それら一つ一つは単なる「事実」よりも重要なのである。必要以上に詳細な菩提達摩の伝記の記述――たとえば彼をマドラスの近くのコンジェヴァランの出身だとする『ブリタニカ百科事典』の彼の項目（ハインリッヒ・デュモリン執筆）[11]――などは、禅研究の法則第三「記述の詳細さは、不明確さを意味する」の好例であろう。いうまでもなく最も印象的なのは、「事実か虚偽か」という硬直した対比よりも、むしろ聖人伝説が進展していった創造性の全体的骨格なのである。
　要するに、事柄をより綿密に見るならば、菩提達摩のイメージの展開は、禅の展開そのものの真の指標であることが分かる。つまり、時間の流れのうえの各時点における分析的な断面図を作ることができれば、禅宗の構成員たちが、それぞれの時代ごとに、自らの宗教的聖人像にかなうよう菩提達摩の個性を編集しつづけていったのだということが理解されるであろう。一つ一つの材料の本質的な再構成は、このように中国禅の宗教的自己認識の質的な変化を示すものであり、いうまでもなく、そのダイナミックな過程は、今日もなおつづいている。たとえば菩提達摩の生涯を描いた 1994 年製作の香港映画『少林寺 達磨大師』（達磨祖師 *Master Of Zen*）などは、筋肉を一つも動かさぬまま、まる九年間岩のように坐禅し、飛んでくる矢を歯で摑み取り、空中を飛行する、という超自然的才能を具えた武道家というイメージを提示している。空中飛行の際などは、映画『グリーン・デスティニー』（臥虎蔵龍 *Crouching Tiger, Hidden Dragon*）の登場人物のように、彼の脚が激しく回転す

るのである。あたかも中世の中国禅がそうしたように、現代の武侠映画も、必要に応じて菩提達摩のイメージを改造しているのである。結果は違うけれども、そのプロセスは基本的に変わらない。

　言葉をかえると、中世の中国禅の宗派も、現代の武道の流派も、自らが抱くところの開悟せる聖人像にふさわしい菩提達摩のイメージを創りつづけてきた。これらイメージされた聖人たちは、それぞれの宗派や流派が、特定の精神的修行や武道の修練のスタイルを正当化するために必要とした象徴的人物形象の役割を果たしてきたのである。したがって、種々に聖人化された、そうした菩提達摩像のなかのいずれか一つを正確なものとして受け入れることは、一連の連続的な変化のなかから伝説的なイメージを一つだけ切り出すことでしかない。菩提達摩の聖人伝説を説くことは、どの段階で創られたものを選ぶにせよ、日曜学校で子供たちに語られるような護教的なイメージを提供することでしかないのである。むろん、その伝統の構成員自身がそうすることは結構なことである。だが、そのような単純な物語を、歴史書の中で確実な歴史的事実として述べるとすれば、「ひとつながりの真珠」の錯誤を犯すことは避けられない。一方には、菩提達摩のイメージを具体的かつ詳細に定着させるため、何世代にもわたる中国の修行者たちによって行なわれてきた、聖人伝説作成の包括的なプロセスがあったのである。そのプロセス全体の宗教的・文化的な重要性を否定することは、「ひとつながりの真珠」の錯誤よりもいっそう途轍もない愚行である。それらのイメージは事実ではない。そして、そうであるからこそ、より重要なのである。もっと精確に言えば、それらのイメージは何世代にもわたって、禅の修行者や信奉者たちによって使用されてきたのである。それゆえ、それらのイメージは、歴史的に証明されうる事柄を単純に再構成することよりも、ずっと重要なのである。

2　原始禅と『二入四行論』

　ここでしかと捉えておくべき、有益なポイントがひとつある。菩提達摩の初期の信奉者たちが、『二入四行論』として知られる、短編ではあるが途方も

ない影響力をもったテキストを通して、達摩の教えを記憶していたということである。このテキストの出現の絶対的な下限は645年（『続高僧伝』）である。しかし、おそらくその時点で、そこにはすでに恵可の代の資料が含まれていた。それゆえこのテキストの年代は、菩提達摩の在世中とは言わぬまでも、まず疑いなく6世紀の後半までは遡ることができる。実際に読んだ感じでは、これが翻訳文献であるようには思えない。そしてこの作品の中での「歴史的な」菩提達摩の役割は、現時点で我々が知りうる範囲を超えている。おそらくこれは、恵可が伝えた達摩禅師の教えに基づきつつ、恵可自身か誰か無名の編者が菩提達摩の名を借りてまとめたものであろう。それゆえこの書物は、一般的な禅の伝統の中である種の遡源的権威をもつことになるのだが、しかし、ここで真に重要な点は、菩提達摩の後継者たちの間で、この論書が彼の教えを具現したものとして受け入れられていたということである。

　この論書の内容に立ち入る前に、菩提達摩の名の下に展開された原始禅集団の性格について、二、三短い意見を記しておきたい。第一に、歴史的な資料から得られる全体的な印象からすると、ゆるやかな紐帯で結ばれたこの修行者たちの中心人物は、菩提達摩よりも、むしろ恵可であった。師のもとで修行していたころ、恵可はすでにかけだしの修行者ではなく、成熟した大人であった。そして恵可にとって菩提達摩は、何よりも彼が達成した悟りのレベルを証明し、彼の教化活動を正当化する手段として機能した。第二に、恵可や菩提達摩と関わりをもった人々のうちには、遊行の苦行者、（どちらかといえば神秘的な種類の）儒教の実践者、そして『楞伽経』の研究の専門家など、多様な人脈が含まれていた。第三に、疎遠な関係の者若干も含め、恵可や彼と交わりをもった人々は、洛陽のみならず中国北部のいくつかの場所に散在して居住していた。これは部分的には時代の転変——たとえば574年には北周で深刻な廃仏が起こっている——によるものであるが、しかし、いかなる理由によるにせよ、彼らが固定的・継続的な活動拠点を確立することは、ついぞ無かったのであった。

　おそらく、これらの男性たち——そして、おそらく少数の女性たち——を「原始禅」として一括せしめる最も重要な特徴は、彼らが共通に保持してい

た『二入四行論』への関心であろう。彼らは書簡のなかでこのテキストについて論じ、書面上の問答の枠組みとしてその内容を利用した。そして、それらが時の流れとともに、テキストそのものに追加されていったのであった。ここでは冒頭の本論の部分しか考察しないけれども、敦煌文献を通じて伝えられているそのテキストには、多量の追加が含まれている。その合計量は本論そのものよりも大部であり、そのどこを取っても年代の特定は不可能である。我々が知ることができるのは、その増添の過程が、おそらく8世紀前半まで続いていたであろうということである[12]。

後代の禅の理論の、すべてとは言わぬまでも、かなりの部分の枢要であり、そして『二入四行論』本論においても中心となっているのは、以下に引く部分である。

> 「理入」とは、教えに基づいて真実を悟ることである。すべての生き物は凡夫も聖人も同一なる真実の本性をもっているということ、そしてその真実の本性は、〔凡夫の場合においては〕ただ虚妄な感覚的煩悩に覆い隠されて見えなくなっているに過ぎないということを、深く信じなければならない。もしも人がその虚妄な念を捨て去って真実に帰依するならば、その中では自分も他人も、凡夫も聖人も、同一なる「壁観」に落ち着き、言葉に書かれた教えに二度と動かされることなく堅く住するであろう。このように真実の理と神秘的に合一し、分別を離れ、静かに落ち着いていること、それを「理入」と呼ぶのである。[13]

この一節は、すべての人間に具わる潜在的ないし現実的な悟りの可能性である「仏性」の観念について、ごく端的に述べたものである。仏と凡夫の差異は、後者がその愚かな分別と感覚的行動のせいで、自身に内在している根源的な強さを見ることができずにいる、という一点だけなのである。ここでの用語は、のちほど論ずる周知の例外を除いて、さほど難解なものではない。「真実の本性」すなわち仏性は、完全にして絶対なる——根本的に空であり無であるという意味での——本質である。それは単に、普通の意識が作り出

す虚妄な概念化と間違った知見によって晦まされているに過ぎないのである。

20世紀における最も偉大な中国禅の学者、柳田聖山(やなぎだせいざん)は、仏性すなわち真実の本性と感覚的分別の世界と、その両者の関係についての糸口を見逃してはならないと警告した。その糸口とは、上の引用に見える「ただ」(「但」)という言葉である。まったく目立たないこの限定の語は、二つの真実の間の原子価の違いを示している。かみくだいて言えば、これら二つの真実は重要性において異なった量子論的地位にあり、その相違はまったく桁はずれなのである。不断に転変する現象としての我々の日常生活に比して、仏性は根本的により重要であり、より真実なものであると理解されている。言うまでもなく、意識の表層的現象のなかには、我々が通常最も執着している所の個人の主体的特性なるものも含まれている。だが修行者は、そうした自身の意識現象に惑わされることなく、自らの最も奥ぶかい心における仏性の存在を、深く強く確信するべきなのである。仏教における「信」とは自分の正しい理解において「動かされることなく堅く住する」こと以外の何ものでもない。中国の用語ではこれは「真実の理と神秘的に合一」すること、つまり、我々の日常的知覚の地盤の下に深く隠されている不可思議の次元の仏性、それに統合されることなのである。それは不鮮明だけれども霊妙な冷光を発する、無分別な真実の基底にほかならない[14]。

聞きなれない中国的修辞が奇妙に響くかもしれないが、さきにふれた周知の例外を除けば、これらすべてはかなり率直な言い方であって、理解に苦しむことはない。その例外とは、言うまでもなく、この文献で紹介されて以来ずっと禅の伝統に属する人々を悩ませてきた「壁観」という言葉である。結局のところ、この言葉が本当に何を意味するのかは誰にも分からない。この言葉は、ほぼ同時代のもう一つの資料に含まれる初心者むけの瞑想の仕方のリストの中に、説明ぬきで使われているだけである[15]。その中にこの用語が見られることは、この語の意味の解釈にはあまり役立たない。とりわけそれを初心者の修行とする評価は、「大乗壁観による達成は至高のものである」という史家、南山道宣(なんざんどうせん)(596-667)の注記と対立する[16]。いつの頃からか、禅の伝統の中でこの用語は、壁に向かって坐禅する面壁坐禅(めんぺき)の行を指すものと

解されるようになる。しかし、菩提達摩の聖人伝説の展開に関するさきの議論で述べたように、この意味が定着するのはかなり時が経ってからのことである（45ページに示したように、「面壁」に関する最初の重要な言及が行なわれたのは、988年と1224年になってからでしかない）。

　ポール・スワンソンは最近、「壁観」という熟語は、ともにヴィパシュヤナー（vipaśyanā 観察）を示す二つの言葉を繋げたものではないか、という議論を提起した。それによれば、「壁」（現代中国語の「bi」）の字はその固有の意味である「かべ」ではなく、サンスクリット語のヴィパシュヤナーの第一音節を示す音写語だということになる。このサンスクリット語は通常この熟語の二つ目の漢字「観」（guan）をもって訳される。「観」という言葉はむろん中国語では別の意味でも用いられるけれども、ここで「壁観」という熟語は、ヴィパシュヤナーと対応する「観」の意を示すものとして使われたのだというのである。残念ながら、この議論は、どうも音韻学的に成り立たないようである。中世の中国語では、「かべ」を示す漢字「壁」は語尾にｋの音をともなっており、そのｋは日本語の「キ」に対応している。しかも、この漢字が音写語として使用された例はいまだかつて無いのである[17]。つまるところ「壁観」とヴィパシュヤナーを結びつけるのは、見当違いのようである。そもそも「理入」には、ヴィパシュヤナーのような観察・識別という含意がまったく無い。

　一方、禅定の理論と実践に関する天台智顗（538-597）の大著『摩訶止観』には、より適切な可能性を推測させる一文が含まれている。いわく、「"止"は邪悪な知覚の八風が入り込むことのできない"壁定"である。"止"は八つの煩悩の混乱をあふれ出させる純粋な水である」[18]。

　智顗の後継者、湛然（711-782）は、「壁定」について次のように注している。

　　……部屋には四面に壁があるので、八つの風は入ることができない。もし人がそれらを止めることができれば、自分の内外の調和・不調和の邪な知覚の領域が超越されたのである。八つの風とは、四つの調和と四つ

の不調和にほかならない。……その部屋の壁はまた、これら八つの風が入らないようにする。それゆえ、これらは、その比喩として用いられるのである。[19]

　智顗と湛然によるこの用語は、『二入四行論』にもよく当てはまるように思われる。『二入四行論』の「壁観」は、「善悪の運の八風が入り込んで修行者に影響を与えぬよう、"止"すなわち精神統一の瞑想に堅く住すること」を意味していると考えられる。八つの風に対する規定がそのまま菩提達摩の論書に当てはまるか否かはともかくとして、散乱の完全な排除としての「壁観」という一般的な意味は「理入」によく適合する。

　この比喩的な説明は理にかなっているように見えるが、後代の禅の運動に加わった人々にとっては必ずしも明快なものではなかった。それで彼らは、もっと視覚的な、洞窟の壁に向かって坐っている菩提達摩のイメージを創り出したのである。この問題は、とてもではないが、解決不可能である。そこにある不明確さを、はっきり心にとどめておくより他にない。

　ともあれ理入は、禅の実践者が保持すべき基本的態度についての菩提達摩の表現、あるいは、むしろ遡源的に菩提達摩に帰せられた原始禅の表現である。残念ながら、この基本的な態度が現実の修行においてどのように機能していたのかは、まったく明らかでない。これは何かヨガ行者の三昧、すなわち強制された心の止滅、あるいは静止状態のようなものを指すのであろうか？　文献はこの点に関しては捉えどころがない。具体的で詳細な記述を提供することは、初期禅の東山法門の段階までもちこされた課題であった。ここではさしあたり『二入四行論』全体の構造と内容を手短かに見ておくにとどめよう。

　第一に、「二入」とは何か？　我々はこの二元性を、単なる説明の便宜として、軽々に片づけてしまうべきではない。宗教的真実に至る二つの別々のタイプの道を指定する中で、この論書は禅の伝統に特有のバイモダリティ——二つの様式の並存、bimodality——を示しているからである。このバイモダリティは時によっては論争的な激しさで否定されるけれども、それがほとんど

普遍的に行き渡っていることは注目に値する。『二入四行論』のテキストにおいて、「理入(りにゅう)」と「行入(ぎょうにゅう)」の関係は両極的であると同時に一元的である。二つは互いに対照的であるが、究極的には同じものとなる。これは禅における「duel」——対立的であると同時に共存的——な関係の、最初の顕現にほかならない（duel という言葉が、英語の「duel」と「dual」に相応するという、フランス語での両義性に従って使用されていることを想起されたい。29 ページ参照）。我々が手にすることのできる菩提達摩についての最も古い記述の一つは、もう一人の初期の禅定の専門家である僧稠(そうちゅう)（480-560）との duel な関係において彼を描き出している（『続高僧伝』）。菩提達摩が類まれな深い教えをもって知られていたその一方で、僧稠はその苦行の努力の純粋さと効験の高さによって名を成していたというのである[20]。

「行入」は、下記の四つの活動（「四行」）から成る。

1．前世の怨みに報いる行。すべての苦しみを過去の罪業の結果として甘受し、憎しみを抱いたり、不平を言ったりしない。（「報怨行」）
2．因縁を受け入れる行。幸運をつかんだ時でも、それをつかの間の栄光と認識し、状況に動かされない。（「随縁行」）
3．欲望の無い行。すべての苦しみの根源である欲求をもたない。（「無所求行」）
4．仏法にかなう行。誤った見解を根絶し、修行しているという意識さえもたずに六波羅蜜(ろくはらみつ)を実践する。（「称法行」）

これら四段階の内容から明らかなように、ここでは「行」という用語は継続的な宗教的努力としての精神修養ではなく、むしろ自分の日常生活に対する態度を指す[21]。第二の入り口としての四つの行は、さまざまに移ろいゆく自らの生活のなかでの無執着の態度の深化を、仮に四つの過程に配した説明上の組織だてである。その過程は、我が身に起こることはすべて仏教の究極的な原理にしたがって起こる、と悟ることによって、最高点に達する。この点において、異なった方向ないし努力の仕方から得られたとしても、理入と

行入との二つの入り口は、同一の悟りに達することで円成するのである。
　ここで重要な問題は、日常生活のなかで高度に文脈化され、対他的な面をもつ第二の入り口の性質である。そこでは、個人が実際に生きている現象的事実の詳細に注意が向けられている。注意すべきは、このように二つの入り口が対照的であることである。「理入」が抽象的であり、内省的であり、そしてヨガ行者的であるのに対し──むろんこれらすべての特徴づけは、原テキストの暗示的な性質から言って、別の解釈を与えられても不思議でないが──かたや「行入」は具体的、外向的、日常的である。禅宗のものばかりではなく、仏教のテキストでは、しばしば内面的か外面的かという区分で構成された公式が使われるが、ここではその区別がとりわけ重要である。「理」と「行」との間の、あるいは自己の内面的な態度についての抽象的描写と自己の継続的な行動についての段階的詳述との間のバイモダリティは、禅の伝統のなかで周期的に起こるテーマである。この観点は、時には手に負えないほどに錯雑した、後代の創造性を整理するのに役立つであろう。

3　弘忍と東山法門

　『二入四行論』は、後の世紀になると一顧だにされなくなる。きっと、あまりに端直で簡明すぎたからであろう。表現がいささか単調に過ぎることは、禅の伝統が奉じたいと望む開祖像にあまり似つかわしくないのである。すべては無常であるという仏教の根本教義からして、何人も何物も断えず移ろいゆくということ、もしくは歴史的な用語で言えば、すべてのものは過渡的であるということは、言うまでもあるまい。とはいえ『二入四行論』は、7世紀を通じ、さらには8世紀の初頭に至るまで、引きつづき重要な役割を果たしつづけた。
　この時期には、「東山法門（とうざんほうもん）」の名で知られる禅の段階が含まれる。「東山」は弘忍（こうにん）（601-674）が黄梅（おうばい）で門下を教えた場所の名に由来し、黄梅の「双峰（そうぼう）」のうちの一方の峰を指している。弘忍の師匠である道信（どうしん）（580-651）が住したのは「双峰」のもう一方の西の峰であったが、「東山法門」の語は両者の教

えを合わせて指す名称として用いられる。実際には、この語は、道信・弘忍から受け継いだ教えを指すために、神秀(じんしゅう)(606?-706)とその門下たちが使った用語であった。だから、神秀が荊州玉泉寺(けいしゅうぎょくせんじ)に住した四半世紀(675-701)をもこの時期に含めるのは、しごく妥当なことである(神秀に結びつけられたこの用語の使用に関する説明は、71-72ページ参照)。

「東山法門」が原始禅から明確に区別される最も基本的な特徴の一つは、単一の固定した場所に拠点をおいていたことである。むろん、この時期の禅の伝統の活動が、すべて黄梅と玉泉寺でのみ行なわれていたというわけではない。そうではなく、「東山法門」の段階は、一つないし二つの固定した場所で僧団が進展した、長く継続的な時期を含む、ということである。これは菩提達摩、恵可、そして彼らと関わった人々の、一所不住の遊行生活とは、際立って異なった変化である。

当然のことながら、「東山法門」については、原始禅よりも多くの資料が与えられている。そこから、その集団と彼らの指導者について、以下のように概括することができる。第一に、原始禅において恵可が最有力の人物であったように、東山法門においては弘忍が中心的な人物であった。彼らの伝記を見ると、道信はもっぱら若い弘忍の教師として導入され、そこに据えられたようにさえ思われる。弘忍は、昼間は瞑想をし、夜は家畜の世話をする、もの静かで控えめな弟子として描かれている。だから彼が教えを説き始めたときには、みながその聡明さに驚愕したという(この弘忍のイメージは明らかに恵能のそれに先行し、その前提となるものである。97ページ以下の議論を参照)。道信が示寂(じじゃく)の直前、後継者について「弘忍なら、まあ大丈夫ではないか」と言ったとされるが(『伝法宝紀』道信章、「弘忍、差や可なる耳(のみ)」)、このあまり乗り気でない是認は、皮肉にも、弘忍ただ一人しか候補者がいなかったという本当の状況を示していよう。黄梅は弘忍の出身地であった。彼の一族には何人かの宗教的隠者を出した伝統があったが、弘忍の死後、その集団については何も聞かれなくなった。だが、すぐ後に見るように、701年に洛陽に移った時、神秀と彼の追随者たちは「東山の純粋な教え」――「東山浄門(とうざんじょうもん)」――の後継者をもって自ら任じ、その教えの内容として弘忍の著書とされる

テキストを流通させたのであった。

　第二に、道信と弘忍は禅定だけを専一に教え、それ以外のものは何も教えなかった。彼らに関する資料の中には、読経、阿弥陀仏への帰依、哲学的な分析などを、人に勧めたり自ら実践したりしたという言及が皆無である。それと対照的に、彼らを禅定の指導者として言及する記録は、実に枚挙にいとまない。

　第三に、東山法門の指導者たちに従う修行者の数が、しだいに増えていったということである。彼らの伝記は、中国全土の修行者「十人のうち、八人から九人までが」彼らについて修行したとする。しかし、道信のもとにはただ六、七人、弘忍のもとには二十五人ほどの門下がいたことしか知られていない。ところが神秀についた修行者の数は七十人であったというから、全体的な趨勢は明らかであろう。

　第四に、道信と弘忍が禅定に専心したのとはまったく対照的に、彼らの弟子たちは多様な宗教活動に関心をもっていた。『法華経』の行者であれ、中観哲学の学徒であれ、戒律の専門家であれ、僧侶たちはみな禅定の訓練を受けるために黄梅に旅したのである。黄梅なる東山の法門は、7世紀後半までには確実に、中国全土の人々から、戒、定、慧の三学のうちの第二の禅定の専門道場としてひろく認知されていたようである。

　第五に、弘忍の弟子たちはおおむね、ある限られた期間だけを、彼とともに過ごしたのだと言ってよい。言うまでもなく、その最も有名な例は、その時代の中国人には驚くほど短期間と見える八ヶ月そこらしか黄梅にいなかったという恵能の場合である。他方、短期間のみの安居というパターンの最も顕著な例外は法如（638-689）という僧侶である。彼は黄梅に安居した十六年の間、侍者ないし助手として弘忍に仕えたらしい。これは釈尊の従弟であり、長期間の侍者であった阿難陀を思わせる（法如は「東山法門」から「首都禅」の段階への過渡的人物としてきわめて重要である。73ページ参照）。しかし、伝記資料から推せば、弘忍のほとんどの弟子たちは、神秀と同じようであったらしい。神秀は弘忍が教え始めた初期のころ、六年間をともに過ごしたのであった。ただし、この情報にも、いささか疑問の余地がある。と

いうのは、六年というのは、菩提樹のもとで悟りを開く前のゴータマが苦行に従事していた期間であり、仏教の聖人伝説では、仏陀の例に倣ってよくこの数字が使われるからである。だが、いずれにせよ、師のもとで二、三年修行し、その後はほかのことに移ってゆく、それが道信と弘忍の弟子たちの大方の例だったようである。

　第六に、東山法門の宗団の規模、運営の方法、精神的な生活の様相などについて、断定的なことは何もいえない。日本の偉大な学者である宇井伯寿（1882-1963）は、そこに五百人から千人の構成員がいたと示唆したが、彼が依拠した数字は、実際には弘忍の葬儀に出席した人の数であった。その資料の記述に、宗教的な動機からくる幾分の誇張があった可能性は問わぬにしても、彼の葬儀には、多くの在家信者や彼の崇拝者も参加したはずであろう。弘忍について修行した二十五人ほどの人について知られる所から看るに、彼の弟子の数が年を追って増えていった可能性を勘定に入れたとしても、主要な弟子の数は通常五人前後であったらしい。ある一時点において、僧尼が実際に何人いたかを正確に見積もる方法は無い。おそらく時に従って、五人前後から最大限数十人の間を変動していたのではなかろうか。宇井には申し訳ないが、これらの僧たちが禅定とふつうの勤行以外の宗教活動を行なっていたという証拠は皆無である。つまり、有名な、そしておそらく架空の禅の理想である叢林の「普請作務」が、東山において知られていたという証拠も、また皆無なのである。「一日作さざれば、一日食わず」の金言が初めて出現するのは、何世紀も後になってからであった。そして弘忍の僧団は、疑いなく、その当時の他の仏教寺院と同様、在家の労務者と農耕に従事する小作人をもっていた。それを示す最善の資料は、後に六祖になる恵能を下級の寺院労務者として描く『六祖壇経』であろう。これは弘忍の僧団についての、一世紀後に生まれたイメージである。そしていわゆる「禅宗」ふうの叢林制度に関する資料は、その後何世紀も経たないと出現しないのだから、唯一可能な結論は否定的とならざるを得ない。すなわち、禅の精神的な修養の一部分として「普請作務」を行なうという独自の生活様式、それがすでに開発されていたことを示す根拠は、何ひとつ無い、ということである。

4　原始禅から首都禅へ──『修心要論』

　では、道信と弘忍はいかなる種類の禅定を教えていたのであろうか？　通常の、そしてほとんど不可避のアプローチは、まず道信について知られていることを説明し、それから弘忍に移ることであろう。事実、ほぼ常にそうされるのだが、この説明の仕方がそれ以前の祖師たちに対する同様の取り扱いと結びつけられてゆくならば、その結果は、明白な「ひとつながりの真珠」の錯誤の実例とならざるを得ない。その結果、ほとんどの著者は、時間の経過上における禅の運動の変化成長の実相を探るべく深くメスを入れるのでなく、宋代、あるいはそれ以後に発展した禅宗公認の法系の枠組みに基づいて伝統的描写を提供することに終始している。それは分析のように見せかけていながら、実は単純な置き換えに過ぎない。実際のところ、現在理解されているような「道信の教え」あるいは「弘忍の教え」などは、それら歴史上の実在人物の生存中には、なお存在していなかった。それらは「東山法門」の段階から「首都禅」の段階への移行の過程において、はじめて出現したものなのである。時期のズレはせいぜい二、三十年に過ぎず、それは中国仏教史の全体から言えば、ごくわずかな時間でしかあるまい。だが、短期間にしか見えない間にでも、相当の変化は起こりうる。道信や弘忍の教えとされているものは、過去に行なわれた教化を文字によって再構成した遡源的記録にほかならない。のちに判明するように、この「東山法門」の遡源的な性格は、すこぶる重要である。

　黄梅では、道信や弘忍が自らの教えを著書として提供する必要は、まだ無かった。比較的親密な師弟間のやり取りにおいて、筆録された指導書は、有用ではあったかもしれないが、決して必須ではなかった。しかし彼らの弟子たちが、長安・洛陽という二つの首都のより大きな活動の舞台に移った時には、状況はまったく異なっていた。長安は百万の人口を擁し、シルク・ロードをはさんで、インド・ペルシャ・中東との緊密な貿易によって富を集め、当時、地球上でも最大規模の都市であった。洛陽はそれよりはいくらか小規

模だったものの、文化と宗教の中心地として尊重されていた。唐代の朝廷はその首都を、時々、この二つの都市の間で移動させていた。朝廷とそれを囲む知識人たちの社会は、中国全土はもとより東アジア、インド、そして中央アジア全域からの、知的・宗教的な新機軸をひきつける磁石であった。帝都の翻経院は、何世紀にもおよぶ仏教の訳経と研究の中心であり、それは8世紀全体を通じて継続された。現代の書物において、禅は地方の田舎っぽい環境のなかで成長したもの、そして、それは現世利益的な活動や朝廷からの莫大な寄進を拒否したもの、として描かれている。しかし、禅のそうしたイメージとその根本的な独自性は、紛れもなく、朝廷を中心とする中央の環境において形成されたものであって、周辺部で作られたものではなかった。これらの主題が中世の中国でいかなる役割を果たしたかを理解するには、菩提達摩と梁の武帝との伝説的な会見を思い起こすだけで充分であろう。それは、8世紀中葉に創り上げられたものである。あたかも5世紀の初め、自然を主題とした中国の詩が、もともと都市生活者によって開発されたものであったのと同様に、古典的な唐代禅の田舎ふうの尚古主義や反主知主義は、五代や宋の時代の、学問・教育ある人々の環境のなかで創出されたものだったのである（事実、菩提達摩と武帝の会見でさえも、禅の偶像破壊的なイメージとは反対の環境のなかで生み出されたのである。148ページ以下の議論を参照）。

　黄梅の草深い地方の僧団から、朝廷がある国家の中央に移ったとき、弘忍の弟子たちが最初にしたことは、自分たちの師匠の教えを記録・編集することであった。弘忍自身によって編集されたのではなく、おそらくその死後に彼の弟子たちによって作成されたものだという明瞭な警告を含む書物、『修心要論』がそれである。これは特定の禅匠の死後ほどなく、その教えを提供するテキストが編集校訂され、作成されるという、禅の伝統の最初の実例となった。『修心要論』は、あるいは689年の遷化までの数年間、嵩山で教えた法如が、自分で使用するために準備したものだったかもしれない。同時期に神秀がこのテキストを知っていたことはほぼ確実であり、8世紀の20年代には他のいくつかのテキストにも引用されている。

　道信は、禅の聖人伝説のなかで弘忍の先駆者として扱われているが、道信

に帰せられる文字化された教説は、すべて『修心要論』が遡及的に弘忍に帰せられて以後に出現したものにほかならない[22]。道信と結びつけられた基本的な格言程度の語句は、それ以前にも、一、二存在していたかもしれない。しかし、既刊の研究書のうちに見出される、道信から弘忍への教義的展開の年代に関する所説は、単に印象に頼ったものであって、到底、説得力のあるものではない。「道信の教え」は知的に洗練された体裁で書かれており、想定上の継承関係に反することをうかがわせる。何と言っても、「道信の教え」なるものは8世紀の20年代に至ってはじめて出現するのだから、それが遡って道信に帰せられたものだという時間的な流れは、明瞭に看破することができる。禅の運動の参加者たちは、一般的に受け入れられている祖師たちの系図の上を、実際には下から上へ遡っていったのである。まず弘忍にふさわしい著書が発表され、それから道信のもの、ついで（8世紀中葉に）僧璨のものが創作されていったのである。それゆえ、祖師から祖師へ、古い世代から順に下ることによって禅の展開を再構成しようとする試みは、如何なるものであれ、方法論として初歩的かつ深刻にまったく有罪なのである。そのような試みは、「ひとつながりの真珠」の錯誤の実例以外の何物でもない。この錯誤のために現代の大多数の著者たちは、資料がどう見えるように考案されているかと関わりなく、資料自体の展開過程を先入観なしに如実に扱うという能力を、ひどく歪められてきたのであった。したがって、『修心要論』を見るとき、我々は弘忍その人ではなく、実は、その死から数十年後に奉ぜられていた弘忍像を見ているのである。

　しかし、そうではあっても、『修心要論』が宗教文学の傑作であることに変わりは無い。この書物は、簡潔で外観を飾らない。その語句は、自らの悟りを得る為によりいっそう努力するよう、読む者をしばしば強く策励する。この論は説く、今日しばしば言われるように、単に「人生が短い」だけでない。恵まれた環境で仏教徒として精神的訓練を受けることができる機会は、こののち何回生まれ変わってきても二度と得られないかもしれぬほど貴重なのだ、と。この力強い激励を補って完全なものにするために、このテキストは、妙なる宗教的達成へのあるべき態度を記述する。しかし、その一方で、

このテキストが勧める修行は、究極の目的地への到達を過度に強調しすぎないようにも考慮されている（仏教を勉強し始めた学生が、誰でもすぐ気づくように、涅槃（ねはん）という最終ゴールへの到達を望むこと自体、涅槃が欲望無き状態であるということと矛盾しているのである）。『修心要論』はこの二つの面を、明快な感受性をもって巧みに取り扱う。菩提達摩に帰せられるかの『二入四行論』ではごく隠微な形でしか示されていなかったいくつかの基本的課題が、このテキストでは歓迎すべき明白な説明を与えられているのである。

『修心要論』の核心は、おあつらえ向きだが偽経からの引用である比喩を含んだ、以下の対話に示されている。

> 『十地経論（じゅうじきょうろん）』にいわく、「衆生（しゅじょう）の身体の中には金剛石（こんごうせき）のような輝きをもった仏性（ぶっしょう）がある。それは太陽のように、本質的に光り輝き、完全で円満である」と。それは広々と果てしないものであり、ただ五蘊（ごうん）からなる何層もの雲に覆い隠されているに過ぎないのである。瓶の中の灯火のように、その光は照らすことができない。
>
> また、輝く太陽を喩えとするならば、この世界の雲や霧が八方から集まり起こり、世界が暗くなるようなものである。だからといって太陽そのものが吹き消されるようなことが、どうして有りえよう？
>
> 〔質問：太陽が吹き消されることが無いのならば、〕どうして光が無いのか？
>
> 答え：太陽の光が破壊されるのではない。ただ雲や霧によって歪曲されているに過ぎないのである。一切の衆生に具わる純粋な心も、また同様である。それはただ分別（ふんべつ）的思考、虚妄の念、種々の誤った見解などの、何層もの雲に覆われているだけなのである。ただはっきりと〔心の覚醒を〕維持し、虚妄な思考をさえ作り出さなければ、涅槃の法という太陽は自ずと顕現するのである。[23]

ここに見る「太陽と雲」の比喩と菩提達摩の『二入四行論』における真実の本性の説明、その両者の間に密接な関連があることは明らかである。仏性、

すなわち悟りの太陽が自分のふつうの心理的自我意識のために曇らされているということを説明するために、「ただ」という限定語が用いられている点までもが共通している。このように、この最初の公式において同じ価値構造が採用されているのみならず、弘忍の『修心要論』では、「守心——心の覚醒を守る」という精神的修養への態度も記されている。それは本質的に、各自の人格の中にある宝物としての仏性を育てようとする姿勢である。攻撃的に自分の存在に押し入って、愚痴の雲を無理やりひきはがすよりも——それは巨大な鉤爪を空にのばして、太陽を覆い隠す雲や霧を引きずり下ろそうとするのに似ている——それよりむしろ、自分の無始の悟りの究極的な真実を肯定すること、自己の内なる始原の状態への常なる覚醒を守ること、そして、精力的に、しかし急ぐことなく、継続的な悟りの経験をその時々の状況において顕現するよう努めること、それこそが妥当な対応なのである。

『修心要論』は二つの瞑想のテクニックを記述する。それは、上にふれた、根本的で力強く、それでいて落ち着いた態度の二つの面——たゆまず精進することと目的意識に執われぬこと——を手際よく示すものである。その第一は、地平線上の特定の一点から照り返している太陽の球体が、今まさに沈もうとしている様を心中にありありと思い描く、というものである。修行者は散乱することなく、太陽の一点に心を集中する。それは、寺院の回廊に吊り下げられた太鼓のように巨大でまん丸である。このテクニックは、実は東アジアの浄土教の伝統における主要経典の一つ『観無量寿経』から採られたものだが、それがここでは、明らかに精神集中の訓練法として使用されている（ここで修行者は、自らの心に雑念が無いようにするために、太陽の一点に心を集中するのである）。それはまた、内なる「涅槃の太陽」を象徴的に連想させるものでもある。

第二のテクニックは、仏性そのものではなく、それを曇らせる、極度に活動的な心のプロセスのほうに焦点を合わせるものである。

> 分別的な思考をすべて無くし、身と心を清浄かつ静寂に保て。身体を真直ぐに立てて端坐せよ。呼吸を調え、心を集中させよ。それが自分の中

にあるのでもなく、外にあるのでもなく、その中間にあるのでもないようにせよ。これを注意ぶかく、そして自然に行なえ。自分の意識を静かに注意ぶかく看よ。それがいつもどのようにして、流れる水のように、あるいはきらめく蜃気楼のように、動きつづけるのかを看よ。この意識を見とどけた後は、自分の内側または外側の固定された点に留まらぬよう、ただそれをやさしく自然に看つづけよ。その変動が静寂な落ち着きのうちに消滅するまで、静かに、そして注意ぶかく、それを行なえ。さすれば、この流れる意識は、一吹きの風のように消滅するだろう。この意識が消滅した時、それとともにすべての幻想、〔極端に微小な〕第十地の菩薩の幻想でさえもが、消滅するであろう。[24]

　他の仏教の権威者は、単に意識の変動を止めるだけでは無上等正覚と同じでない、と反対するかもしれない。確かにそれは、禅でも議論の的になったことである[25]。しかし、重要なのは、道を歩く努力はしなければならないが、目的地に早く到達しようという緊張感はない、という、ここで勧められている態度である。弘忍の『修心要論』は、強いて悟りを作り出すのではなく、むしろそれが自然に起こるように修行者を導く。このやり方がすべての人に適しているか否かは別として——そして少なくともある禅匠は、こうしたやり方を、奇跡が起こるのを空しく待っているようなものだとあからさまに嘲笑するであろうが（180ページ参照）——積極的な忍耐を要求しつつ、この二つのテクニックを相互に対置するというこの論書の繊細さ、それは両者の顕著な統合を象徴するものなのだと言ってよい。

5　インド仏教と中国仏教の両極性

　禅の瞑想に関する議論において最も顕著な特徴は、両極性の使用である。もちろんそのような議論は、いかなる確実な区別も実は存在しないと主張する、根本的な反二元主義——たとえば「不二法門」——の暗示を含むことがしばしばではある。だが、そうではあっても、頻繁に繰り返される二元主義

的な表現はやはり眼をひかずにはおかない。菩提達摩と僧稠、恵能と神秀、理と行、頓と漸、北宗と南宗、臨済と曹洞など、聖人伝説の登場人物から、流派の分岐をもたらす教義的な課題に至るまで、禅の伝統には実に二項対立的表現が氾濫している。この状況を念頭に置けば、異なったコンテキストで使われる二つ一組のものを列挙して、これらはみな本質的には何らかのあり方において同一なのだと規定したい誘惑に駆られる。いうまでもなく、それに対するよりよい対応策は、さまざまなペアの間には異なったニュアンスがあるという可能性に、油断なく注意することであろう。今の問題は、弘忍の『修心要論』の内容について、それ以前の禅定に関する教説と比較してどのような推論を引き出せるか、ということである。

　いうまでもなく、インド仏教の禅定に関する教義の中で、最も重要なペアは「止」（集中、シャマタ śamatha）と「観」（観察、ヴィパシュヤナー vipaśyanā）である。簡略にいえば、「止」は、散乱することなく心を特定の対象に集中させる能力の開発を目的とした、一連の訓練である。さまざまな種類の対象が使われるが、それらはそれぞれの修行者固有の気質に応じて適切な矯正手段となるよう、禅定の指導者から与えられる。怒りやすい修行者には、慈愛を生み出すような集中が指示されるだろう。高慢になりがちな人には、死体を思い浮かべることを含む訓練が命じられるであろう。修行者は、効果的な精神集中を妨げる障碍物の除去のため、四つのディヤーナ（dhyāna）すなわち「精神の集中」の段階をたどる（日本語では zen、朝鮮語では sŏn、ヴェトナム語では thien と発音される現代中国語の chan すなわち「禅」は、このサンスクリット語の音写である）[26]。経典の記述によると、初禅の段階では、修行者の心の一点への集中にともなう、二種類の思惟——歓喜と愉悦——の結合が特徴となる。意識的な決定によって、修行者は一つの段階から次の段階へと進み、引きつづいて二種類の思惟と二種類の喜びを消滅させるようにする。それらは第二禅以後の修行では、究極的に散乱だと見なされるのである。第四の、そして「根本的な」ディヤーナの段階では、修行者の心は一点集中のみによって特徴づけられる。この段階では、話したり散漫な思考をしたりすることは不可能だが、ここにおいて禅定の修行者は、テレパ

シー、超常的聴覚、空中浮揚、自分の過去世についての知識、他人の業による未来の運命の理解、といった超自然的な能力を使えるようになる。仏陀やその弟子たちは人々を教化するためにしばしばこのような能力を用いたが、しかし、仏教の伝統では、これらの能力は、精神的な修養にとっては有害無益だと見なされるようになる。戒律では、僧侶が在家者に向かって、自分にそのような能力があると漏らすことさえ禁じられている。

　集中(「止」シャマタ)の訓練について綿密な説明がなされているのとは対照的に、観察(「観」ヴィパシュヤナー)については、いかなる対象についてであれ、それに対する明確な理解を得るためには、シャマタによって集中された心をそれに振り向けるということが説かれるのみである。シャマタにおいて、心はサーチライトのように一点に集中される。一方、ヴィパシュヤナーにおいては、サーチライトのようになったその心が、人間の条件にとって重要な諸問題を照らし出す。それは、人間の身体が無常であり、さまざまな要素によって成り立っていること、思考と感情は縁によって起こるということ、そして人間の苦しみは避けることができないということ、などである。シャマタによって集中された心をこれらの問題の検証に向けることによって、修行者はそれらの問題を、ヴィパシュヤナーを通してよく見、よく理解するのである。このように「止」と「観」とは便宜的に二つに分けて説明されることがあるけれども、本当は二つの別々のテクニックではない。仏教の伝統を通じて最も広く使われる禅定の訓練は、呼吸への集中である。これには修行者の心を、集中から観察へと自然に導く利点がある。身体が落ち着き、呼吸がゆったりしてくると、人の注意は静まることから知ることへ自ずと移ってゆくのである。

　仏教のどの宗派においても、ヴィパシュヤナーのための集中対象として選ばれるのは、その宗派の教義を理解するのに最も適したものである。それゆえ初期仏教では、本来の無常、因果の関係、苦しみの性質、その他を認識するために、自らの身体や思考・感情に焦点が当てられた。他方、大乗仏教では、内観によって達成されるべき悟りを、一切事物の根本空とする傾向が強い。中国における初期の禅定修行者たちは、空性だけでなく、その他の大乗

仏教のテーマをさまざまな方法で表現した。上座部とその他の「主流仏教」（Mainstream Buddhism）――ここでは「小乗仏教」という蔑称を避ける[27]――の資料は、内観の修行における進歩の諸段階を提示するけれども、これらの段階は単一の覚醒が増大してゆく一連の階梯であって、本質的に異なった種々の達成目標ではない（これとは対照的に、集中すなわちディヤーナの段階の説明には、重要な概念的区分が含まれている）。その内観がどのようにして起こるのかについての実際の説明も無い。そこにはただ、特定の課題とされる事柄に心が方向づけられた時には、それを理解する先天的な能力がある、という基本的な前提があるだけである。仏陀の悟りのように、理解の経験は言葉で言い表しようが無い。しかしその影響は解放である[28]。人間の置かれた状況に対する完全な理解は、その状況がもたらす有害な結果からの解放を生み出す、ということは、仏教の伝統全般を通じて自明の公理とされてきたものである[29]。

　今の問題に立ち返れば、以下のような問いを提起することができよう。すなわち、菩提達摩の『二入四行論』における二入や、弘忍の『修心要論』において示される二つの修行は、どの程度インド仏教の集中（止）と観察（観）のテーマに類似しているか、と。私はさきに、理入を集中、すなわちシャマタの一解釈と見なしうる根拠を紹介した。同じ考察は、太陽を心に描く修行にも応用することができる。仏性の思想、一切の人間の内なる――本当はすべての有情（うじょう）の内なる――悟りの太陽、仏陀の必要条件たる無分別の智慧の性質、それらの使用は原始禅や初期禅をインド仏教から区別する重要な新機軸である。それはやはり単純な集中の訓練に過ぎないとも言えるのだが、ただ一つ異なる点は、心の最も本質的な理解能力そのものに心自身を専注するよう訓練させる点である。弘忍の著書における「守心」の修行の目標が、潜在的な智慧の存在を肯定し、それにとって不適当な形態を照射させることにあるのは明らかである。インド仏教のシャマタの教説における集中統一された心、それを私はよくサーチライトに喩えて描写する。その集中された心は、ヴィパシュヤナーにおいて特定の対象に焦点を向けるのである。それに対して中国の比喩では、内なる涅槃の太陽がすべてを包む光明の根源とされるの

である。比喩の構造にかかる相違はあるけれども、インド仏教の集中（止）の禅定の概念は、おおよそではあるが、このように「理入」や太陽の観法と相互に関連をもつのである。

　しかしながら、「観」（ヴィパシュヤナー）と、菩提達摩の「行入」および分別心の活動に焦点を合わせる弘忍の修行法との比較においては、この言い方は成り立たない。いうまでもなく、問題の一部は、弘忍に帰せられる二つの瞑想のテクニックが、それぞれに集中と観察の双方の成分を相当程度あわせもっているということにある（むろん、上で見たように、多くのインドの禅定訓練についても同じことは言えるのだが）。分別心の動きに心を専注するという弘忍の指導法は、止滅（心の活動は訓練の進行中にいずれ停止することが期待されている）と理解（その停止の原因は「智慧の風」といわれる）の双方を含んでいるのである。しかし今のところ、弘忍の著書が勧める二つ目の修行は、観察よりはやはり集中に近いことを認めざるを得ない。

　問題は、菩提達摩の『二入四行論』の「行入」がこのパターンにまったく適合しないということである。いかなる種類のヨガ行者的修行よりも、事実、この道への入り口の四段階（「四行」）は、世界における自分の行動に結びついている。つまり、自分の生活経験に対する精神的な態度に、確かに強調点が置かれているのである。しかしながら、強調されているのは、行動であって悟りではない。これは、いわゆる「瞑想修行」の範囲にはあてはまらない何かが起こっているのだという事実を警告するものである。むしろ、菩提達摩の著書における「二入」のペアに相応する対比は、中国の伝統のうちに求められなければならない。

　中国の僧侶や在家者たちが仏教を理解しようと苦闘していた紀元4世紀から5世紀、彼らは中国固有の公式の使用を習いとしていた。それは、「体」（本質）と「用」（作用）との区別である。といっても、「体」と「用」の間にはっきりとした区別は無い。どのような物ないし状況も、看方によって「体」「用」いずれからも接近と把握が可能である。また、「体」から「用」へのはっきりした移行・変化ということも無い。この二つの違いは、対象物そのものよりも、むしろそれを観察する人の心のほうにある。『物不遷論』

において僧肇（384-414?）は、その関係を『般若経』の初期の翻訳にもとづきつつ、次のように説明している。

> 『放光〔般若〕経』に「法には去来は無い。動的な変化も無い」と言っている。無為の行為を求める場合、どうして「動」の除去によって「静」を求めえようか？　人は「動」の中にこそ「静」を求めるべきなのだ。「動」の中に「静」を求めるべきである以上、すべては「動」でありながら常に「静」である。「静」を求めるために「動」を除くべきではないのだから、すべては「静」でありながら決して「動」を離れることが無い。かく「動」と「静」は断じて別ものではないのに、迷える人々はこれを別々に見てしまうのである。[30]

20世紀初頭の学者、湯用彤（1893-1964）は、僧肇の著作は「動」と「静」とが同じであることを示すものだと説明した。これは、何か根本的な不動の本質が存在し、それが千万の現象的な顕現を生み出す、ということでは決してない。そうではなくて、根本的な真実と現象的な順列とは、不可分離的に同一だと言っているのである[31]。

菩提達摩のテキストの「二つの入り口」（「二入」）は互いにかなり異なったものだが、「理入」に近似する第四の「称法行」において、両者の合流が見られるようである。「二つの入り口」は分かれていながら、ある意味においては互いを暗示しあっており、さらに言えば、相互に包摂しあっている。より一般的な見地から言えば、これは禅の伝統の随処に散在する、種々の両極性の間の類似性と相違性に対するひろい配慮の始まりにほかならない。禅の全体を通じて何度も繰り返されるパターンを確立したものとして、その象徴的役割を認識するために、この後も菩提達摩のこの論書に再び戻ってくる機会があるだろう。しかし今の時点では、それらの両極性がすべて同一なわけではないこと、異なった組み合わせにはそれぞれかなり異なった意味が含まれていること、その点を認識することで満足したい。この単純な、しかし重要な観察をたずさえつつ、我々は中国禅の次の段階に注意を向けることにしよう。

第3章　首都禅

——朝廷の外護と禅のスタイル——

1　中国の帝都における禅ブーム

　8世紀の前半、中国北部にある長安や洛陽の都は、世界でも最大の都市圏であった。長安は、中東のどの都市でも数世紀を要してようやく達した数字をはるかに凌ぐ、百万人以上の人口を擁していた（ヨーロッパのことは言うまでもない）。もともと北西山岳部の「関中」の安全な軍事都市であった長安は、きわめて広大なスケールに広がり、東西南北に通じる碁盤の目状の街路を具えていた。都市の城壁は、正方形に近い長方形をなし、政府の官庁街、商業地域、住宅地域などを、整然たる秩序をもって取り囲んでいた。都市の北側には王朝の宮殿があり、さらに、東は朝鮮・日本、西は中央アジア・ペルシャ・インド・中東にまで到るハイウエイと繋がった、都大路も通っていた。皇帝は都市と世界に向かって南面し、全世界がこの「天下」の支配者に敬意を表するために北面しているかの如くであった。

　王朝の威厳は、堂々たる偉大な建築物で荘厳されていた。大規模な官庁や官寺があり、そこには種々の世襲的恩典や文官試験（科挙）を通してその職位を勝ち取った役人たちが配置され、今日の省・局・課に相当する官僚組織が運営されていた。それら官庁の最上層のエリート官僚たちは、毎朝、皇帝の御前に伺候することを義務づけられていた。冬の間、自宅から都市の最北にある宮殿まで、早朝の寂しい街並みを馬の背に乗って通う際の風の冷たさを嘆き、それを詩に書きのこしている人もいる（白居易「早朝賀雪寄陳道人」等）。

　政治の中心としての公的な荘重に加え、長安は、貿易・文学・文化、そして宗教の、国際的な基点でもあった。シルク・ロード貿易の中国側の中心と

して、長安にはインドやペルシャその他の国々から珍しい宝物が輸入されていた。長安の人々は「西域(さいいき)」から次々ともたらされる新しいスタイルの音楽、見世物、娯楽、そしてさまざまな形式の美術品を享受していた。ポロは中国の上流社会の男たちの間で――そしていくらかの女性たちの間でも――最も愛好されたスポーツだった。そして、「西域」から紹介された最新のスタイルの歌謡のいくつかは、今日のアメリカのコンテンポラリー・ミュージックと同じように、老人たちにショックを与えていた。ソグディアナ、コータン、朝鮮、その他さまざまな中国周辺のエキゾチックな地方から来た貿易商やその子孫たちが多く住み着いたので、長安では刺激的で活発な文化が混じり合っていた。西方の宗教や仏教の知識面では、7世紀の中葉に中央アジアを通ってインドまで旅をした偉大な巡礼者、玄奘(げんじょう)（600?-664）の名声が、いまだに中国全土に鳴り響いていた。そして、もちろん何十もの壮大な仏教寺院が――そして、数はいくらか少ないが、道教の道観が――市内の到るところにあり、多数の僧尼を擁していた。

　第二の首都洛陽は、規模は長安ほど大きくなく、さほど整備もされていなかったが、東に向けて約320キロメートルにわたって広がる、肥沃な沖積土の黄河平原のなかに位置している。そこは中国文明の揺りかごそのものであった。洛陽は2世紀以降ずっと、中国における最も古い、そして最も重要な、仏教の中心地の一つでもあり、寺院は数多く、崇高で壮大であった。文化の中心であるという評判に加え、中国の官僚たちは、皇帝が洛陽に居住することをより好んだ。西部山岳地帯にある長安よりも、穀物の供給が容易だったからである。禅の修行者たちにとって洛陽は、嵩山(すうざん)のすぐ北にある都市としても知られていた。嵩山は中国の伝統的な聖地である「五岳(ごがく)」（四方と中央の山岳）の中央の峰であった。禅僧たちが伝説に名高い少林寺(しょうりんじ)に住するようになるのは7世紀末以後のことであるが、菩提達摩(ぼだいだるま)は少なくとも645年には嵩山と結びつけられていた。

　8世紀の初頭、禅を独立の一宗として中国仏教のなかに公的に位置づけることになる、一大転機が訪れた。中国の皇帝が、一人の僧を洛陽の都に招聘したのである。それも、ただの皇帝ではない。中国で自らの名において帝位

についた、ただ一人の女性、則天武后（武曌、在位690-705）である[1]。幸運と美貌のほかに、生来の知性と政治的明敏を兼ね備えた則天武后は、その夫である高宗皇帝（在位649-683）が670年以後、卒中で衰弱したのを機に、統治の実権を手にし、さらに高宗の崩御の後、690年からは自ら国政を執った。彼女は正統儒教的歴史家たちからは激しく非難されるけれども、自らを仏教君主ないし菩薩の化身と称してその政治的地位を正当化していった努力は、中国の宗教を研究する学者にとって、すこぶる魅力的な研究課題である。今の目的からすれば、則天武后は8世紀が始まるまでにその支配を確立し、それ以上政治的な策略を弄する必要はもはや無かった、ということさえ押さえておけば充分だろう[2]。

　則天武后が朝廷に招いた禅匠はふつうの僧ではなかった。それは急成長していた禅の伝統のなかでもとりわけ傑出した、荊州（湖北省と湖南省）玉泉寺の神秀（606?-706）であった。二つの別々のテキストが、701年、洛陽での彼の歓迎の様子を以下のように記している（『伝法宝紀』『楞伽師資記』）。

> 則天武后は神秀を洛陽まで護衛して連れてくるよう、朝廷の使者を遣わした。僧俗は彼の通る道に花を敷いた。〔金持ちや名門の人々の車の〕旗と天蓋が街路を埋め尽くした。彼は椰子の葉で飾られた皇室の輿に乗って宮殿に入った。則天武后は彼に付き従い、敬虔な献身と慎みのある純粋な精神を示すために、その額を地面につけ長時間ひざまづいた。神秀が宮廷の女官たちに戒律を授けたとき、四種の仏教徒〔比丘、比丘尼、優婆塞、優婆夷〕たちが、両親に対するのと同じ尊敬の感情を抱き、ことごとく神秀に帰依した。皇太子や貴族以下、首都に住むすべての人々が彼に帰依したのである。[3]

〔朝廷から洛陽に招聘された後、神秀は〕その往来はいつも朝廷の馬車に付き添われ、二つの皇都で布教活動を行ない、自身は国師となった。大聖則天武后は神秀にたずねた。「あなたが受け継いだのは、どなたの教えですか？」　神秀は答えた。「蘄州〔すなわち、弘忍の僧院があった

黄梅〕の東山法門を受け継ぎました」。則天武后は言った。「悟りを涵養するのに、東山法門に勝るものはない」。[4]

　これは王朝からの、目をみはるほどの敬意の示し方である。則天武后は神秀を南面して坐らせ、自らは北面して神秀の前にひざまづくことによって、その敬意を強調したのであった。当時の卓越した政治家でありかつ文人であった人物が書いた神秀の碑文は、「聖なる真実を受け継いだ人物は北面しない。豊かな徳を備えた人物は臣下の礼に従わない」[5]と書いてこれを擁護している（張説「荊州玉泉寺大通禅師碑銘幷序」）。神秀は唐の王族の一員であったかのようにさえ見える。しかしそれにしても、この待遇は異例である。真摯な崇敬のみならず、自分の死後、自分をその位から除こうとする人々を懐柔すべく、かかるジェスチャーを見せる意図が武后にあったのであろうか[6]。ともあれ、その結果、神秀は、没後に作られた遡源的なイメージでなく、その本人の思想が比較的詳細に知られる、禅の伝統史上最初の人物となったのであった。

　神秀の卓越した宗教的地位を示すために、王朝は「北」「南」という象徴を用いた。だが、このことは、彼の教えと流派がなぜ「北宗」と呼ばれるようになったのかということとは、あまり関係がない（79ページから始まる、次節「神会の"北宗"攻撃」参照）。それよりも、ここでは神秀が、結果として、自らの歴史を製作したのだということを見ておきたい。つまり、仏教への自身のアプローチを、師の弘忍に由来する「東山法門」だと称することによって、自身の過去を選択的に、あるいは創造的に描き出し、現在の自分自身を提示したのである[7]。ほぼ同じ時期、弘忍の弟子たちは『修心要論』を創作した。それから少し後に、彼らは道信の名にふさわしい教説を編集した（『楞伽師資記』道信章引『入道安心要方便法門』）。その後さらに数十年を経て、他の僧侶たちが、僧璨の生涯を顕彰するために『信心銘』その他の文献を創り出した。このようにして、遡源的な歴史の創造過程が、時を遡って進められていったのである。その焦点は、法系の前へ前へと順に移っていった（この課題については先に述べた。57-59ページの議論を参照）。

これが、今日まで知られている禅の法系の構造が、最初に表現された歴史的環境であった。つまり、禅の伝法の系譜的な提示は、「首都禅」の活動の初期に至ってはじめて書面に記録されたのである。689年に没した、弘忍の門人の法如なる僧のために書かれた碑銘（「法如禅師行状」）に、その最初の記録例を見出すことができる（55ページ参照）。そして、8世紀の20年代までに、弘忍の後期の門人たちが、菩提達摩から神秀までの伝法を記述した二つの別々のテキストを創り出した（『伝法宝紀』『楞伽師資記』）。それらについてここで個別には論じないが、その二つのテキストは、数世紀の後にこの分野を確立したテキスト『景徳伝灯録』の名にちなんで、初期の「灯史」という呼称で今日の学者に知られている[8]。これら二つの「北宗」テキストの間には内容と強調点の相違があるが、しかし、両者はいずれも本質的に同じ教義を表現している。それは、仏教の中心的な教えは神秀とその弟子たちに至る代々の祖師たちによって伝えられてきたものだ、ということである。
　「灯史」テキストの根本的な含意の一つは、禅における「師資相承」の系譜の不変の継続性である。だが、歴史的な見地からすれば、東山から二つの帝都への移行が、禅の運動の性格の大きな変化をともなっていたことは明らかである。言語表現の応酬と宗教的な談論の環境として、東山と二都の間には根本的な違いがあった。禅は、その構成員が積極的にある環境から他の環境に移ったことによって変容したのである。指導者たちの教えを書きとめたり部分的に筆記したりすることは、黄梅の片田舎、東山の僧院でも行なわれてはいただろう。しかし、その教えを広めるために巧みに書かれたテキストが要求されるようになったのは、弘忍の後継者たちが、文人社会の存在する比較にならぬほどスケールの大きな都市、長安・洛陽に移ってからのことであったのは間違いない。何らかの方法で教えを記憶にとどめておくことが、東山でも積極的になされたであろうことは疑いないけれども、それを証拠立てる資料は無い。現在利用できる資料はすべて、文人たちの文化の中心地で遡源的に作り出されたものであり、したがって黄梅の生活を律していたであろう古きよき素朴さも、あるいは洗練された講義のさまも、すべてはほぼ復元不可能なのである。

資料の複雑さを認めたとしても、神秀の教えが『修心要論』に記される弘忍の教えと質的に異なっていたことは確かである。神秀は、仏教の経典を自分の洞察に基づいて大胆に再解釈するスタイルに興味をひかれていた。彼はそれを「方便(ほうべん)」の使用と呼んでいた。これは精神的な寓意や比喩を幅ひろく使用するものであった。経典に書かれたあらゆる見解が「観心(かんじん)——心の内観」とよばれる再解釈の対象になった[9]。単純に言えば、神秀が聴衆に語ったことはこうである。釈尊は世俗的なことには関心をもたないが、仏教的瞑想の実践を記述するためにあらゆる表現を用いたのだ、と。神秀はこのように、遠く仏陀その人を追憶するような仕方で、仏教徒は今ここで仏になるために、そして生きとし生けるものを救うために、働かねばならぬ、と説いたのである。

　かくして神秀の著作には、一般常識的な宗教的実践を、真正の精神的修養として再定義するための数多くの比擬を見出すことができる。以下はそれらのうちの最も教訓的な比擬を、簡略にまとめたものである(『観心論』)。

　　伽藍(がらん)の修理　saṅgha-ārāma の音写語「伽藍」は、清浄な土地を意味する。そこから、貪欲(とんよく)・瞋(いか)り・愚痴(ぐち)の三毒を根絶して心を清浄にすることが、伽藍を修理ないし改善するということなのだと再定義される。
　　仏像の鋳造あるいは描写　仏陀は世俗的な像を造ることには興味をもたない。しかし、彼は真実の修行者には「自らの身体を炉とし、仏法を炎とし、智慧を職人とせよ」と指導した。三聚浄戒(さんじゅじょうかい)と六波羅蜜(ろくはらみつ)を鋳型として、修行者の身体の中に真如の仏性(ぶっしょう)を鋳造する、というのである。
　　焼香(しょうこう)　ここでいう香とは、何か世間的なよい香りのことではなく、真実にして無為なる法の香りのことである。それが愚痴によって汚れた悪業を薫習し、消滅させるのである。
　　散華(さんげ)　仏陀は生きている花を傷つけることについては説いていない。しかし、真如の本性に具わる「功徳(くどく)の花」のことは、経典の中に言及されている。そのような花は常住であり、萎むことがない。
　　仏塔の遶行(にょうぎょう)　身体は仏塔に擬えられる。遶行とは智慧が身心の中を休み

なく巡ってゆくことだと再定義される。
持齋(じさい)　中国語の同形異義語（「齋」と「齊」）の巧みな使用を通して、菜食（「齋」）を守ることは身心を「齊」(ひと)しく調節し、混乱せしめないことなのだと解釈される。
礼拝(らいはい)　漢字の自動詞と他動詞が同形であることを利用しつつ、礼拝とは罪過の抑制のことだと定義する。[10]

　神秀はまた、経典の中から短い一節を取り出して、沐浴(もくよく)の功徳を「智慧の火を燃やして、清浄な戒律の水を温め、自分の身体の中の真如の仏性を沐浴させる」努力のことだ、と解釈し直してもいる。以下は神秀の「沐浴の法」の大略である（『観心論』）。

清浄な水　あたかも清らかな水がこの世の汚れた塵を洗い流すように、清浄な戒は無明(むみょう)の汚れを洗浄する。
火　風呂の水を温める火とは、実は自己の内外を観想し検証する智慧のことである。
洗剤　汚れを落とすために使われる洗剤は、実は自分の中の邪悪の根元を暴き出す分別の能力のことである。
楊枝　口中の悪臭を根絶するために使う楊枝は、偽りの言葉を駆逐する真実のことにほかならない。
清らかな灰　沐浴の後に身体に塗られる灰ないし抹香は、懐疑によって起こる推論を終わらせる精進(しょうじん)のことである。
香油　ここで言う香油とは、人の肌を柔らかにするかわりに、不適切な頑なさや悪い習慣を柔軟にすることをいう。
肌着　風呂で身につける肌着とは、実は悪行を制止する恥じらいの心のことである。[11]

　つまり、神秀は、経典の中のどのような文も、仏教の精神的修養に関する喩えとして再解釈するのである。そして、最も平凡な自分の行動でさえもが

——すべての特徴と詳細において——宗教的な修行になると提唱するのである。このような解釈のスタイルは、日常生活のあらゆる面が修行であると強調する後代の禅と明らかに繫がっている。後ほど、この興味ある繫がりに戻ってくるであろう（第4章の、119-121ページの議論を参照）。

　ここで重要なことは、神秀の革新が、中国仏教における独立の一伝統としての禅宗の形成を大幅に促進したことである。簡単に言えば、8世紀初頭の長安と洛陽において、注目すべき「禅ブーム」が起こったのである。地上最大の二つの都市の、世界で最も洗練された国際社会、そこで神秀の禅の教えはたいへんな人気の的になった。朝廷のある文人が、次のように書いている（宋之問「為洛下諸僧請法事迎秀禅師表」）。

> 二つの都からの仏教修行者たち、中国全土からの信者たちが、〔彼の教えを聞くために帝都の五つの門に〕押し寄せた。彼らは千里の道をも遠しとせずしてやって来た。衣を着て応量器(おうりょうき)を携えた乞食者(こつじき)たちが、新造の堂屋に飛び跳ねる魚のごとく群れをなし、彼らの小屋が山腹を雁の列のように覆い尽くした。雲のように集まり、露のように自由に、彼らは空手で神秀のもとに来り、満たされて戻ってゆくのであった。[12]

　神秀は基本的に自分の信奉者たちに、今の心の観想を実践するよう促した。各自の生涯のなかでの今ここ、この一生におけるこの瞬間に、菩薩になるよう修行せよ、そう教えたのだから、神秀のメッセージは息をのむほどに簡明であった。この根本的な態度は、後代の禅だけではなく、9世紀初頭の日本の天台宗(てんだい)・真言宗(しんごん)の開祖である最澄(さいちょう)（767-822）や空海(くうかい)（774-835）の即身成仏(そくしんじょうぶつ)の教義とも響きあう。この二人の教えは明らかに、禅の新機軸に触発されたものであった[13]。

　ある意味で、彼のメッセージはしごく単純なものであったかもしれない。だが、神秀はそれを明らかに、教祖としての個人的指導力と独自の魅力的な説得によって伝えたのであった。8世紀初頭、二都における彼の活動は、禅の宗教活動の爆発を引き起こした。七十人に及ぶよく名の知られた高弟があ

っただけでなく、その高弟たち自身も皇帝の師となった。神秀の弟子や孫弟子たち、およびその友人たちは、彼らの教義と実践の輪郭を明示する、いくつかの重要な書物を著した。そのなかには、上述の道信や弘忍の名で書かれた論書や「灯史」だけでなく、敦煌で発見された種々のテキストが含まれている。これらテキストの全体的印象からいえば、それまでただ静かに行なわれていた禅のメッセージをいかに他の人々にもよく伝えうるか、という種々の実験的努力がなされていたことが感じられる。それらのうちのいくつかは真に創造的なものであり、他のそうでないものは、神秀の新しいスタイルの比喩を機械的に応用しただけのものであった。そして、表現が種々さまざまであるのは、この新しい運動に参加していた人々の皆なが皆な、神秀と完全に同じ理解をもっていたわけではないことを示している。しかし、それはごく自然ななりゆきであろう。

　これらの資料の最も興味ある特徴の一つは、そのうちのいくつかに、瞑想の具体的な実践の仕方が描写されていることである。そこには途轍もない多様性が見られるが、「北宗」によって広められた、『五方便(ごほうべん)』の名で知られるテキストの次の一節は、その好適な序論といえるだろう。

　　　心を清浄なものと看ることは「心地の浄化」と呼ばれる。身心を抑制せず、しかし、また身心を広げぬようにせよ。広々とした開放のなかで遥か遠くを看わたせ。普遍的な平等観で看よ。看ることのうちに、すべての空間を尽くしてしまうのだ。
　　戒師が問う、「あなたには何物が見えるか？」
　　弟子が答える、「一物も見えませぬ」。
　　戒師、「清浄を看よ、綿密に看よ。清浄な心の眼をもって、拘束されることなく、無限の遠くを看よ。障碍なしに看よ」。
　　戒師が問う、「何物が見えるか？」
　　答え、「一物も見えませぬ」。
　　……
　　前方、遥か遠くを看よ。千万の感覚的領域にとどまることなく、身体

を真直ぐに保って、ただ照らせ。真実の本質をはっきりと明らかにせよ。
　後方、遥か遠くを看よ。千万の感覚的領域にとどまることなく、身体を真直ぐに保って、ただ照らせ。真実の本質をはっきりと明らかにせよ。
　両方向に、遥か遠くを看よ……。
　上方に、遥か遠くを看よ……。
　下方に、遥か遠くを看よ……。
　十方に、一時に看よ……。
　静かでない時には、熱心に看よ……。
　静かな時には、綿密に看よ……。
　歩いている時も静かに立っている時も、同じように看よ……。
　坐っている時も横になっている時も、同じように看よ……。
　……
　問い、「看ている時は、何物が見えているのですか？」
　答え、「看るだけ、ただ看るだけ。見られる物は何もない」。
　問い、「誰が看るのですか？」
　答え、「悟った心が看る」。
　尽十方界（じんじっぽうかい）を透徹して看るに、清浄のうちに一物もない。常に看て、無の場（無処）にそのままいることは、仏と同じである。広く闊達に看て、何も固定しないで看る。限りなく安定し広々としている、その不染汚が目覚めの道である。心は静かに、悟りははっきりしている。身体の静けさは目覚めの木（菩提樹）である。四つの魔物は入るところがないので、偉大なる悟りは主客の知覚を超越して完全に円満である。[14]

　この文については、さほど詳しく説明する必要もあるまい。それは修行者に明確に教えている。自身の存在の中心にある悟りの心に重点を置き、自らの心を訓練して、それを全宇宙と自己の行動にくまなく浸透させよ、と。その教えの空間的な性格は独特である。しかし、そのような修行によって涵養されるいくつかの精神的な態度は、後代の禅と類似する。すなわち、開放の感覚、あらゆる経験の宇宙的同一性の認知、一切の事物の根本空の発見、深

い静寂の性質、そしてそれらにもまして、すべての物事を照らし出し理解する心の本有的能力などである。ここで示される基本的な方向性は、精力的で生き生きとしているが、しかしゴールに対する分別的なこだわりからは自由であるという点で、かの弘忍の論書で提唱されていた精神的修養と同質である。

　上に記された瞑想の訓練を評価する最善の方式は、神秀の理解における「円教」（完全な教え）の用語に従うことであろう。その問題には後ほど戻ってくる（93 ページ参照）。一方、「遥かに看よ」と教える独自の指導法が、瞑想修行を好まぬ人物から批判されるであろうことも、また容易に理解できる。ここでいったん、そういう人物に視点を移してみよう。

2　神会の「北宗」攻撃

　730 年、731 年、そして 732 年、神会という名の一人の僧が、洛陽から遠く離れた河南省のある町で公開の討論会を挙行した。その場で彼は神秀の二人の弟子を名指しし、虚偽の法系を主張するものであり、その修行も劣ったものだと非難した。745 年、神会は洛陽に居を構え、同じ攻撃を続行した。732 年の時の記録——実は 745 年以降の編集——は、この件以外ではほとんど知られていない崇遠という対論者からの質問と、それに対する神会の応答を次のように記している（『菩提達摩南宗定是非論』）。

　　　崇遠法師が神会に問いかけた。「嵩山の普寂禅師と東岳（泰山）の降魔蔵禅師、この二人の大徳は、人々に坐禅を教え、"心を凝らして禅定に入り、清浄を看るために心を固定し、外を照らすために心を活性化させ、内を悟るために心を集中せよ"と指導しています。彼らはこれが彼らの教えだと宣言しています。あなたは今日、禅を教えるのに、なにゆえ坐して禅定することを教えないのですか。なにゆえ"心を凝らして禅定に入り、清浄を看るために心を固定し、外を照らすために心を活性化させ、内を悟るために心を集中せよ"と指導しないのですか？ ならば、坐禅

とは、如何なるものなのでしょうか？」

神会和尚が答えた。「坐禅して"心を凝らして禅定に入り"云々と教えることは、目覚め（悟り）を妨げることである。今、私が"坐"というとき、"考えが起こらないこと"を"坐"というのである。今、私が"禅"というとき、"根本的な自性を見ること"を"禅"といっているのである。それゆえ私は、身体を坐せしめ、心を固着させて禅定に入れ、とは教えないのだ。もしもそのような教えが正しいならば、舎利弗が坐して禅定に入っていたのを、維摩詰は決して叱責しなかったはずではないか」。

崇遠法師が問う。「普寂禅師が"南宗"という名称を使うことが、なぜ許されないのでしょうか？」

和尚が答えた。「神秀和尚が存命の時、中国で道を学ぶ人々はみな二人の瞑想の指導者のことを"南の恵能""北の神秀"と呼んでいた。このことは誰もが知っている。この呼称によって南北の二つの宗ができたのである。普寂禅師は実に玉泉寺の神秀禅師の弟子であり、自ら〔恵能が住んでいた〕韶州に行ったことは断じてない。それなのに彼は今、妄りに自らを"南宗"と称している。だから許すことができないのである」。[15]

これは衝撃的な言い分である。公開の討論という形式を使い、神会は芝居がかった鋭い言葉で「北宗」に対する攻撃を演じてみせたのである。「北宗」という言葉は、神会が自分で作り出して神秀とその弟子たちに当てはめたものであった。それは、明らかに侮蔑的で、論争的に歪曲されたものであったけれども、「北宗」というこの名称はただちに人々に受け入れられた。以上のことから我々は、このゆるやかな修行者の集団のうちのあるメンバーたちが、自分たちの教えを表示するために実際に「南宗」という名称を使っていたことを推測できる（この推測を補強する証拠はほかにもある）。神会は積極的に禅の歴史を作り直すことに携わったのである。そして、いわゆる「北宗」を激しく批判する時にさえ、彼が当の「北宗」の所説から多くのものを

借用していることを認識しておかねばならない。たとえば、禅の唯一の正統として菩提達摩から恵能に至る——そして暗示的に神会自身に至る——伝法系譜を確立しようと努力する時にさえ、神会は普寂の真似をして、自分の法系の祖師を祀る堂を建てているのである[16]。当初、禅の系譜のモデルの基本的輪郭を生み出したのは「北宗」であったが、その単線的な性格を明確に際立たせたのは、ほかならぬ神会であった。神会の禅定の実践に関する思想も、弘忍の論書や神秀の著作に示された考え方を受け継いでいる。ただし、心理的な操作の価値を否定することについては、それ以上に露骨であったが。

　神会は禅の伝統の中ではユニークな宗教的ペルソナ（人格）であった。彼の使命は布教師たることであった。彼は、献身的な修行者がさまざまな問題や精神的な修養の段階を通して骨折っている時にそれを辛抱強く導きつづけるといった、標準的な瞑想の指導者のパターンには合致しない。その代わりに彼が生涯をかけた仕事は、人々に霊感を与える演説家、サンガのための勧誘者、教団と政府のために資金を調達する勧募者、そうした役割を果たしつつ戒壇というステージの上で演技をすることだったのである[17]。神会の使命は信者に霊感を与え、すべての衆生に完全な悟りを達成しようという真摯な求道心を起こさせることであった（これは菩薩であるための最重要の条件である菩提心を起こさせる契機となる）。彼はその芝居がかった、そして霊感的なスタイルで大衆を集めることができる練達の説教師だったのである。

　説教を聴いている場においてさえ聴衆に悟りへの最初の契機——菩提心——を起こさせようと、神会がいかに努めていたか、そのようすを示す例が次にある（『南陽和上頓教解脱禅門直了性壇語』）。

　　友よ、皆さんがここに来られたのは、無上の菩提心を起こすためです。仏や菩薩や真に精神的な仲間に出逢うことは非常に難しいことです。今日、あなた方は今までに聞いたこともないようなことを聞くでしょう。過去においては出逢ったことがないでしょうが、今日はそれに出逢うことができるのです。

　　『涅槃経』にこうあります。「仏陀が迦葉に問う、"兜率天から芥子の種

を投げ下として、地上にある針の先端に命中させることは難しいか？"迦葉菩薩は答える、"それはきわめて難しいことです。世尊よ"。仏陀が、迦葉に言った、"そんなことは難しくはない。正しい因が正しい縁に出逢う、そのことこそが難しいのだ"と。

　では、正しい因、正しい縁とは何でしょうか？　友よ、皆さんが無上の菩提心を起こすことが正しい因です。仏陀や菩薩たち、そして真に精神的な仲間がこの無上の菩提心を皆さんの心に投げ入れて究極の悟りを達成させてくれる、それが正しい縁なのです。この因と縁との二つが出逢うことはすばらしいことです。皆さん一人ひとりが菩提心を起こさなければならないのです。

　皆さんはすでに智慧の完成を学ぶために、この戒壇に来られました。ですから私は皆さん一人ひとりに、無上の菩提心を、心で起こし、口で唱えて、ほかならぬこの場で、中道の第一義の意味を悟っていただきたいのです。[18]

　ある現代中国の解説者は神会の「まったく禅ではない新しい禅」の創造を大いに評価した。禅定の実践を排除した、仏教に対する禅宗の新しいアプローチだというのである[19]。しかし、神会の著作に禅定の実践がまったく欠如している理由は、禅定がもはや禅の修行訓練から排除されたということではなく、神会の個人的な使命が、発心（ほっしん）した修行者の精神的な教師でなく、むしろ布教師であり、勧誘者であり、勧進者であったからである。これは禅の僧院の一般的なあり方を反映するものではなく、神会の特別な宗教的個性によるものである。

　神会が継続的な精神的修養に関心をもったという証拠は、まったく無い。そして、彼の法系はさして長く存続しなかった。彼の数名の直弟子たちの名前が知られてはいるが、歴史的に重要な人物は一人もいない（むろん、こう決めつけることは現代の歴史方法論的感覚による）。彼の数世代後の最も有名な後継者とされる人物（宗密）でさえも、実際には彼の後裔でなく、同じ名前の別の人物の法孫であったらしい（これは禅学の法則第二の好例である。

「法系の主張は、それが強力であればあるほど、真実から離れている」。禅の進化における神会のきわめて重要な影響は、どこか他のところに求めなければならない)。

3 牛頭禅——分派の危機の解消

　神秀門下に対する神会の攻撃は、北宗・南宗という、新たに規定された二つの分派の間の鋭い対立的分裂を作り出し、初期の禅宗に危機をもたらした。だが、この危機は、第三の党派、牛頭宗（ごず）の出現と『六祖壇経』（ろくそだんきょう）の作成によって解消される。同世代の僧侶たちに対する、神会の名指しの性急な批判は、前例の無いものであった。その批判によって彼の主張が多く受け入れられた時でさえ、神会自身は糾弾を受けねばならなかった。「北宗」の教えは漸進主義であるという彼の誇張された戯画化は、すべての人に受け入れられたわけではないかもしれない。しかし「北宗」は神会の想像力による人工的産物だったので、人々はその弁護にほとんど力を費やさなかった。頓悟（とんご）（特に霊感の最初の瞬間）は善くて、漸悟（ぜんご）（完全な理解に向けての漸進的進歩）は悪い、という、神会の単純な価値体系は受け入れられなかったものの、彼の好戦的な大言壮語によって、他のあらゆる人々は、二元的あるいは漸進的と攻撃されるかもしれない明確な表現を躊躇するようになった。そのため、あとに続く禅のテキストは、言わず語らずという「修辞的純粋性の法則」（rule of rhetorical purity）を遵守するようになり、特定の瞑想の実践についての直接的な議論を避けるようになっていった。どのような方法も、定義の仕方によっては、何らかの点において漸進的だからである。

　かてて加えて、8世紀後半の数十年の記録には、「南」と「北」、「頓」と「漸」との鋭い対立を消し去ろうとする試みが見出される[20]。以下は、そのいくつかの例である。

　第一は、詩僧皎然（こうねん）（730-799）による「恵能と神秀——二人の祖師への追悼」（「能秀二祖賛」）の詩である。

二公之心	この二人の心は
如月如日	太陽と月のようである
四方無雲	四方にまったく雲なく
当空而出	彼らは空間に出現する
三乗同軌	三乗は同じ道を共有し
万法斯一	万(よろず)の教えはひとつである
南北分宗	「北宗と南宗との分裂」は
亦言之失	言葉の誤りによるものでしかない

　皎然は、菩提達摩、智顗(ちぎ)（天台宗の開祖）、「北宗」の僧老安(ろうあん)（709遷化）と普寂、恵能と神秀、伝説的な宝誌(ほうし)（418?-514?）、神秀（個人として）、そして牛頭宗の玄素(げんそ)（668-752）のために追悼の作品を書いている。しかし、恵能個人のために書いたものはない。

　次に、有名な詩人の柳宗元（773-819）が牛頭宗のある僧のために書いた碑銘に、次のような一文が含まれている（「龍安海禅師碑」）。

　　仏教を損なうもののなかで最もひどい逸脱は、「禅」という語の使用である。物事を汚す執着、真実からの離脱をきたす分別。そのような真実からの離脱と虚偽の増大は、現在と過去を合わせた全空間よりも甚だしい。このような愚かしい間違いと迷いの放逸は、自身を卑しくし、禅を誤って伝え、そして仏教の教えを傷つけるものでしかない。このような過ちを犯す人々は、愚昧と放埒を特徴とする。……〔如海師(にょかい)（碑銘の対象者）〕はかつて言った、……〔嗣法の後〕神秀と恵能、北と南は、争える虎のように誹りあい、肩をぶつけあっている。そのせいで、道は隠されてしまった、と。

　最後に、牛頭宗の重要な人物の陳述がある（安国玄挺、『宗鏡録』巻98）。

在家の外護者が訊ねた、「あなたは南宗の門下ですか？ それとも北宗の門下ですか？」 彼は答えた、「私は南宗にも北宗にも属さない。心こそが私の宗とするところである」。[21]

それではこの「牛頭宗」の影響は、どのようなものであったのか？ この宗派は8世紀の後半に、文学的創造性によって知られる僧たちの間で起こった。彼らは禅の伝統と深い繋がりを感じていたが、法系としては自らを、北宗からも南宗からも離れたものと規定していた。しかし、少なくともその成員の何人かは、神会によって六祖として称揚された恵能という人物像には魅せられていた。780年頃の成立とされている最初のバージョンの『六祖壇経』は、禅の理解のための物語的な枠組みを創り出すために、牛頭宗の思想を有効に利用している（下の94ページを参照）。

牛頭宗は、単に北宗と南宗との間の闘争の激しさを緩和しただけでなく、神会が生み出したひどく苦痛な分裂を超克するのに有用な、新しい修辞的道具を作り出した。そうした努力の底流にある哲学は、下に引用する『絶観論（ぜっかんろん）』の一節に示されている。この想像力豊かなテキストは、「入理先生（にゅうり）」という名の理想化された師匠と、その弟子である「縁門（えんもん）」との対話として示される。そこに生み出されたものは、最も有意義な種類のフィクションである。そこには師と弟子の間の精神的な対話が描き出され、その問答を通じて弟子は悟りに導かれてゆくのである。

　　入理先生は沈黙して何も言わなかった。縁門は突然立ち上がって入理先生にたずねた、「心とは何でしょうか？ 心を安んずるとはどういうことでしょうか？」〔先生は〕答えた、「心を措定してはならないし、安んじようとしてもならない。これを、心を安んずる、と言うのである」。
　　問い、「もしも心がなければ、どのようにして悟り（道）を養うのですか？」[22] 答え、「悟りは心で考え事をすることではない。悟りが心の中に起こることが、どうしてあり得よう？」 問い、「もしも心で考えることができなければ、どのようにして考えることができるのでしょう

3　牛頭禅　　85

か？」 答え、「もし、さまざまな考え事があれば、心が有る。心が有ることは、悟りに反する。考え事がなければ、心は無い。心が無いのが、ほんとうの悟りである」。……問い、「無心の中には、どのような物があるのでしょうか？」 答え、「無心には"物"はない。物がないことが自然な真実（天真）である。その自然な真実が大いなる悟り（大道）なのである」。……

問い、「何をすればよいのでしょうか？」 答え、「何もしないのがよい」。問い、「今、私は、前よりもこの教えがわからなくなりました」。答え、「法には理解ということがない。理解しようとしてはならない」。……問い、「誰がこれらの言葉を教えるのですか？」 答え、「それは私が問われたからだ」。問い、「問われたから、とはどういうことですか？」 答え、「君が自分の問いをよく考えてみれば、その答えも同じく理解されるであろう」。

ここにおいて、縁門は沈黙した。そして、彼はすべてのことをもう一度考え直してみた。入理先生が問う、「どうして君は何も言わないのか？」 縁門が答える、「説明できるようなものを、私は微塵ほども見ておりませぬ」。ここにおいて入理先生は縁門に言った、「君は真実の道理を見極めたようだ」。

縁門が問う、「あなたは、どうして"見極めたようだ"などと言って、私が〔真実の道理を〕"正しく見た"とは言われないのですか？」 入理先生は答えた、「今、君が見たのは、すべての存在の非存在性なのだ。これはたとえば、自分を透明人間とする術を学んでいる外道（げどう）が、自分の影や足跡を壊すことができないようなものだ」。縁門が問う、「形も影も破壊してしまうにはどうすればよいのですか？」 入理先生は答えた、「心とその感覚的な対象物は根本的に存在しない。無常（むじょう）という見も、ことさら起こしてはならない」。

問い、「もしも人がその身体の形を変えないで〔如来に〕成れるのなら、どうして難しいと言えるのですか？」 答え、「故意に心を起こすこ

とは易しいが、心を消滅させることは難しい。自分の身体を肯定することは易しいが、否定することは難しい。作為することは易しいが、作為しないことは難しい。それゆえ神秘的な達成はなしがたいのだと理解せよ。微妙な道理と一つになることは難しい。無為が真実である。三つの〔劣った乗物の〕人々がこれを会得することは、ほとんどない」。

　ここにおいて、縁門は、長いため息をつく。彼の声は十方を埋め尽くす。突然、静寂の中で、彼は広大な悟りを経験した。彼の純粋な智慧の神秘的な輝きが、疑いなくその返照の中に自らを顕わした。彼ははじめて、精神的な訓練が甚だ難しいこと、そして今まで迷いの心配事に取り囲まれていたことを悟った。そこで彼は高らかに感嘆して言った、「素晴らしい！ あなたが教えることなくして教えてくださったように、私は聞くことなくして聞きました……」。[23]

　このテキストは、少なくとも二つの理由で重要である。第一に、そして最も大切なのは、師と弟子のやりとりを、(1)後者がまず質問を始め、(2)ついで目的からははずれた中間的な悟りを一時的に得、(3)そしてその後に最終的な悟りを得るに至る、という過程として描き出していることである。これは、開悟の過程を明らかな仮構の表現で——つまり劇的な台本として——描写することを狙った、8世紀後半成立の多数のテキストのほんの一例に過ぎない。筆記されたテキストが現実の歴史的な弟子の言葉を含んでいなければならないということは、まだ考えられていなかったのである。この観察は、筆記された「機縁問答（きえんもんどう）」の発生に関わる。我々はのちほど、次章においてこの件に戻ってくるであろう。

　第二に、この引用の三段階の構造に注目すべきである。「頓」と「漸」という神会の単純な二元対立的価値観とは対照的に、ここには、(1)最初の問いかけ、(2)中間的な悟り、(3)そして最終的な悟り、という三段階のパターンが示されている。牛頭宗の書物を厳密に点検すると、彼らの教えが、頻繁に三段階の論理形式を使って書かれていることがわかる。それは智顗の「空（くう）」「仮（け）」「中（ちゅう）」の三諦（さんだい）に類似している[24]。また構造的に、ヘーゲルの「正」「反」

「合」とも似ていよう。しかしこの場合、第二の要素は、大乗の根本的な概念である「空」（śūnyatā）を適用することによって、そのインパクトを達成する。事実、同様の三分割構造は、少なくとも一人のインド中観派の重要な哲学者の思想の中で明確である[25]。つまり、最初の段階で仏教の表現がなされ、第二の段階の中でその表現の用語が消し去られる。そして、それによって仏教の理解は第三の段階における新しい次元の高みへと引き上げられるのである。このパターンの重要性は、我々が初期禅の最高傑作である『六祖壇経』を点検する時に、はじめて明らかになるであろう。

4　初期禅のクライマックス・テキストとしての『六祖壇経』

『六祖壇経』はおよそ 780 年ごろに出現する。そこに語られている事件が起こったと想定されている時から、一世紀以上も後のことである。多くの学者が、そのテキストの、何がしか恵能その人の生存時代にまで遡れるような「初源」あるいは「核心」的な内容を確定しようと苦心を重ねてきた。しかしそれらの骨折りは、まったくの徒労だった。我々が手にすることのできる文献の起源が後代のものでしかないことが、確証されるに終わったのである。このテキストについては、何か奇跡的な発見でもない限り、最初に発見されたとおり、敦煌本の範囲内で考察するしかない。しかし、それで満足すべきであろう。というのは、このテキストの最も早いバージョンである敦煌本は、初期禅の極致を示すみごとな作品だからである。それは禅の実践の新たな道を示唆していると同時に、過去に対する新しい理解のしかたを創出した傑作でもあった。

『六祖壇経』の中心となるのは、以下の物語である[26]。

人生の最後の時が近づいたので、五祖弘忍は門弟たち全員に、自身の悟りのレベルを示す「心偈（しんげ）」を作るよう命じた。提出されたそれらの偈頌（げじゅ）のなかに仏教の真の理解を表現しているものが一つでもあれば、それを書いた者に五祖の法衣と六祖の地位を授けよう、と。だが、ただの一人を除いて、門弟たちはみな五祖の命令を無視した。禅の宗団の次の指導者だと彼らが感じて

いた人物、すなわち神秀に、敬意を払ってのことである。神秀自身は自分の師匠の要請に心を騒がせながら、しかし、ひそかにこう考えた。

「自分が彼らの教授師なので、彼らは心偈を提出しないのだろう。もしも私が心偈を差し出さなければ、五祖はどうして私の心中の理解の程度を評価することができようか？ ……もしも私が法を得ようと意図して五祖に心偈を提出するのなら、それは正当だろう。しかし、私が祖師の位を求めているのであれば、それは決して正当ではない。それは、凡人が聖人の位を簒奪するようなものだからだ。しかし、もし私が自分の心を差し出さなければ、私は法を学ぶことができないだろう」。

かくして神秀は、ついに偈頌を書いた。だが、それが価値あるものかどうか、そして祖師の位を求めることが正当か否か、あまり確信がもてなかったので、僧院の廊下の壁にその詩を匿名で書きつけた。真夜中に人々が寝静まってからそうしたので、誰もそれを見た者はなかった。神秀の偈は次のようであった。

　　身是菩提樹　　身体は菩提樹である
　　心如明鏡台　　心は明るい鏡の台のようである
　　時時勤払拭　　いつも勤めてそれを磨き
　　莫使有塵埃　　塵埃をつけぬようにせねばならぬ

次の朝、廊下の壁に書きつけられたこの偈を見て、弘忍は『楞伽経』の物語の絵を画師に描かせようとしていた計画を中止した。彼は神秀の偈を高く賞賛し、将来、悪趣に落ちるのを避けるため、この偈を唱えるようにと門弟たちに命じた。しかし、その一方でひそかに高弟神秀を呼び、この偈はまだ真の理解を表現していないので、法を得るためにもう一首詩を書くように、と命じた。だが、結局、神秀はそれを果たせなかった。

話はかわって、中国のはるか南方の辺地から来た恵能という無学な俗人が、

米搗きをして働いていた。彼は弘忍が将来の後継ぎについて指示したことなど、何も知らない。ある日、一人の小僧が神秀の偈を唱えながら米搗き小屋のそばを通り過ぎるのを耳にして、恵能はすぐさま、その偈の作者は仏教の「真髄の意味」をまだ理解していない、と覚った。その小僧は、恵能に事のあらましを説明した。恵能はその偈が書かれてある廊下の壁に案内してくれるよう、小僧に頼んだ。字が読めなかった恵能は、人に乞うて自分の詩を書きつけてもらった。

　実は、最古のバージョンの『六祖壇経』には、恵能の作として、異なった二首の偈が掲げられている。

　　菩提本無樹　　菩提にはもともと樹など無い
　　明鏡亦無台　　鏡にもまた台など無い
　　仏性常清浄　　仏性はいつも明らかで純粋である
　　何処有塵埃　　塵埃などドコに有ろう？

　　心是菩提樹　　心は菩提樹である
　　身為明鏡台　　身体は明るい鏡の台である
　　明鏡本清浄　　明鏡はもともと明らかで純粋である
　　何処染塵埃　　塵埃などドコに着こう？

　明らかに、編者はどちらがよいか決めかねたのである！　後のバージョンでは、この無様さは解消され、有名な第三句が付け加えられる。

　　菩提本無樹　　菩提にはもともと樹など無い
　　明鏡亦非台　　明るい鏡もまた台などではない
　　本来無一物　　もともと何物も存在しない
　　何処惹塵埃　　塵埃などドコにおころう？

　敦煌本の基本的な物語によると、弘忍は公衆の面前では恵能の偈を無視し

た。しかし、夜が更けてから、彼はひそかにその行者に『金剛経』の究極の教えを教授した。恵能は即座にその甚深の意味を会得し、頓教と五祖の袈裟の伝授を受け、その夜のうちにひそかに僧院を抜け出した。

　これは禅の伝統において、最も尊重された伝説の一つである。私は物語の筋書きのほんのさわりを紹介しただけである。しかし、この最小限の細部によっても、『六祖壇経』が新しい宗教的ヴィジョンを暗示すると同時に、禅の進化の新しい歴史的な説明を創り出そうとしていた、いくつもの筋道を見出すことができる。

　第一に、そのいくつかの細部において、『六祖壇経』の説明は歴史的寓話として書かれている。たとえば、その物語の中で暗示されている『楞伽経』から『金剛経』への変遷——つまり、『楞伽経』の絵画の作成を中止したことと弘忍が恵能に『金剛経』を伝授したこと——は、8世紀のいつ頃からか、この二つのテキストの間に人気の変遷があったことと対応している。『楞伽経』は具体的に研究されていたというよりは、抽象的に崇拝されていただけなので、禅における位置は常に曖昧なものであった。しかし、『楞伽経』は一般的に「北宗」の禅師たちと関連づけられていた。神会は、その当時、中国の伝統全般を通じて広く人気を獲得しつつあった『金剛経』に対し、それを好んだ唯一の人物ではなかったにせよ、最初の僧侶の一人ではあった。それゆえに荒っぽく言えば、『六祖壇経』の中でこれら二つの経典は「北宗」と「南宗」を象徴しているのである。また、弘忍の教団の中で神秀が傑出していたことと恵能の地位が低かったことは、『六祖壇経』が創作される以前の両派の勢力の相対的な強弱を反映している。このテキストとほぼ同時に書かれた伝記や『六祖壇経』自身の後代のバージョンの中で、恵能は法を嗣いでから十六年間、身を隠していたと述べられている。このことは、恵能の記憶につながる運動が当初脆弱であったことを可視的に示すものである。

　第二に、この物語が神会に何ら言及していないことは重要である。一方、神会の著作のほうでも、「心偈」についても、『六祖壇経』中の他の物語についても、何らふれる所がない。このことは、それらの偈頌が神会の死後に作られたものであることを示す重要な手がかりである。少なく見積もっても、

神会が六祖恵能の代理人として精力的に論陣を張り、頓悟の教えを強硬に擁護する以前には、それらの偈頌が書かれることなどあり得なかったであろう。言い換えれば、『六祖壇経』の最も重要な特徴は、神会の革新を組み入れながら、しかも神会自身を物語から排除してしまっている点にある。上に述べたように、禅の進化に対する理解を変容せしめたのは神会その人にほかならない。しかし、彼の運動の分派主義的性向が、彼自身に汚名を着せることともなったのであった。

　それにしても、我々はこれらの偈頌そのものを、いかに理解すべきなのであろうか？　禅と華厳の偉大な体系的哲学者、宗密（780-841）以来の伝統的解釈では、神秀の偈は漸進主義、恵能の偈は頓悟主義——悟りは全体的で即時的な単一の変容において起こる、という立場——をそれぞれ代表するものとされてきた。だが、この単純すぎる説明は受け入れがたい（宗密は自分が神会からの法を継いでいると作為的に主張したが、神会の教えと『六祖壇経』との間の歴然とした相違を考えると、宗密の解釈は原文の便宜的な歪曲と認識するべきであろう）。第一に、神秀の作とされる偈は、本当のところは、漸進主義的あるいは向上主義的な努力を主張しているのではない。そうではなくて、鏡を掃除する不断の修行を説いているのである。それゆえ、宗密の伝統的解釈は、概念上正しくない。第二に、恵能の作とされる偈は、それだけでは成立しない（彼に帰せられる偈のどの変形体もそうである）。それは神秀の偈を前提としなければ理解しがたいものである。これら二つの偈は不可分の一対をなしている。つまり、一対の極性を示しているのであって、異なった二つの教えを示しているのではない。どちらの偈も、神秀と恵能という二人の歴史的人物の宗教的な教えを解く鍵として利用するには、不適当なのである。

　さらに、「神秀」の偈の中で作られた等式を、いかに理解すべきか？　第一句の等式の場合、両側にあるのはともに有形のものであり、身体を菩提樹と見なすのは容易であろう。あたかも菩提樹が釈迦牟尼の悟りの場にあったのと同じく、有形の身体は個々の人間の悟りの場でなくてはならない。しかし、第二句において、心はどうして鏡の台のようであり得るのか？　多くの「神

秀」の偈の翻訳は「台」に言及するのを避け、ただ単に「心は鏡のようだ」ととる。しかし、この解釈は率直に言って誤りである[27]。解答は、神秀の論書の次の一節の中にある(『観心論』)。

> また、永遠の輝きのランプ〔つまり、誓願の灯火〕は真に悟った心である。人の智慧が輝いて明晰である時、それはランプのようである。それゆえ、解脱を求めるすべての人々は、常に、身体はランプの台、心はランプの皿、信はランプの芯だと見なすのである。道徳的な訓練の増加は灯油を追加することだと考えられる。智慧が輝きゆきわたることは、ランプの炎〔あるいはその明るさ〕に似る。もし人が、真如にかなった正しき悟りのランプを燃やし続けるならば、その照明は愚痴と無明の闇を全面的に破るであろう。[28]

歴史上の神秀が、『六祖壇経』で神秀の作とされているような偈を書いた、あるいは、心と鏡の台の間に比喩的な同一性があるとした、という明白な証拠はない。しかし、仮にそうしたとするならば、それは彼自身の性格からいって、まさにふさわしいことではあった。彼がいかにしてこの比喩を生み出したかを推察せねばならないとしたら、彼は上の一節に紹介したような論理を使ったのだろうと結論できる。つまり、あらゆる仏教経典に含まれるすべての要素を「観心」の「不断の修行」の表現として解釈するという彼の「方便」において、神秀は、身体を悟りのための総合的な環境(菩提樹)、心の感覚的・知性的な活動を悟りのための最も近い土台(鏡の台)、そして純粋な悟りの心それ自体を鏡の明るい表面、そして鏡に埃をつけず清らかに保つための払拭の営みを、仏教の戒律や僧院の規矩を保つ標準的な整備作業、と規定したのではなかろうか[29]。神秀と関わりのあるテキストの最も包括的な読み方によると、彼の基本的なメッセージは、不断にして完全なる教え――「円教」――である。それが、自らを通して菩薩の理想を果てしなく顕現させてゆく修行のことであるのは、明らかである。

こうして一瞥しただけでも、『六祖壇経』の匿名の著者が、神秀の教えを

漸進主義の初級コースと考えていたと看るよりも、それを注目すべき深いものとして叙述したと看るほうが、よほど道理に適っていることが分かる。目的は恵能の教えの優越性を示すことにあるのだから、著しく劣ったもの——ことに神会以後、漸進主義はそう考えられていた——と比較するべきではなく、何かそれ自体優れていると認められるようなものとこそ対比すべきであろう。たとえば、もし私が新しい数学の理論を提唱しようとするならば、私はそれを小学校の算数とではなく、もっと高度なものと比較するであろう。

恵能の偈は明確な頓悟主義を示してはいない。ただ神秀の偈の用語の逆を言うだけ、もしくは否定しているだけである。そして、これら二組の偈は、漸悟か頓悟かの二者択一を提示しているのではなく、また対立する二つの法系の明確な教義を述べているのでもない。これを牛頭禅の入理先生とその弟子縁門とのやりとりに比べてみれば、その相似は明らかであろう。『六祖壇経』は、牛頭宗の思想に見出せるのと同じ、三段階の論法を使っているのである。すなわち、(1)仏教の教えのありうる最高の表現として、まず初めに公式的な用語によって不断の修行の教えが措定される。(2)そのうえで恵能の偈が、空のレトリックを適用することで、その公式的用語の実体性を抉り取る。しかし、最初の命題の基本的な意味は、第二の命題によって鮮明な輪郭を除去されたあとの影のように、まだ残っている。(3)かくて第三の、そして最後の命題は、このように第一の仮定の命題と第二の消去の命題を含みながら、今やその明確すぎる輪郭を剥ぎ取られている。『六祖壇経』においてこの第三の命題は、テキスト全体のバランスのなかで、言わず語らずに示されているのである。この文献は仏教の究極的な教えの表現を「修辞的純粋性の法則」に背かないようなあり方で包んでいるのである。

『六祖壇経』のなかの恵能の説教は、いささか支離滅裂ではあるものの、初期禅の教えの素晴らしい雑纂となっている。それは8世紀後半までの禅の伝統のすべてを含む、実質的な宝庫である。それらの説法の核心にあるものは、菩提達摩や弘忍の名で書かれたテキストにおいて見られたのと同種の理解に立つ仏性論である。そこには、根本的な仏性は、ただ迷妄に遮られているために凡夫に見えなくなっているに過ぎないという思想が含まれている。むろ

ん、禅定と智慧とが一等であるという教義とともに、「北宗」の禅定実践に対する批判についても、神会の説からの明らかな借用がある。だが、このテキストのなかの恵能は、神会の二項対立的公式の排除を意図している。「頓」と「漸」の別は修行者の素質のうちにあるに過ぎないと繰り返し警告されているし、説法全体においても、禅定修行に対して、神会とは異質な姿勢が確立されているのである。そして、『六祖壇経』全体の雰囲気として、「頓」「漸」の区別は神会の場合のような端的に論争的な優劣ではなく、むしろ、周知のように、扱いにくい課題、つまり仏教の精神的修養に対して採用すべき基本的な姿勢を記述しようとする、種々のニュアンスを含んだ試みとなっているのである。のみならず、このテキストは、在家者がこのプロセスに全面的に参加することを明快に許容している。これは出家の勧誘者であり勧進者であった神会が、決してなさなかったことであった（神会にとって在家者は、改心させ出家させるべき対象であり、いくつかの場合には、彼の活動に権威を与えてくれる優れた文人官僚たちであった）。『六祖壇経』は、仏教の一般的な見解を禅定の教訓として再解釈するスタイルを受け継いでいるが、それはもともと神秀によって開発され、神会によってある程度の手入れをされ、そして、牛頭宗によっていっそうの発展を与えられたものであった[30]。

　『六祖壇経』のなかで、恵能自身が語ったものとして記されている説法は、多様な解釈の対象とされてきた。それは私のここでの扱いよりも、よりいっそう広汎な注目を受けるに値する。だが今は、このテキストの開かれた性格を認識するだけで充分であろう。すなわち、この有名な経典は、禅の伝統におけるある特定の発展段階を完成させる働きをしたが、それはそれ以後の教義的展開に対して閉ざされていたわけではない。事実、テキストそれ自体が、その後、何世紀にもわたって、しばしば増補されていった。このことは、ある意味、中国禅の信奉者たちが『六祖壇経』の教えの示し方に満足するまでに、相当の時間がかかったことを示すものである（将来、学者たちは、禅の展開の索引として、このテキストに対する増広と修正のあとを調査することができるだろう）。しかし、続いて起こる禅の進展は、『六祖壇経』を無視して通り過ぎていったとも言える。つまり、このテキストは、精神的修養の形

態としての機縁問答が発生するための舞台の準備には貢献したが、しかし、どんな時代にも通用する経典であるよりは、むしろ、ひとつの時代の偉大な頂点を代表するものとなったのであった。『六祖壇経』は敦煌本の発見によって20世紀に大いに注目を浴び、今では世界中の禅の教団でこのうえなく広く普及している。しかし、『六祖壇経』が中国の宋代や日本の鎌倉時代にはそれほど広く用いられていなかったということも、記憶にとどめておく必要があるであろう[31]。

『六祖壇経』冒頭の逸話について、言っておかなければならないことが、他にもある。たとえば読者は、この物語に描かれている出来事が実際に起こったのかと考えられるかもしれない。しかし、そのような可能性はまったくない。この物語は、みごとな、そして宗教的に重要な虚構である、そう明快に言い切ることができる。どうして、明確にそう言えるのか？　第一に、神秀は弘忍が教え始めたごく初期のころ、数年その膝下で修行した人である。したがって、問題の事件が起こったと想定される時点において、神秀はその舞台の上のどこにも存在していなかったはずである。第二に、弘忍の後半生に当たる段階では、一人の個人を後継者として選んで「六祖」とするという観念そのものがまだ見られなかった。禅の「単伝」という観念——祖師の正統の後継者はただ一人しかいないという観念——は、後になって神会の思想の中で出現したものである[32]。第三に、もしも、物語の名人であり、恵能を六祖として顕彰することに命をかけていた神会がその事件を知っていたとしたら、この物語を彼の著作の中に取り込まなかったはずはない。740年ごろ、神会が恵能の生涯の細部についてほとんど知らなかったということを示す、確たる証拠がある。神会が恵能の生涯に装飾を施そうと考えついたのが、彼の活動のかなり後期になってからだということには、確実とは言えぬまでも、かなり高い蓋然性がある[33]。

また、『六祖壇経』の偈が——神秀の作とされるものだけでなく、恵能のものさえもが——「南宗」ではなく「北宗」の書物を使って生み出されたことを示す証拠がいくつかある。「北宗」の書物の中に、すでに「菩提への道」と身体の菩提樹としての平静さに関する言及、および「一物」も見てはなら

ぬという示唆があることは、すでに見た（『五方便』、78 ページ参照）。さらに、ある敦煌写本のうちに「北宗」同様の「如のなかには、実に元来一物も無い」という小節を含む数多くの比喩が含まれていることは、この文脈において重要である（P. 2192『法句経疏』）。この一節の核心となる中国語「元来是無一物」は、後の『六祖壇経』の有名な恵能の偈の第三句「本来無一物」とよく似ている。このことは『壇経』が、元来「北宗」のスタイルないし文脈で伝えられていた思想をもとに改作されたことを示していよう。「北宗」が宮廷の文人社会や仏教界との繋がりをもった、かなり大規模な運動を指しているのに対し、神会や恵能の「南宗」は、東部やはるか南方の田舎からの小さな声にすぎなかった。後者に関する伝統を作り出すのに、前者に由来する素材を使ったとしても、さして驚くには当たるまい[34]。

5　無学な聖人としての恵能と禅の展開

　最後に、伝説的人物としての恵能その人について、手短かに吟味しておこう。『六祖壇経』の第一の衝撃は、その教義よりも、むしろ恵能の人物像を通して感じられたのだから。
　歴史上の恵能は、上に「北宗」の名で言及した指導者たちから成る、ゆるやかな組織の正式のメンバーの一人であったようである。彼の名は、8 世紀初頭の「灯史」のテキストのうちに弘忍の十大弟子の一人として記されている。中国のはるか南部の曹渓（そうけい）に住んでいたために、ごく地域的な重要性しかもたなかった一人として、ではあるが（『楞伽師資記』弘忍章引『楞伽人法志』）。恵能の名は、弘忍の追想のために捧げられた敦煌文献のうちにもう一度出てくる。そこでは、他の人物たちとともに彼についても簡潔に引用されているが、歴史上の恵能と関連するかもしれない特定の思想は何も述べられていない（P. 3559『先徳集於双峰山塔各談玄理十二』）。他の箇所では、恵能の死後、彼の居宅が寺院に変えられたとされている（『曹渓大師伝』等）。もしそれが本当なら、彼の家族はその地方で、ある程度、名望ある存在だったのだろう。これは注目すべきことである。あるいは驚くべきことでさえある。神会は自分の

師匠であると想定される人物について、ほとんど何も知らなかったということになるからである。神会は恵能から、悟りの認可以上のものはほぼ何も得ていないようである（いうまでもなく、これは菩提達摩と恵可の関係に比することができる）。おそらく、歴史上の恵能は、まずまず普通の中国の僧侶だったと考えて、それほど外れてはいないだろう。かりに百歩譲って、その教えと他の「北宗」のメンバーたちの教えとの間に相違があったとしても、それはごくわずかなものでしかなかったはずである。

　上に描写した像とは対照的に、『六祖壇経』に描かれる伝説上の恵能は、南方の辺地出身の無学の在家者である。彼の家族は、彼が薪売りで糊口をしのがなければならぬほど貧窮に身をやつしていた。だが、卑しい出身ながら、この恵能という人物は、中国のあらゆる道徳的資質のなかで最高のものに恵まれていた。彼は、夫に早く死なれた母を養う「孝子」だったのである。身分の卑しい謙虚な逸材というイメージが、かつて弘忍に結びつけられていた聖人伝説からの発展であることは疑いない。弘忍は、昼間は坐禅をし、夜は家畜の世話をしたという。これらすべての資質において、恵能は、当時の仏教サンガを支配していた高度に文化的で社会的に進んだ僧侶たちとはきわめて対照的であった。かたや神秀のほうは、実にそのようなタイプの僧の最高の例であった。仏教と世俗の学の双方において教養があり、上流階級の出身であり、しかもおそらく皇室との関係さえあったからである。だから彼は、社会的・経済的に、特権的な世界に慣れ親しんでいた。この意味で、歴史上の神秀と伝説上の恵能とのコントラストは、これ以上にないほど大きなものであった[35]。

　しかし、恵能のイメージは、外見上にのみ偶像破壊的であり、皮相的にのみ大衆主義的であった。進化する禅の系譜理論の面からいえば、『六祖壇経』のこの描写の目的は、誰でも——中国仏教のエリート僧たるべき資格が全面的に欠如していることの明らかな人でさえも——真に必要な資格さえ満たしていれば六祖に指名され得る、ということを示すことにあった。つまり、彼が生得的に悟っていた、と言いはることさえできれば、瑣末な点は克服する余地があったのである。この物語は、禅宗においては、本質的に重要なこの

条件さえ満たしていれば誰でも祖師の候補者となることができ、それ以外の条件は教団組織としてはどんなことでも度外視する、と示すために考案されたものである。表面的には、これは祖師の地位を誰にでも近づきうるものとしているかのようである。

　教育的・社会的な出自と関わりなく誰にでも開悟が可能であると示している点において、『六祖壇経』の物語には、確かに普遍救済論的な側面がある。しかし、禅の系譜の面からいえば、そこには逆説的な意味もある。「正しい」社会的資格を備えていなくても、禅宗はどこまでも正しい候補者を見出しにゆくのだ、そう説く時、『六祖壇経』の物語には、もうひとつ逆の意味があるのである。すなわち、後世の禅宗において、開悟して禅匠の後継者として選ばれ、法系の保持者となった人物たちは、社会的地位や家族関係、そのほか世俗的な資格についての考慮がその選定の際に主要な役割を果たしたように見えたとしても、実はみな一様に、悟った人としてのみ認定されているのだということである。かくして、卓越した偶像破壊的形象は、事実上は、社会的に保守的な正統派の学説の保持に奉仕した[36]。むろん、この逆説が『六祖壇経』の編者の心中に狙いとしてあったということ、またこのテキストの読者にそれが明白に読み取られていたということを、はっきり示す資料は何もない。だが、この論理は、のちに宋代禅の説法における偶像破壊主義の逆説的役割を考察する際にも重要となる。そこにおいて、この論理は、高度に儀式化され形式化された設定のなかで使われることになる。また、『六祖壇経』の中に見出される無学な聖人という人物像が、いわゆる古典的段階の中国禅の機縁問答の逸話を通してどのように鳴り響いているか、それを見ることも必要である。しかし、これらの問題を処理する前に、歴史的な文脈におけるいくつかの事柄を手短かに考察しておかなければならない。

6　その他の三組の出来事

　本書の焦点は、禅にある。しかし、中国仏教の一派である禅宗が、決して真空状態の中で発展したのでないことは忘れてはならない。禅の進化の道筋

を大きく変えた三つの、というより三組の、重要な出来事が、8世紀に起こっている。

　第一組の出来事は、中国仏教の舞台への、密教の登場である。近視眼的に禅の伝統にのみ焦点を当てる著者たちは、南宗がただその頓悟の教えの優越性によって「北宗」を推し退けたかのようにほのめかす。しかし、北宗と南宗との間の相違が提起されるよりはるか以前に、朝廷と都市の文人たちの注目は、すでに禅から逸れてしまっていた。善無畏（Śubhakarasiṃha, 637-735）が中国に到着したのは716年であった。迅速な精神的達成と比類ない世俗的権力の獲得の双方を約束するこの新たな仏教の解釈は、ただちに中国の人々を熱狂させた。そのすぐ後の720年、こんどは金剛智（Vajrabodhi, 671-741）が広州（広東省）に到着した。そして、不空（Amoghavajra, 705-774）は15歳のとき中国で金剛智の弟子となり、師の没後、インドに旅して746年に中国に帰った。インド人の注釈家とともに、もと「北宗」の僧でかつ原始的科学者でもあった一行（683-727）が、善無畏や金剛智の翻訳と教化の活動に協力した。これらの人々が8世紀のほとんどの期間、長安と洛陽の仏教界を席巻したのである。自身の精神的な進歩のみならず、病気の治癒、降雨と治水、さらには戦場における勝利をも含めた現世的利益をもたらす最大の呪力を得るために、人を宇宙の最も偉大な霊力と結びつけるという宗教的教えが、そこにあった。甚深の教えと観法のテクニック、そして厳粛な儀式の舞台の独特の結合によって、密教は中国、ひいては実に東アジア全体の、宗教的意識を圧倒したのであった。

　密教の教師たちが仏教界に出現するや、彼らと中国土着の禅匠たちとの間で、パトロン獲得の争いが不可避のものとなった。我々は、善無畏と神秀の弟子のひとり景賢（660-723）との出逢いに関する、長い記述を手にすることができる。我々の目的にとって、この出逢いの最も興味深い点は、インドから来た教師たちが、あからさまに禅的スタイルの禅定実践を批判したことである。いわく、「想念なき状態（無念）を究極のものとし、それを維持することに専注していたのでは、長く修行すればするほど、〔ゴールの〕達成は不可能になる」[37]。禅と密教の間にはいくつか確実な類似点がある（たと

えば、禅匠と弟子との師弟関係の重要性は、密教におけるグルと修行者の関係と類似している)。しかし、禅には、密教の高度に舞台芸術的な様式や秘儀の壮麗な作法に当たるものは皆無であった。8世紀の最後の数十年、あるいはそれ以降も、一人か二人の傑出した禅匠が朝廷に存在しはしたが、同じ世紀の初頭に神秀やその他の北宗の人物たちを取り巻いていたような、一時的流行の熱狂を引き起こす人物は、もはや一人もいなかったのである[38]。

　第二組の出来事は、唐朝そのものを滅亡に導いた、社会的・政治的な一連の災厄である。これは東アジア全域の仏教にとって、至高の影響力をもつモデルの破壊を意味する。その過程は、はるか北方の軍事的支配者であったソグド系の安禄山（ソグド語ではRoxanna）が起こした755-763年の叛乱から始まった（「安史の乱」）。最も不名誉なやり方で、玄宗帝は長安から逃げ出さざるを得なかった。皇位を息子に譲って退位するよう迫られ、しかも彼の最愛の妃（楊貴妃）の処刑をその目で見とどけることを強いられたのである（彼女および腐敗官僚として知られていたその弟は、皇帝の護衛の軍人から、この大惨事を引き起こした張本人として非難されたのである）。安禄山の死後も、その叛乱は他の人々によってさらに推進された。およそ八年の月日を要して唐朝政府は復元されるが、しかし、この過程を通して、中国は永久に変わってしまっていた。地域的な支配者たちが多数の周辺地域で実質的な独立を獲得し、皇室は中央地域を支配するにとどまったのである。この時期に始まった租税収入と徴兵制度の変化は、中国社会全体の大規模な変容の兆候であった。

　これに続く次の事件は、いうまでもなく、842年から中国政府によって行なわれた大規模な仏教弾圧「会昌の破仏」である。僧院の財産は没収され、僧尼は還俗させられ、そして寺院の一般的活動全体に大きな規制が加えられた。ほとんどの中国仏教の入門書で、この弾圧は仏教に壊滅的な打撃を与えたとされているが、その影響は実は一時的なものに過ぎなかった。問題はむしろ、仏教の組織が回復する時間を与えられぬままに起こった次の災難、すなわち875-884年の「黄巣の乱」であった。それは中国北部の諸州を荒廃させ、事実上その地域の貴族の支配基盤を壊滅させた。仏教が保護を受けてい

た社会的階層が、その総資産を失ってしまったのである。

唐の政府はその後二十年ほどはかろうじて存続していたが、907年、最終的にまったく倒壊した。それに続く半世紀ほどの間は、中国の北部および南部のさまざまな地域を支配したいくつかの政権が、起こっては滅びていったのを見ることができる。中国の国家行政形態は960年の宋朝の創始によって再建された。しかし、それまでに、世界は永遠に変わってしまっていたのである。

第三組の出来事は、インドや中央アジアからもたらされた仏典翻訳事業の、事実上の終焉である。これは瞬時に起こった一回性の事件ではない。この最終的な結果には、いくつかの要素が関与していた。第一に、不空の活動時期のある時点、あるいはおそらくその直後から、新しく翻訳されたテキストは密教の儀軌類ばかりであった。その後、9世紀を通じて、少数の翻訳家が活動したことはしたが、彼らが訳出したもので、より高い教義的・信仰的次元で重要だったものは、一つもなかった[39]。第二に、810年以降、唐王朝が仏教の訳経事業への関与から完全に撤退した。何世紀も続いた中央政府による訳経事業保護の伝統は、これによって終焉を告げる。その結果、およそこの年から980年までの間、公式に入蔵した仏典は皆無である[40]。第三に、1004年に――『景徳伝灯録』がこの年に宋朝に献上されたのは偶然の一致であるが――イスラム教の勢力がコータンを征服した[41]。インドや中央アジアの中核地域において、仏教はすでに衰退して久しかった。そして今、シルク・ロードを通じて仏典を伝えることが、ついに不可能になったのである。10世紀の最後の二十年間に一時的に活発な活動が見られ、宋朝が中央翻訳局（訳経院）を創設したにもかかわらず、それはすぐに開店休業状態になった[42]。問題はごく単純である。翻訳すべき新たな仏典が、もはや存在しなかったのである。西北からの仏教思想の流入は絶え、中国社会は特に南東部沿岸諸州での商業活動にますます専心するようになったのであった。

仏典の翻訳事業は限られた宮廷の翻訳センターで行なわれるのが常で、田舎や山中の隠棲の地で行なわれることは、ごくまれだった。しかし、それでもこの変化の影響について、過大に評価しすぎるということはない。中国の

仏教社会は、何世紀もの間、絶え間なく、新しいテキスト、新しい思想、新しい修行の様式の出現によって繁栄してきた。それが今、まったく途絶えてしまったのである。「教外別伝」とか「教禅一致」といった句に代表される「禅」の「教」に対する独自の立場が、競争相手の新たな弱点を利用したものだと指摘するだけでは充分でない。仏教の学問的な著作が全般的に低調になるにつれて、それまでの僧院の修行に、言語表現の空隙、指導力の真空が生じたのである。禅を仏教の教義的伝統と対等に位置づけるスローガンは、翻訳と教義研究の伝統がまったく勢力を失っていった時にこそ、広く用いられるようになったのであった。

　中国における唯一の最も独占的な仏教の伝統として禅が興起しえたのは、それが事実上、唐朝滅亡後の世界情勢にぴたりと適合したからにほかならない。禅のある種の特徴が――機縁問答の古典的スタイルからその教団的パターンの特徴に至るまで――唐朝の壊滅によって生じた中国社会に、有効に作用したのである。本書の残りの章は、そうした禅の特徴とは何か、そしてこの「適応性」はどのようにして進展したのかを説明すべく考案されている。第4章では新しい禅の説法の最も特徴的な要素を調査する。それは、師匠と弟子の間の自発的な機縁問答という独特のスタイルである。第5章では、禅の宗教的独自性の新しい姿勢が、どのようにして10世紀以降、この宗派のメンバーたちが中国の僧院組織を独占支配することを可能にしたのかを検証する。最後に、第6章では、宋代に発生した「クライマックス・パラダイム」の状況の中で、中国における成功のそのまさに絶頂において、禅がその成員および社会にいかに提供されたのかを見ることにしたい。

第4章　機縁問答の謎

―― 誰が、何を、いつ、どこで？――

1　「古典禅」と機縁問答

まず、次の逸話について考えてほしい。

　僧が趙州(じょうしゅう)に問う、「祖師(そし)（菩提達摩）が西から来た意図は何か？」　趙州、「庭さきのヒノキ」。[1]

　僧が趙州に問う、「犬に仏性があるか？」　趙州、「無(ム)」。[2]

　僧が洞山(とうざん)に問う、「仏とは何か？」　洞山、「三斤の麻」。[3]

　このような逸話は、大多数の読者によって文句なく、いかにもそれらしい禅問答の典型と認められるであろう。禅について説明する場合、このような物語を提示することが、何十年ものあいだ第一の方法とされてきた。そのことは、鈴木大拙(すずきだいせつ)の著作に、とりわけよくあてはまる。彼が最も好んだやり方は、禅のある面を、通常の思惟を超えたものとして記述し、それからその実例として、一つか二つ、それにふさわしい不可解な物語を提示することであった。鈴木のそうしたやり方は、確かに、数世代にわたって読者の想像力を魅了してきた。しかし、それは、禅の伝統の奥義に内面から通じた人物としての鈴木の権威を高めると同時に、読者の心に、より多くの混乱をもたらす結果ともなった。その種の説明に疑問をもつということは、自分がまだ「分かっていない」ことを認め、自らを鈴木の説く「禅的悟りの体験」なるゴー

ルから遠ざけることを意味したからである。

　将来の修行者としてでなく、さしあたり、東アジア宗教史の学徒として、これらの物語を見てみよう。この見地から見ると、これらの物語について、我々はいくつかの観察をすることができる。それらは、一つずつをとれば、別に大地を揺るがすほどの驚異的なものではない。だが、総合的に見るならば、そこから禅の伝統についての有意義な推論を導き出しうるものである。第一に、これらの物語には9－10世紀に生きた人々が登場する（趙州 従諗の生涯は778-897年、洞山守初は、910-990年）。むろん、彼らより年代が早い人物にも晩い人物にも同じような物語は多数存在するのだから、これはある程度は、私の選択の結果である。しかし、これらの逸話を選んだのは、問答の選択を単純に保つためということ以外に、こうした新しい流儀の対話がさかんになったのが、およそ9世紀からであるという一般的な認識があるからである。第二に、上のそれぞれのやりとりは、無名の僧の質問と著名な禅匠の応答から成っている。実際には、問者が後に有名な禅匠になった人であるような場合、同種の問答でも、問う者と答える者双方の名が記されていることは珍しくない。しかし、それらの問答の母体となる禅文学のジャンルは、偉大な禅匠たちの教義的な立言のみならず、個々の修行者たちの定型的な発問を含んでいることによってこそ、よく知られているのである。第三は、ここに文脈的な手がかりや背景の説明が、まったく与えられていないことである。むろん、そのような情報が含まれている逸話を、あらためて選び直すことは可能である。だが、このジャンルの禅の対話は、文脈化の努力を初めからしていないほうが、むしろ普通なのである。結果、それを読む我々の注意は直接、問答のより広い宗教的含意——それがどのようなものであれ——のほうに、自ずと向けられることになるのである。

　第四として、おそらくほとんどの読者が、禅匠たちの応答がナンセンスであるという点を加えるであろう。上掲の第一の問答の場合など、確かにそのように見える。禅仏教の開祖である菩提達摩がいかなる意図でインドから中国にやって来たのか、という問いは、質問者にとっては事実上、仏教がそれ以前には中国に存在していなかったのか否かを確かめること、あるいは、禅

の通説において伝授不可能とされていた仏心の相伝という概念について、趙州の意見を求めることを意味していたからである。また、第二の問答の、動物に仏性があるかどうか、つまり通常の迷いの心の中に悟りの可能性ないし実現態があるか否かということは、実際、8 世紀後半から 9 世紀にかけての中国仏教で、さかんに議論された問題であった。それに対して強調のためにただ一言「無」と答えるという選択は、禅の伝統の成員たちの集団的な選択を代表するものであった[4]。三つめの「仏」に関する答えは、禅における非論理性の遂行的使用の一例として広く認められてきた。すなわち、無意味な答えは、習慣化した立脚点から、異質な理解の領域に、修行者を叩き落とすためのものにほかならない、という理解である。むろん、それが質問者の最終的なゴールではあったにせよ、それは当面の問題ではない。問題は、「三斤の麻」というこの答えが、もとの文脈では非論理的でも何でもなく、単にひとつの比喩に過ぎなかったということである。唐代において、三斤の麻は、僧衣一着分に相当する布地の標準量であった。だが、口語的な表現であったために、宋代までにはその意味が忘れ去られていたのである。つまり、「仏」という語の意味を問われた洞山は、「一そろいの法衣があれば、それでいい」とでもいった答えを示したのであった。むろん、比喩的な意味さえ理解できればよいということではない。修行者はそれによって、自身の習慣的な立場を一新しなければならない[5]。

したがって、第四の観察としてより良いのは、禅匠たちの応答がすべて非論理的であると結論することではなく、それらをすべて、その時代の文化に即した遂行的な言詮と看ることである。ここで「遂行的」（performative）というのは、修行者の理解の促進剤として作用するよう考案された、という意味である。かくして、かかる逸話の考察過程において我々は、中国禅の伝統に対する吟味の、新たな段階に入る。ここで我々は、これまでの探求では要求されなかった分析的な見方を、うまく使わなければならない。この歴史段階に対する我々の作業が今までとはいかに変化したか、それを理解する鍵は「古典禅」と「機縁問答(きえんもんどう)」という二つの用語の評価にある[6]。

780 年の『六祖壇経(ろくそだんきょう)』の出現から 960 年の宋代の初めまでの時期を、禅宗

史上の時代区分として「中期禅」と呼ぶことにする。まず、そして最も重要なことは、「古典禅」という語はそれとは対照的に、弟子や他の禅者との応酬の中で示された、禅匠たちの特殊な応対のスタイルを指すものだということである。それらの禅匠たちは、解説的な言葉で明示的に仏法を説くのでなく、逆説的な受け答えや説明不可能な反問、そして身体的動作や、さらには喝や棒拳という衝撃と痛みをともなう実力行使によって、それを実演した人物として描き出されるのである。こうした古典的な宗教実践が正確にいつ発生したのかは判然としない。それゆえ「古典的」という言葉を「中期禅」の時代に起こった出来事を指すものとして短絡的に用いることは——つまり「古典的」と「中期」という二つの用語を合成してしまうことは——禅の歴史についての幼稚な仮定を作り出し、宋代に編まれた禅籍によって伝えられてきた上掲のようなさまざまな物語の価値を、額面どおりに受け入れてしまうという結果をもたらすことになろう。ここで私は「古典禅」という語を、宋代禅の典籍の中に見出される、中期禅の人物たちの言行のイメージを指すものとしてのみ使用する。少しニュアンスは違うが、あたかも「小乗」という用語が、大乗仏教の教義という文脈においてのみ正当に用いられ、古代のインドや現代の東南アジアの仏教徒を指すのに使ってはいけないのと同じことである。この区別は一見つかみどころが無いように思えるかもしれない。しかし「古典禅」という語が、歴史上の時代区分を指すのではなく、史料を通して見られるイメージを指すのだということ、それを念頭に置いておくことが、とても重要なのである。

　奇妙なことだが、中国禅の学問的研究において、機縁問答の定義が明確に記述されたことはかつてない。その理由の一部が、主題の性格そのものが簡明な定義を妨げるものだったということにあるのは、疑いない。禅の機縁問答自体が特徴を規定しがたい不定形な主題であるだけでなく、その主要な特徴の一つが、まさに単純な論理を極度に拒否することにこそあったからである。禅の説明のためにせっせと機縁問答を書き抜いてきた書き手たちは、機縁問答を小ぎれいな特徴の詰め合わせに矮小化することを避けるため、そして自分のほうこそそれを理解していないのではないかという、有りうる批判

を事前に防いでおくため、それに明確な定義を与えることを控えてきたのであった。

　禅の機縁問答を定義する作業仮説は、如何なるものであれ、必ず次の三つの特徴を含んでいなければならない。第一に、それは主として「灯史」および個々の禅者の「語録」という、機縁問答を収めたテキストの中に見出される会話である。この特徴は率直に言って、論理的には循環論法でしかない。だが、これは学者たち——そして中国、朝鮮、日本、ヴェトナムの禅の伝統に属する人々自身——が、この課題に取り組む際に現に行なっているしかたなのである。つまり機縁問答の定義の第一歩は、それが見出される禅籍群の確定にある。以下に説明するように、文字化された記録の中で機縁問答がどのような書き方をされているか、ということは、我々が機縁問答そのものをいかに理解するかということと大きく関わっているのである。

　第二に、禅の機縁問答は、歴史的に確認できる禅匠とその弟子の間で現実になされた口頭の会話の記録として提示されたものである。それは、機縁問答という文学作品の登場人物一々について、充分な伝記的情報が確認されるということではまったくない。それらの人物の大多数は、ただその禅匠の修行道場における無名の一門弟として知られるのみである。だが、そうした細部の欠如にもかかわらず、その人々がみな実在の人物で、その機縁がすべて現実になされたものとされていることが、きわめて重要なのである。

　ここで特に強調しなければならないことは、こうした見た目の歴史的リアリズムが、実はこのジャンルの特徴である文学的意匠に過ぎず、決してそれらの会話や登場人物についての事実ではない、ということである。機縁問答のテキストがそうした文学的効果を生み出すために採った方法の一つは、口語の使用であった。これによって、その会話がまさにもともと起こったそのとおりに、忠実に記述されているのだという印象が与えられるのである。それらの会話がほんとうに記録のとおりに行なわれたのか否かは、実はすこぶる疑わしい。その問題にはこの後すぐに戻ってくるが（117ページに始まる議論を参照）、ともあれ今の時点で記憶にとめておくべきことは、宗教文学の一ジャンルとしての機縁問答のテキストにとって、それらの登場人物とそ

の応酬が、ノンフィクションとしてのリアリティを表現していること、それが何よりも重要だったということである[7]。

　第三に、禅の機縁問答は、思想の直接的な交換を回避するものである。それは、さまざまなタイプの論理的不連続、不可解で偶像破壊的な断言、ジェスチャー、身体による実演、さらには、喝、棒拳による痛打、脚蹴り、などによって特徴づけられている。こうした特徴を理解する最良の方法は、これらのテキストに描かれている師弟の意図の根本的なくいちがいを、機能として理解することである。弟子たちは通常、悟りに到る修行の道程を攀じのぼってゆくための、手助けを請うものとして描かれる。一方、禅匠は、弟子のその素朴な懇願を拒否し、それに代わって、目的意識にとらわれた弟子の視点を逸らせ、彼らに自己本具の完全性を自ら悟らせようとする役割として描かれる。むろん、この言い方はあまりに単純化しすぎているし、この大雑把な型に当てはまらない応酬の例はいくらでも見出すことができる（型の超越を旨とするジャンルの型を定義することは、実に至難のわざだ！）。しかし、にもかかわらず、我々の仕事は――自らが宗教的修行者としてそれらの問答の謎を解くことではなく――機縁問答の応酬を宗教的ジャンルとして理解することなのであり、この基本的な知的枠組みを認識しておくことこそが有益なのである。

　禅匠の機縁問答のスタイルは、あらゆる言語で書かれた禅書によって、ひろく一般に知られている。それは通俗書においても、研究書においても、禅僧の原初的イメージの第一の特徴として描かれるものだからである。古典禅の記述の中心となる人物には、ごく初期の菩提達磨や恵能から、ずっと時代の下った中国や日本の人物たちまでもが含まれ得る。しかし、その焦点となるのは、いつも変わらず、かの唐代の偉大なる伝説的禅匠たちである。いわく、馬祖道一、石頭希遷、南泉普願、趙州従諗、そして無類の傑物、臨済義玄……。

　古典禅の特徴は、機縁問答の実践にある。それどころか、古典禅と機縁問答という二つの概念は、相互に交換可能なほど完全に結びついている。つまり、古典禅は機縁問答を使って弟子と交渉しあった禅匠たちのイメージを指

し、機縁問答は古典禅の禅匠たちが活用した相互交渉的接化(せっけ)のユニークなスタイルを指すのである。したがって、古典禅を禅という宗教の発展段階中のある特定の一時期——おおむね8世紀末の二、三十年から10世紀の中葉まで——に起こった現象ないし一連の出来事とすることが自然でもあり慣習にもかなっているという結論に、ひとまずはなるであろう。より具体的に言えば、機縁問答はまず馬祖道一とその弟子たちによって行なわれたと信じられており、そして、その解釈は、あらゆる人間の行動は目や手のちょっとした動きのような些細なものでさえすべて仏性の顕現なのだとする、次のような馬祖の教義とよく符合している(宗密『裴休拾遺問』洪州宗)。

> 心のきざし、思いの動きから、弾指(たんじ)や眼の動きに至るまで、あらゆる行為・行動はみな仏性の全本質をあげての働きである。それ以外に働きというものは存在しない。貪り、怒り、愚痴、善悪の行為、そしてそれにともなう苦楽の結果は、すべてその全体が仏性にほかならないのである。[8]

しかし、今ここで描いた図式は、実はあまりに単純に過ぎる。この複雑な状況を究明する最初の手がかりの一つは、952年に『祖堂集(そどうしゅう)』が編集されるまで——つまり機縁問答が最初に行なわれたと想定される時点からおよそ二世紀も後まで——その文字化された記録が出現しなかったということである。このテキストはまさに幻のように忽然と舞台に現れた。それは禅の逸話と当意即妙な会話の大規模な宝庫であり、高度に洗練された禅の系譜確立という試みを、文字によってデモンストレーションしたものでもある。『祖堂集』の内容が実に豊富かつ重要であることから、そこには伝統が相当量蓄積されていたことがうかがわれる。そして、これに対する最も安易な受け取り方は、『祖堂集』自らが主張するとおり、その内容をそのまま古典禅の忠実な記録と認めてしまうことであろう。実際のところ、『祖堂集』に収録される種々の物語は、より広く普及した——かつ効果的に権威化された——1004年刊の『景徳伝灯録(けいとくでんとうろく)』所載の記録の異伝というべきものであったが、そうした記

録群は、前近代から今日に至るまで、僧堂内で現にそう受け取られてきたのである。

しかし、本書の目的は、僧堂におけるそれとは違う。我々が目指すのは、禅の分析である。ただ単にスタイルだけを目新しいものに変えながら、禅の要旨を再述することではない。そのため機縁問答を扱う本章は、さきの二章とは異なっている。本章では禅の発展史上の一時代をとりあげるのではなく、各時代を通じてきわめて重要だった、禅の実践の構成要素ないし特性について論じようというのである。次章では再び時間的な進展の問題に立ち返ることになるが、この二つの章を通して我々は、第一に機縁問答がどのように形成されたか、そして第二に唐代の古典禅の禅匠たちのイメージがのち数世代にわたる後継者たちによっていかに回顧的に創造されていったか、という二つのことを見てゆく。それは、ここで強調しているポイントを理解するのに役立つはずである。すなわち、古典禅というスタイルは、歴史上に特定可能な一時代区分としての唐代禅の謂ではなく、のちの五代や宋に成立した典籍のうちに見られるイメージを指すのであり、それは各時代の禅の修行者たちが、回顧という形で先人に投影したものにほかならない。ここで、よりいっそう意義あることは、この道をたどることによって、禅の機縁問答がそれ以前の中国仏教の修行とまったく異なる精神開発のパラダイムを含んでいることが明らかとなることである。

2 馬祖の悟りの物語

次の一段は、馬祖道一がいかに悟ったかを伝える伝統的な物語である。いま、『景徳伝灯録』(巻5)の南岳懐譲(677-744)の章から引用する。

開元年間(713-741)に道一という修行者がいた(すなわち馬祖大師である)。伝法院に住み、いつも坐禅していた。師〔南岳懐譲〕は道一が法の器だと知り、そのもとへ行き、問いかけた。「大徳よ、坐禅して何をしようとしているのか?」 道一は答えた、「仏に成ろうとしており

ます」。すると師はひとかけらの甎を拾って、庵の前にある石の上で磨きはじめた。道一が問う、「先生、何をしておられるのですか」。師は言った、「これを磨いて鏡にしようと思うてな」。道一は言った、「甎を磨いて、どうして鏡になどなりましょうか」。そこで師は言う、「ならば、坐禅して、どうして仏に成れるのか」。

　道一が問う、「では、どうすればいいのですか」。師は言う、「牛車に乗っていてそれが動かなくなった時、車を叩くのがよいか、それとも牛を叩くのがよいか」。道一は答えることができなかった。

　師はまた言った、「君は坐って"禅定"を修しているのか、それとも"仏"として坐る修行をしているのか。もしも"禅定"を修しているのであれば、禅定は坐っているとか横になっているとかいった姿勢とは、関係が無い。もしも"仏"として坐る修行をしているのだったら、仏には決まった形相というものは無い。無住の法は摑んでもいけないし、捨て去ってもいけない。もしも仏として坐る修行をしているというのなら、それは仏を殺すことだ。仏として坐る修行の形相に執着すれば、その原理に達することはできない」。道一はこの教えを聞いて、醍醐を飲む思いがした。[9]

　これは機縁問答の典型的な例である。弟子である馬祖は坐禅し、悟りを得ようとしている。懐譲は、単純に問題を解説するのではなく、まず、馬祖の見当違いな骨折りを遮る。そして、到達不可能なゴールを目指す苦労の根本的な矛盾に自ら気づくよう、馬祖を導く。最終的に馬祖は、懐譲のこの指示によって、それまでの坐禅が徒労であったことを悟り、正しい方向へ転換することができたのであった。もしこれをそのまま、禅の初期になされた偉大な禅匠と天賦の才に恵まれた弟子とのやり取りと受けとれば、実に感動的な物語ということになるだろう。

　だが、ここでは、ひとまず一歩退いて、あくまでも文学的な創作テキストとして、この物語を考察してみよう。このような見方は、物語の宗教的教えとしての価値を否定するものではない。ただ、ボンネットの下を覗いてエン

ジンがどう動いているかを観察してみるようなものである。
　まず『祖堂集』に見える、この逸話の最初のバージョンを見ておく必要がある（巻3懐譲章）。

> 馬和尚〔馬祖〕がある所で坐禅している。譲和尚は磚を拾い上げて馬師の目の前の石の上で磨く。馬師が問う、「何をしているのですか？」　師〔懐譲〕が言う、「鏡を作るために磚を磨いているのだ」。馬師は言う、「磚を磨いてどうして鏡を作ることができましょうか？」　師〔懐譲〕が言う、「磚を磨いても鏡にならぬなら、どうして君が坐禅して、仏になることができるのか？」[10]

たいそう短く原初的なかたちではあるけれども、この中から、仏教の伝統的な瞑想にまつわるいくつかの伝説のこだまを聴きとることができる。そのひとつが、維摩居士が森の中で坐禅する舎利弗を叱りつけたという有名な『維摩経』（弟子品）の一節である。舎利弗はその経験を仏陀に次のように話す。

> 私は、いつかある木の下で坐禅をしていた時のことを思い出します。そのとき維摩居士がやって来て私に言われました、「舎利弗よ、安らぎの中で坐るのに、このような坐禅をする必要はありません。安らぎの中で坐ることは、三界のなかに身も心も現さないことです。それが宴坐なのです。悟りを捨てないままで凡夫の事を顕現させること、それが宴坐なのです。心を内にも外にも住着しないようにすること、それが宴坐なのです。〔六十二の誤った〕見解に動かされないで、悟りの三十七の事柄を修めること、それが宴坐なのです。煩悩を根絶しないままで涅槃に入ること、それが宴坐なのです。このようなやり方で坐ることができる人こそが、仏の印可を受けることができるのです」と。その時、世尊よ、私は彼の説明を黙って聞いているだけで、言葉を返すことができなかったのです。[11]

もうひとつが、かすかに響く『六祖壇経』「心偈(しんげ)」のこだまである（88ペ
ージ以下の逸話を参照）。神秀と恵能は、鏡を覆う塵埃(ちりほこり)の存在と、それを磨
きとるべきか否かという問題をめぐって、それぞれが体得した仏法を偈に表
現した。ところがこの馬祖の物語では、その問題は既存の鏡を磨くことの是
非ではなく、見当違いの材料から鏡を作り出そうとすることの誤りへとすで
に重点が移っており、行動の中でその問題が表現されている[12]。そして『祖
堂集』では、なにがしか統一された編集の姿勢を示すかのように、上に引用
した会話に続いて、鏡に言及する問答が収められている。『景徳伝灯録』の
バージョンと比較すると、『祖堂集』が載せる物語の表現は明らかに原始的
である。場所も時間もともに特定されていない。そして後に続く会話も無い。
あるのはただ核心となる言葉だけであり、文脈を確立しようとする努力はな
されていない。実のところ、読者に——この物語を題材として提唱をする禅
匠たちも含めて——想像力を働かせて自ら文脈を作り出させようとするのが、
『祖堂集』の編者たちの方針であった。マーシャル・マクルーハンの表現を
借りれば、それは、テレビのように、視聴者があらためて想像力を働かせな
くてすむだけの充分な感覚的情報が盛り込まれた「クールな媒体」でなく、
ラジオのように、何が起こっているのか聴取者のほうで積極的に想像力を働
かせる必要のある「ホットな媒体」なのである[13]。
　『景徳伝灯録』のこの問答は、馬祖が悟った物語として、あるいは馬祖が
南岳懐譲の弟子であるという一点を示す話として、しばしば引用される。と
ころが『祖堂集』が載せる最初のバージョンでは、のちに続く二人の会話を
含むものの、馬祖が悟ったということも、懐譲の弟子になったということも、
ともに明記されていない。また、この物語は、馬祖が、六祖恵能の法を嗣ぐ
懐譲の法嗣であることを正当化するためにも使われる。しかし、入手可能な
資料をより厳密に調べてみると、馬祖が他の人のもとで修行していた時期も
あることが分かる。さらに、懐譲が恵能の法嗣であったか否かさえ明確では
なく、それよりもむしろ、「北宗(ほくしゅう)」系の禅匠と繋がりがあったことのほうが
ずっと確実なのである。

懐譲の伝記は、ほとんど何も知られていない。このことが、歴史的に彼がほんとうに恵能の法嗣であったか否かを疑わしくしている。懐譲の碑銘は、彼の死後約七十年も経った815年に馬祖の弟子たちの要請によって書かれている。したがって、この碑銘を根拠に、恵能と懐譲の師弟関係が伝説ではなく史実であったと主張することはできない。のみならず、懐譲の伝記の細部が貧弱であること――彼は山岳の修行者で他人に「開法」しなかったと言われている――は、彼が歴史的には重要な人物でなかったことを示唆している。そして言うまでもないが、先に紹介した馬祖との物語のようなものは、碑銘の中には見出されない。801年頃に書かれた『宝林伝』、これは禅文学の「灯史」というジャンルに洪州宗(馬祖の一派)が大きな貢献をなしたものであるが、そこには懐譲が北宗の僧である老安の指導のもとで悟りを得たと記されている。実際のところ、伝統的に恵能の最も重要な法嗣とされる人物たち――南岳懐譲、青原行思、永嘉玄覚、南陽慧忠――のなかで、敦煌本『六祖壇経』にその名が見えるものは、誰一人としていないのである。

懐譲が馬祖に宗教的影響を与えた唯一の人物であったということは、断じてありえない[14]。馬祖は最初、弘忍から二代目の後継者である四川の処寂(唐和尚 648-734、650-732、あるいは669-736)のもとで出家した。馬祖はおそらく、カリスマ的な才能をもった無相という名の朝鮮人の僧(金和尚 684-762)とも面識があった。そして735年頃、馬祖は四川を離れたのち荊州に旅し、南岳に赴く前にその地で禅定の修行をした。これら複数の人物の宗教的アイデンティティーと大まかな教えを明らかにしようとすることは、むろん不可能ではない。しかし、いまそれをしたところで、いたずらに話を煩雑にするだけである。ここで重要なのは、馬祖が多種多様な修行生活を送ったということである。したがって、仮に何らかの意味で、馬祖が懐譲と交渉をもったことが史実であったとしても――そしてその可能性を捨て去ってしまうことは早急に過ぎようが――それだけで馬祖を懐譲の法嗣、ましてや恵能直系第二世の後継などと認定することは、到底できないのである。

ここで指摘しておかなければならないのは、馬祖の修行中に起こった何らかの出来事を題材にして、馬祖と懐譲との理想的な出逢いの物語が、特定は

できぬにせよ、ある頃から禅のコミュニティ内で創作されてきたということである。その何らかの出来事なるものが、実際にあったにせよ、なかったにせよ、その出逢いの消息は、口承あるいは文章、もしくはその両方で、ドラマ化され広まっていったのである。『祖堂集』に見られるのは、その物語の核心部分であり、その細部を埋める作業は、読者、聞き手——あるいはおそらく指導者——に委ねられていた。ティモシー・バレットが示唆したように、この編集が進む過程は、およそ同じ頃にできた笑話集の流通とこの上なく類似している[15]。また、「北宗」に『五方便(ごほうべん)』という覚え書きがあるが、そこで定められた儀式の枠組みの上に、禅匠たちは文飾なり解釈なりを付け加えることができたらしい。それと同様に、成文化された機縁問答は、指導者や修行者たちが即興で新しい会話を創る土台として準備されていたのである。しかし、この文学ジャンルの発生には、人々に共有される仏教の修行概念が必要となる。その概念のいくつかの要素は、すでに見たところである。

3　成文化された機縁問答の発生に至る八正道

　馬祖の洪州宗は、興味ある地理的成長と、修行形態の展開を示す。それらの考察は次章にゆずり、ここでは、禅修行における言語表現としての機縁問答の背景と歴史的発生について、知られていることを述べる。ただ、空(くう)、般若(はんにゃ)、『中論(ちゅうろん)』の弁証法の影響、その他の教義的な問題は避ける。機縁問答発生の背景となるこれらの諸条件は、これまでにもさまざまな書物で論じられてきたからである。また、特に孔子(こうし)や荘子(そうし)以来、中国文化の中で対話形式が頻繁に使用されてきたといった背景的要素についても考察しない[16]。『荘子(そうじ)』の中の機知に富んだ絶妙な言葉遣いと人間主義的な見地——あるいはむしろ、あらゆる固定した見地の拒絶——それと禅の問答とが共鳴するものであることについては、何ら疑い無い。実際これらの特徴、および身近な行動に集中すれば達人のような神業ができるという考え方は、禅が中国の土着の伝統である老荘(ろうそう)哲学から受け継いだ主要な遺産である。しかし、遺産を相続したという単純な事実は、なぜ『荘子』から千年以上もたった後になってようやく

機縁問答が発生したのか、そして、なぜ『荘子』の時代には存在さえしなかった中国仏教の僧院という社会的な環境の中でそれが起こったのか、それらを説明するのには充分でない。

　むしろここで提起したいのは、口頭による対話のテクニックを完成させる前に、または、おそらくそれと同時に、禅には対人関係に重点をおいた修行の原理を確立する必要があったということである。以下に述べる一連の特徴によって、新しいタイプの宗教的やりとりがもつ対人的側面が理解されるだろう。ただ、以下に列挙するものは、目下、暫定的な説明に過ぎない。それらの特徴のうち、初期禅の運動全体を通じて共有されたものが一つもないことは明らかであり、また、そこには未だ特定されないものも潜んでいるであろうことはほぼ確実である[17]。

3-1　弟子たちに当意即妙に答える禅匠のイメージ——八正道の一

　初期禅の禅匠たちはしばしば、決まった方式をもたない、瞬間瞬間に応じたしかたで接化を行なう、特別な能力の持ち主として描かれる。最初期の例は、東山法門（とうざんほうもん）の中心人物、すなわち五祖弘忍（ごそこうにん）に関する記述である。無教育でありながら悟りを得ているという弘忍の姿は、のちに広まる聖人像の原型である。昼には禅定の修行をし、夜には僧院の家畜の世話をしていたと記述される。道信（どうしん）の後継者に指名されるや否や、それまでの寡黙さとはうってかわって、門弟たちの問題を理解し、究極的な真理を捉えるとともに、修行の方便に関する完璧な専門的知識を用いて立て板に水のごとく当意即妙に指導することができたという[18]。弘忍の門弟たちの中でも特に弘忍と長年ともに過ごした法如（ほうにょ）は、弟子に怨みを抱かせることなくしかも強く叱責するという、独特の能力を持っていたとされる。その叱責は、二艘の空き舟が湖の真ん中でぶつかりあうごとく、執着や抵抗が欠けていることを示すむなしい音がするのみだった、という（『伝法宝紀』法如章）。また、「北宗」の禅匠たちの何人かは、その玄妙にして不可解なカリスマを示す逸話をのこしている[19]。この種の宗教的タイプの例として最も適しているのは、言うまでもなく、菩提達摩と恵能である。特に恵能は、敦煌本の『六祖壇経』だけでなく、他のさま

ざまな作品にも描かれているように、どんな状況にも驚くべき気迫と精神的な輝きをもって対応することができ、謎めいた奥深い発言によって、個々の求道者の挑戦をひきだした。いずれの場合でも、悟りを得た人物として提示される恵能が行なうのは、教義の口述でもなければ、論文の執筆でもなく、周囲の人々と繰りひろげる問答なのであった。

3−2　北宗における「指事問義」──八正道の二

　初期禅の指導者はどのように弟子たちを接化したのであろうか？　弘忍や恵能の伝説的な聖人像だけが唯一の手がかりではない。その他にもいくつかの資料が残っており、弟子たちがどのように対応したかは分からぬものの、初期禅の禅匠が弟子に与えた問いの型は知ることができる。

　8世紀初頭に「北宗」で作られた重要な灯史である『楞伽師資記』には、答えようがない一連の興味深い問いと、短い教義的な言葉が収められている。それは「指事問義」──事物を指してその意義を問う──とよばれる[20]。問いや教えは、以下の例のように、初期禅の禅匠たちのものとされている。

　　　菩提達摩大師もまた、物事を指してその意味を問いかけた。単にあるモノを指して、「何と喚ぶか？」と問いかけるのである。彼はさまざまな物事について質問した。そして問うモノの名前を取り替え、再びそれらについて、違ったしかたで質問したのである。

　　　彼はまた言った、「空の雲や霧に、空間を汚すことはできない。しかし、それらは、空間を翳らせ、太陽が、明るく純粋に輝くことができないようにさせることはできる……」。

　　　弘忍大師が言った、「糞と雑草と塵埃にあふれている一つの小さな家がある。それは何か？」

　　　彼はまた言った、「糞と雑草と塵埃をみんな掃き出して掃除すると、その中には何一つ残らない。そのとき、それは何か？」

　　　また、誰かがランプに火をともし、あるいは何か普通の行動をするの

を見た時、彼はいつも言ったものだった、「こやつは夢を見ているのか、魔法にかかっているのか？」 あるいはこうも言った、「何も作らず、何もなさぬこと、それらがすべて偉大な般涅槃(はつねはん)なのである」。

彼はまた言った、「僧院の中で君が実際に坐禅をしている時、森の中で坐禅をしているもう一人の君がいるか？ すべての泥や、樹や、瓦や、石ころもまた坐禅をするか？ 泥や、樹や、瓦や、石ころもまた、色形を見、音を聞くことができるか？ あるいは法衣を着、鉢を持ち運ぶことができるか？」

神秀はまた言った、「この心は存在しているものなのか？ その心はどのような種類の心か？」

彼はまた言った、「君が色形を見る時、色形は存在しているのか？ その色形はどのような種類の色形なのか？」

彼はまた言った、「君は打たれた鐘の音を聞く。その鐘が打たれる時、その音は存在しているのか？ その鐘が打たれる前はどうか？ その音はどのような種類の音なのか？」 彼はまた言った、「打たれた鐘の音は僧院の中だけに存在しているのか？ あるいは十方の宇宙全体に存在しているのか？」

また、鳥がそばを飛び去るのを見て彼は問うた、「あれは何か？」

彼はまた言った、「木にぶら下がっている枝の先端で、君は坐禅ができるか？」

彼はまた言った、「『涅槃経(ねはんぎょう)』に、無限の体をもった菩薩が東方から来た、とある。もしその菩薩の体の大きさが無限なのであれば、どうして彼は東方から来ることができたのか？ どうして彼は、西方、南方、北方からは来なかったのか？ あるいは、それは不可能なのか？」[21]

これらの「指事問義」が後代の禅の公案(こうあん)に似ている、そう言った学者が少なくとも一人はある[22]。しかし、これらの質問がただちに11世紀およびそれ以降の公案集に結びつかないことは、明白である。その間に機縁問答の開花

を差し挟んで考慮しなければならない。しかし、これらが、公案集の中で禅匠が提起するのと同類の問いだと類推することは道理にかなっていよう。機縁問答と異なり、ここでは師匠からの問いのみが一方的に記されている。公案集と異なり、質問の意図を示す文脈や文学的な筋立てが無い。それでも、北宗の禅匠たちが精神的な修養を日常生活のあらゆる面に拡大することに熱心に従事していたこと、それをこれらの問いの内容から推論することはできるであろう。

3-3 8世紀の資料における「禅説」のスタイル──八正道の三

これらの「指事問義」のほかに、同時期あるいは少し下ってからのテキストの中に、後代の禅宗の中で称揚された独特の「禅」ふうの説法に似かよった、さまざまな兆候を見出すことができる。といっても、必ずしも統一的な説明のスタイルが常に明確に見て取られるわけではない。記録は十全でないが、興味深いことが示されていることを示唆するには、充分である。

型にはまらない「禅スタイル」の問答につながる糸口は、神秀の最も有力な後継者の一人である義福（661-736）の碑銘の中に見出せる（厳挺之「大智禅師碑銘并序」）。その中で碑銘の撰者は、自分が義福の死後、もう一人の文人と協力して、門弟たちが記憶する義福の言詮を収集したと記している。義福によってなされた言詮は非常に多く、二人がそのすべてを集めることは当然無理だったであろう。彼らはその言葉の重要性を認識していたが、その収集の成果を反映するような記述は、彼らが義福のために書いた碑銘のいずれにも含まれていない[23]。遺弟たちが師匠の死後その言葉を収集する慣習は禅の最初期からあったことが知られているが──この点に関しては『二入四行論』と『修心要論』の関連資料を参照、後者は弘忍の門弟たちによって編集されたと明言されている──義福に関する叙述は、そこに特殊な発言形式が含まれることを示している。

時代の推移とともに禅が進展する中で、「北宗」などの重要な人物のために書かれた碑銘は、まさにこのような素材を含むようになる。たとえば、普寂の弟子であった法雲（ -766）の碑銘から引用した下記のやり取りとその解

説に注目していただきたい（李華「潤州天郷寺故大徳雲禅師碑」）。

  「仏陀の教えは貴公に伝えられたか？」
  「私は白檀の仏像をもっており、それを礼拝する」。
 この応答は奥深いが簡潔である。そして聞く者は寂しい冷たさを感じる。〔著名な官人であった質問者が〕去った次の日、法雲は椅子の上で結跏したまま、病なくして遷化した。[24]

　神秀が仏陀と同格であった、あるいは普寂が宇宙の宗教的教師であったとするすべての誇張——これらは「北宗」が公式に認知されるための運動の一環として、8世紀前半に作られた文書に記述されるひとつのテーマである——の後では、禅匠たちが伝法についての思想を全般的に収縮させたのはまったく自然のなりゆきであった。
　慧真（673-751）は禅よりも天台宗や律宗との関係が深い人だったが、その碑銘には、機縁問答らしきものがより明確なかたちで含まれている（李華「荊州南泉大雲寺故蘭若和尚碑」）。いくつかの例を引いてみる。

  「人々が理解しないとき、私は禅スタイルの教えを用いる」。

  問、「南宗と北宗の教えは、違わないのですか？」
  答、「二つの家の門の外には、永遠の平和へ続く道がある」。

  問、「宗教的実践の結果は、悟りの大きさによって異なるのでしょうか？」
  答、「水滴が崖から落ちる時、それは朝の海を知っている」。

  問、「信仰の無い者は、いかにしたら修行の努力ができるでしょうか？」
  答、「赤ん坊が喉を詰まらせた時、母親は子供を驚かせて喉を緩める

ために叫ぶ。大慈悲は無条件であるが、それは修行者を泣かせることもあるものなのだ」。[25]

慧真は、新しい「禅」のスタイルで教えを説いたのではなく、単に分かりやすい比喩で答えただけではないのか？ 頑固な懐疑者は、そう考えるかもしれない。しかし、仮にそれが正しいとしても、新しいタイプの比喩的ないしメタ論理的な用語法は、禅仏教の中で8世紀の後半には流行していたと推察できるであろう。というのは、それぞれ牛頭禅と天台宗との代表であった法欽(ほうきん)（714-792）や玄朗(げんろう)（673-754）の伝記の中で、そのような使用法が目立っているからである[26]。『宋高僧伝(そうこうそうでん)』と『景徳伝灯録』には、「北宗」の人物たちが登場するいくつかの機縁問答が含まれている。むろん、そのやり取りは後代の作り話ではあろうけれども[27]。この先駆的な機縁問答の実践は、おそらく現存している文献全体が示唆するよりも、より広範に流通していたであろう。そして「北宗」の禅匠たちは、禅の伝統の中でその使用を正当と認めた最初の人々であったに過ぎないのであろう。

3－4　初期禅の実践における交流的指導のための教義的基礎
　　　　　　　　　　　　　　　　――八正道の四

逆説的な質問、対話、そして相互交渉的な訓練の方法を使う際、初期禅の修行者たちは、具体的に何をしていたのであろうか？ 彼らはそれをはっきりとは語ってくれないので[28]、残されている膨大な著作の山に分け入り、その糸口を探さなければならない。このやり方には、解釈的な飛躍と主観の投影という明らかな方法論的問題がつきまとうが、資料の状況を考えると、これ以外には方法が無い。

『二入四行論』の最も重要な特徴は、その二元的構造である。それは法の達成を目指す、抽象的な「入り口」と実践的な「入り口」の二つである。このテキストは、いくつかの異なった方法で読むことができるが、二つの入り口の一方を内向的、もう一方を外向的と受け取るのが、適切かつ有益であろう。つまり、「理入(りにゅう)」は内面的な修養であり、個人の心理の奥深くで行なわ

れる心的修行である。一方「行入」は、世界との交渉の中で行動的に行なわれるものである。

　問答それ自体のほかに考察すべき重要な問題は、「北宗」の『五方便』の教義形成が、機縁問答の発生にどの程度正当性を提供したか、という点である。私は機縁問答が口頭での実践ではなく、交流の実践だったのではないかと考えている。換言すれば、禅の宗教的実践が外向きの交流という一面をもっていた証拠を『五方便』の中に見出せはしまいか、と考えるのである。

　実際、この問いに対しては、是と答えるだけの根拠がある。以下に引くのは、その鍵となる一節である。

　　菩薩たちは六つの感覚器官が本来不動であることを知っている。内には分明に照らし、外には自在に働く。これは大乗の、真実にして恒常なる不動性である。
　　問、「"内には分明に照らし""外には自在に働く"、これはどういう意味か？」
　　答、「根本智が"内には分明に照らす"ことである。後得智が"外には自在に働く"ことである」。
　　問、「根本智・後得智とは何か？」
　　答、「まず初めに身と心の超越の特相を悟るから、これが根本智である。知覚と識別との自在な性質、そして〔悟りの境地と結びついている〕不染汚が後得智である。……もし〔身と心を超越する〕悟りが最初でなければ、知覚と識別は完全に染汚されているであろう。知覚と識別の自在な〔自発性〕はその悟りの後に獲得されること、そしてそれは後得智と呼ばれること、それをはっきり知りなさい。
　　色を見るという眼の知覚作用に基づいて心が動き出さない時、これが根本智である。識別の自在な〔自発性〕が後得智である。耳が音を聞くという知覚作用に基づいて心が動き出さない時、これが根本智である。聴覚の自在な〔自発性〕が後得智である。鼻、舌、身体、そして意識もまた同じである。根本智と後得智はともに〔十二処の〕一々の処、つま

り〔感覚的な能力と感覚的なデータの領域〕において分明であり、処々において解脱している。感覚器官は働かない、そして悟りは清澄である。精神的存在の継続する瞬間がつくられない時、それぞれの感覚器官は清浄である〔つまり、仏の悟った精神作用によって特徴づけられる〕」。[29]

　ここで使われている用語は、おそらく、ほとんどの読者にとってなじみの無いものだろう。だが、内容を解きほぐすのは、比較的たやすい。まず「根本智」とは、心が完全な明澄性を獲得した、悟りの最初の瞬間をいう。この時点で人は、身も心も超越するといわれている。つまり、通常の身体的・心理的な現実的区別の一切がここで超越されているのである。このテキスト自身は関連づけていないが、この基本的な心理的明澄性の獲得を、菩提達摩に帰せられるテキストの「理入」によって解することは合理的であろう。ここでは、本来備わっている資格、という表現は使われていないが、『五方便』の別の箇所から、「悟りの心」がそのように理解されていることが分かる。
　次に「後得智」とは、「根本智」を得た最初の瞬間に続いて起こるものを指す（直後と、それに続くその後の一切の瞬間である）。他の禅籍であれば、瞬間と瞬間の連続という不自然さを解消して、真の悟りは一瞬で円満に成就する、などとしたかもしれない。だが、『五方便』は、この二元性を堅持する。では、さまざまな感覚的能力が、その機能において不活性かつ自律的なかたちで自ずと起きるというのは、現実の生活の中で言えばどういうことであるのか。これは明確でないし、感覚的能力と感覚的経験の領域とがどのような固有性と解脱した性質をもつか、という点に至っては、言及すらされていない。だが、さらに『二入四行論』と比較するならば、これら種々の性質が、実践者と世界との間でなされる交流の方式に関わることに気づくだろう。宗教的修行を行なう側から見れば、その態度は必然的に周囲の状況への忍耐をともなうものとなるだろう。逆にすでに悟っている禅匠の活動の側から見れば、その結果は、弟子の必要に完全に対応するというスタイルとなるだろう。
　これと類似した構造をもつ、すなわち内面的な悟りと対外的な行動とが一

対となっている発言が、『五方便』の同じ段落のなかに散在している。

　　もしも心が起動しなければ、心は如如である。もしも色が起動しなければ、色は如如である。心がすでに如如であるから、心は解脱している。色がすでに如如であるから、色は解脱している。すでに心も色も〔思いを〕超えているから、一物も無い。[30]

　　心の超越性が五つの感覚器官に依存しないのが、自己の悟りである。色の超越性が五つのタイプの感覚的データに依存しないのが、他者の悟りである。心と色との両者の超越性は、自分の悟りの修行を完全にし、完成させる。そして、それは普遍的に「平等」である如来の法身と等しい。[31]

　　思惟の超越性が本体である。そして、感覚はその働きである。平静さが本体であり、照らすことがその働きである。「平静であり、かつ常に働いている。働いているが、常に平静である」。「平静であるが、常に働いている」、これは現象に対して絶対が対応しているのである。「働いているが、いつも平静である」、これは絶対に対して現象が対応しているのである。「平静であるが、常に働いている」、これは色が空に対応しているのである。「働いているが、いつも平静である」、これは空が色に対応しているのである。……
　　平静さは展開であり、照らす働きは収斂である。展開されると、それは法界の全域に広がる。収斂すると、それは髪の毛の先端に収まる。その〔対外的な〕表出と〔内面的な〕収納は分明であり、神用は自在である。[32]

　　悟りの意味は、心の本質が思惟を超越していることである。貪欲の相を超越すれば、それはあまねくゆきわたっている空間の領域と対等である。これは自己の悟りと呼ばれる。怒りの相を超越すれば、それはあま

ねき虚空と対等である。これは他者の悟りと呼ばれる。愚痴の相を超越すれば、それはあまねき虚空と対等である。法界の唯一の相は、如来の普遍的な「平等」法身である。これが完全な悟りといわれる。[33]

　類似の言葉は、『五方便』の後の部分や、他の文献からも容易に集めることができる。これらの例から、北宗の基本的な関心が、仏法という抽象的な真実の理解のみにとどまらず、それを衆生のためにどう用いるかということにも及んでいたことがわかる。個々の表現は新しいが、この二元的構造が菩提達摩に帰せられる『二入四行論』を踏襲していることは確実であり、そしておそらくこれは、初期禅仏教を通じての基本的な特徴であろう。

　もしも、この二元的構造が、師匠と弟子の両者を明確なかたちで含んでいたなら、そして、先に自分自身が悟り、それから他者を悟りに導くという順序が明確に述べられていたなら、私が述べようとしている流れにより近づくだろう。だが残念ながら、当時のあらゆる禅の文学同様――他の宗派のテキストは言うに及ばず――求道の意欲に燃えた修行者の姿はまだ現れていない。そして、後得智を得たその瞬間から、その悟りを開いた禅匠の慈悲が向かう対象は、特定の弟子個人ではなく、無名の衆生(しゅじょう)一般となる。社会的あるいは対人的な領域での行動の重要性に対する強調――それは時間的には後になるが、価値的には根本智と等しい――は、これらの教えとともに確立されているのである。

3－5　儀式化された会話の師弟間での使用――八正道の五

　上で紹介した機械的な公式以外にも、『五方便』には興味深い特徴がある。このテキストは、指導者が「北宗」のカリキュラムに基づいて秘伝の伝授と修行の集会を行なうために用いたメモであったように思われる。そこには儀式化された会話がいくつか含まれている。その第一の例はさきに挙げた（77ページ以下の引用を参照）。以下は、第二の例である。

　　和尚(おしょう)が合図の木を打って問う、「この音が聞こえたか？」

答、「聞こえました」。
問、「聞こえるとは、どういうことか？」
答、「聞こえることは不動です」。
問、「思惟を超越するとは、どういうことか？」
答、「思惟を超越することは不動です」。

　この不動は、禅定(ぜんじょう)から智慧(ちえ)を得る方便を開発することである。これは智慧の門を開くことである。聞くことは智慧である。この方便は智慧を開発することができるだけでなく、禅定を正すこともできる。この不動の達成は、智慧の門を開き智慧を得ることである。これを、智慧の門を開く、という。[34]

　ここに、「北宗」独自の教義的文脈から、儀式的な会話へと成文化された一節が見出される。成文化された問答に先行するものを初期禅の諸文献中に探す場合、機縁問答は元来自発的なものだという先入観にとらわれず、このような資料に注目せねばならない。

　僧院の訓練や儀式などの場面で、修行生活の儀式執行者である師匠に対し、弟子たちが徹底的に形式化された方法で応答してゆく、そうした過程を通して、機縁問答はどの程度発展させられたのであろうか。師匠の朗唱と弟子の応答からなる台本化されたかかる教義問答は、『五方便』の他の箇所にも見られる。この資料は「北宗」の教義に基づきつつ、儀式化された秘伝伝授・教義問答・瞑想修行の手ほどきなどの興味深い混合体を巧みに織り成している[35]。ここで、資料解釈上のひとつの可能性に焦点を当ててみよう。すなわち、禅の機縁問答は自発的な口頭の受け答えから、あるいはそれのみから、生じたのではなく――おそらく部分的にではあろうが――儀式化された応答から生じたのではないか、と[36]。従来、機縁問答が自発的になされた唐代禅とそれが儀式化された宋代禅という区別があるが、「自発的」という特徴は宋代禅の重度に儀式化された文脈の中で「刻印」されたものに過ぎないという学者たちの議論によって、この区分は払拭されうるだろう。少なくとも上に引いた成文化された問答の数例は、問答なるものが一回性の「出来事」で

あるという先入観の束縛から我々を解き放ってくれるであろうし、と同時に、「テキスト」としての機縁問答の起源がどこにあったかをも示唆してくれるであろう。

3－6　教えにおける逸話と問答との普遍的使用——八正道の六

　見逃してはならない要素のひとつが、禅の運動が展開する中で、逸話的材料と成文化された問答とが、指導を目的として普遍的に使用されていたことである。もしグラフにするならば、禅籍に見える逸話的内容の数量は、急カーブで増加曲線を描くであろう。菩提達摩の論書から初期・中期の禅文献に至る一連の資料は、逸話・譬え話・比喩・劇化・脚色、その他、物語資料の宝庫である。これらが占める比重は、時を経るにつれていよいよ大きくなってゆく。

　この面で最大の貢献をしたのが、神会であった。神会の行動・思想、そして修辞的スタイルが中国禅を変容させた。彼の頓悟の教義の重要性や、「北宗」に対するあからさまな批判の分派主義的影響がいかなるものであったにせよ、神会が禅を変化させた手段のひとつが、厳しい警告を発することで、同時代の指導者たちに教義の公的な著述を控えさせたことであったことに変わりはない。私はこの神会の影響を「修辞的純粋性」の規範と呼んだ。それは二元的あるいは漸進主義的な形式を使った表現を妨げることである。神会が唱えた反二元主義は、長期的には中国禅仏教に良い影響を及ぼしたであろうが、当時の「北宗」の指導者たちは、その教義の二元主義・漸進主義を激しく批判され、ひどく意気を挫かれていたに違いないのである。

　神会はまた話術の名人であり、公衆を引き込む雄弁家でもあった。菩提達摩と武帝の説話、菩提達摩と恵可の説話など、人口に膾炙した禅の物語の多くは、そもそも神会の説教や講義に初めて見出される。ところが奇妙なことに、彼自身の師匠である恵能に関する物語は、ほとんど見られない。それらのうちには、成文化された問答が相当量収められているのだが、いずれも引き立て役である「北宗」僧の崇遠や著名な文人たちとの間でなされたものであった。そこには小説的な創作の意識が明確に見て取れる。有名な在家者と

のいくつかの会話などは、事実無根のでっち上げである可能性が高い。また、それらの問答は、機縁問答とは言いがたい。明らかに体系化されすぎているし、自発的なやり取りとしては、論理的な形式を保ちすぎているからである。歴史上の人物は、みな等しく、何らかの意味で過渡的である。神会自身は確かに、機縁問答を使いこなす実践者ではなかった。しかし、その生涯にわたる運動が、禅の伝統における逸話の使用を促したことは否定できない。

3－7　開悟物語の創作──八正道の七

　初期禅の著作のもう一つの特徴は、虚実をない交ぜにした、悟りの経験の物語を創出する傾向である。恵能について見る前に、そのいくつかの例を論じておく。

　前章で牛頭宗のテキスト『絶観論』を見た（85ページ以下の引用を参照）。それは禅における師弟の交流を公然と虚構化した劇であり、最高の例である。この他にも、悟りの物語の虚構の例は、8世紀の禅籍中にいくつか見られる。たとえば、同じ修辞的な構造を共有する一対のテキスト、『真宗論』と『禅門秘要決』がそれである[37]。どちらも、一人の精神的修養の指導者によって演じられる、悟った禅匠と真摯な在家求道者という二者の姿を描き出している。つまり著者は、自分自身を在家者と出家者という二つの役割に演じ分け、自ら修行について問い、その問いに自ら答えてゆくのである。これらのテキストを読むたびに、いつもおもしろく思うことがある。著者は、まず師匠として、そして弟子として、二回自己紹介する。それから、弟子として最初の質問を発した直後、すかさず師匠の役に早変わりし、「私も出家してずいぶんになるが、かくも深い質問は、いまだかつて受けたことが無い」と、当の本人が発した質問を絶賛するのである！

　『絶観論』『真宗論』『秘要決』の内容は、明らかにフィクションである。しかし、それらは幾分か、理想の師弟の相互交渉をモデルに創作されたのであり、禅の指導者と修行者の間に起きた実際のやり取りに、あるいは似ているのかもしれない。これらの文献の著者たちは、自らの文学的イメージを創出するために──自分が直接経験したものであれ、あるいは僧院の中で伝聞

したものであれ——虚構を生むに足る実際上の出逢いの知識をある程度もっていたに違いない。ここで重要なのは、実際にどのような出来事があったかということではなく、これらの文献が、禅の伝統における新しいテキストの使用法を代表しているということである。

　むろん、より広く見れば、歴史上、中国仏教における護教論の伝統が、一種の自己主張の道具として虚構の権威を作り出してきたことに気づく。たとえば『理惑論』の著者とされる牟子は、仏教が中国にとって有益であると説明するために創り出された、疑いも無く架空の人物であり、ここでの最適の例である[38]。ただ、我々が見ている禅文献の目的は、中国における仏教の有益性を懐疑的読者に納得させることではなく、将来修行者になるはずの人々のために、禅の修行と悟りのモデルを創り出すことなのであった。

3-8　機縁問答の系譜的構造——八正道の八

　次に恵能の例について、物語の虚構性自体に基づいてではなく、主人公の性格に基づいて、説明を付け加えておきたい。まず、以下に引く『法華経』（提婆達多品）の有名な一節を見られたい。

　　その時、龍王の娘は大千世界に値する宝珠を仏に献呈した。そして仏はそれを納受された。龍王の娘は智積菩薩と舎利弗尊者に向かって言った。
　　「私が宝珠を献呈し、世尊はそれを納受された。これは速やかだったでしょうか、あるいはそうでなかったでしょうか？」
　　彼ら二人は答えた、「それはきわめて速やかでした」。
　　娘は言った、「あなた方の神通力で、私がそれよりも速やかに成仏するのを見とどけてください！」
　　そして、そこにいた会衆の人々は、みんな見た。龍王の娘が即座に男子に変化し、菩薩の修行を完成し、南方の無垢世界に行き、宝珠でできた蓮華の上に坐り、無上等正覚を獲得し、三十二相八十種好を備え、十方の一切衆生のためにあまねく妙法を演説するのを。[39]

『法華経』に見えるこの龍王の娘と恵能の間に、ひじょうによく似た点があることを述べたい。注目すべきは、精神的に恵まれた人が当然もつべきだと社会的に信じられているような特徴を、両者がともにまったく有していない、ということである。まず、龍王の娘は女性であり、非人であり——高貴なる生まれの非人ではあるが——そして、さらに未成年でもあった。だが、彼女は一瞬のうちに男子に変化し、菩薩の修行として期待されるすべての試練と艱難を通過し、そして完全な悟りを達成することができた。恵能の場合は、無教育であり、文化はつる南方の辺境出身であり、卑しい身分の生まれで——彼の父は官人であったが、流刑に処せられたとされる——そして、さらに僧侶でさえなかった。しかし、優れた直感という天賦の才によって、彼は六祖の資格を与えられた。

　恵能の物語の中に、機縁問答成文化発生の最後の鍵を見出すことができる。問題となるのは、師匠と弟子たちの間で実際にそのような問答がなされたのか、もし、なされたのなら、どのようになされたのか、そしてそれはどの程度事実であるのか、ということではない。むしろ問題は、中国の僧院の「奥の間」(back room) で起こったかもしれない日常茶飯事を、そのまま筆記するということへの抵抗である[40]。有名で傑出した禅匠の言葉だけではなく、弟子たちの言葉をも同時に筆記することが許容されるようになったのには、何らかの認識論上の変化があったはずである。恵能の例はこの認識論上の変化をもたらす重要な要因であったかもしれないが、しかし、時はまだ熟していなかったのである。

　機縁問答は、最初、洪州宗の名で知られる馬祖道一の流派において盛んになったと、一般に信じられている。禅の記録の中で、馬祖とその弟子たちは、農作業や日常の仕事を行なう牧歌的な雰囲気の中で、当意即妙の問答をしていたように描かれている。多数の人物に関する豊富な会話があり、それらを見ると、「実際には」何も起こらなかった、機縁問答はすべて虚構である、とはとても言えそうにない。むろん私も、そこまで言うつもりは毛頭無い。だが、さきに指摘したひとつの問題は、やはり回避できない。すなわち、馬

祖とその弟子たちの機縁問答が行なわれたのは8世紀の後半ないし9世紀の初頭と想定されるが、にもかかわらず、その後952年に『祖堂集』が出現するまで、成文化された形の機縁問答が見られない、という問題である。

　今日、『祖堂集』よりもずっと早くに成立した洪州宗の文献を見ることができる。それは『宝林伝』であり、部分的に現存している。そして学者たちは一般に、失われた部分——馬祖とその直接の弟子たちに当てられた部分——は『祖堂集』の対応部分に繰り入れられたのであり、それほどの違いは無かっただろうと推測している。だが残念ながら、このような推測は、『宝林伝』の中に成文化された機縁問答が含まれていないというごく単純な理由によって、妥当と言いがたい。確かにこのテキストにも、大量の成文化された会話が含まれている。さらに、それらはすべて、悟った禅匠たちの口から出たとされる虚構の発言ではある。だが、それらの会話のどれ一つとっても、『祖堂集』のような活き活きとしたものは無い。

　しかし、『宝林伝』には、きわめて重要と考えられる一つの特徴がある。それは、テキストを一貫する物語の構造である。すなわち、釈迦牟尼から菩提達摩を通じて馬祖に至るまでの禅の祖師たちは、その教えの記録ではなく、生涯の記述というかたちで記されている。そして彼らはみな二度ずつ記述される。最初は先代の祖師によって見出される才能ある弟子として、二度目は、悟りを開き、自身の後継者を探す当代の祖師として、である。興味深いことは——恵可の話の中の一部の例外を除いて——祖師がいかに悟ったかという経緯がまったく記述されていないことである。与えられているイメージは、「ビフォアー」と「アフター」の二つでしかない。このように、我々から見れば法が伝わる過程で最も重大だと思われる悟りの体験が、まったく扱われていないのである。ここで注目すべきは、将来祖師となる人物が登場する際に、先代の弟子という側面が強調されていることである。つまり、このテキストでは、将来祖師となる今の弟子と、すでに悟って祖師となったかつての弟子、その両者の間に構造的なシンメトリー、あるいは等価性が暗示されているのである。

　この構造的な等価性は、機縁問答の成文化が可能になるために——つまり、

師匠と弟子の双方の言葉の筆記を可能とするために——相当の役割を果たしたであろう。だが『宝林伝』が編集された801年の時点では、それはまだ可能になってはいなかった。そして、この文献が悟りの経験を記すのに控えめであるのは、その目的が、僧院の禅堂内で僧侶を教育することではなく、江西という、新たに禅が発展した地域での啓蒙・普及にあったためではなかろうか？ つまり『宝林伝』には、在家向きの教材として使用されていた可能性が認められるのである。

　禅の法系的モデルは、師匠と弟子の間の相互の交渉あるいは対決を必要とする。本章第2節で紹介した馬祖の坐禅の話に見られたように、弟子は暗に「中国の道のパラダイム」——ここでいう「道」はサンスクリット語mārgaの訳であり、無明から悟りに至る精神的な修行の道程を意味する——を代表し、そして師匠のほうは禅的修行の「出逢いのパラダイム」を代表している。弟子を「道のパラダイム」から「出逢いのパラダイム」へと方向転換させるように働く力、それが師匠の応答なのである。つまり、弟子が従っていたのは、ポスト神会の世界でいう漸修の教えであり、それは悟りというゴールを目指して、一連の訓練と階梯を進んでゆくものである。その精神的な修行の流れは、各参加者がサイコロを振って盤の下のスタートから上のゴールへあがっていく「双六」のようなボード・ゲームにいくぶん似ている（この幼児向けのゲームでは、あるマスにとまると、滑り台で下に滑り落ちたり、階段で上にあがったり、また数マス進んだり戻ったりする）。もちろん、精神的な修行の上で自分のコマがいかに動くのか、それを決めるのは、サイコロの目ではなく、種々の精神的技術の習得である。参加者はそれぞれ、自分のコマを進めることに熱中する。そして、技師や職人に専門的な各種技術が必要であるのと同様、修行者にも修行上のさまざまな技術が求められるのである[41]。

　弟子たちにおいてはこのような「道のパラダイム」が前提となっているのだが、それに対して禅修行の指導者は、問答という相互作用が働く「出逢いのパラダイム」に入るよう彼らに強いる。先入観というのはえてして頑固なものであり、この転換はもちろん、言うに易く行なうに難きことではあろう。だが、ともかく禅宗の出現によって、真の精神的な進歩を実現するモデルが、

双六風の一次元的修行から二次元的な出逢いの世界へと変わったのである。ゲーム盤上でコマを動かすのに比べ、この二次元的な相互交渉の世界では、ルールで規定される割合が少なく、より直感的かつ創造的である。あたかも、二人で舞うダンスのレッスンや、男女の恋の手ほどきのように。

　中国や日本の囲碁、あるいは中国の古代・中世に行なわれた六博（りくはく）というゲームに喩えるのが最も適切だろう。一つのコマを一本の道に沿って下から上へ動かしてゆくインド的ボード・ゲームとは対照的に、中国のこれらのゲームでは、多数の碁石を単線の上にではなく、縦横の複線の交差する点の上に置いてゆく。インド的ボード・ゲームが一人でも数人でもでき、参加者の人数に制限がないのに対し、中国の囲碁は本来的に一組の対局者のためのもの、つまり、二人の戦い――duel――である。二人の対局者は互いに領土を奪いあう。碁石をどこに置けるかを規定するルールはごく簡単であり、対局者はそれに基づきつつ、リスクと利益の洗練された計算を展開する[42]。

　もちろん、禅と囲碁がまったく同じだというのではない。すべての比喩がそうであるように、この比喩もまた、喩えるものと喩えられるものとが完全に一致しているわけではなく、両者の大まかな類似を示すにすぎない。とはいえ、禅の師弟間における相互交渉の古典的な例は、独特で複雑な類型化を示す点で、やはり囲碁によく似ている。その類型化は、型にはまることなく、創造的で自発的、かつ即時的なやり方で、弟子に応対する禅匠を描くことを目的とするものである。言い換えれば、すべての師弟の相互交渉の文脈で起こる、中国の「道」のパラダイムと「出逢い」のパラダイムの衝突は、実は、神会以後の禅の「頓（とん）」と「漸（ぜん）」という区別の反映なのである[43]。

　禅の伝統における機縁問答の起源と機能を理解するためには、数多くの要因とそれらの複雑な絡みあいを考察しなければならない。そしてそれ以上に、まったく異なる文化背景との結びつきをも考慮する必要がある。たとえば、僧院の組織、口頭の説法の構造、そして宗教文学における新ジャンルの創造など。

　機縁問答は、僧堂や住職の方丈（ほうじょう）、そして他の僧院中の私的な場所などの

「奥の間」で行なわれたと思しき、口頭のやり取りから発生した。それは早ければ7世紀最後の四半世紀ごろ、玉泉寺の神秀の居所においてのことであったであろう。それは、もしかすると、東山法門ではすでに知られていた相互交渉の方法であり、指導の方式であったのかもしれない。また、もしかすると、部分的には、天台智顗が初期に住した玉泉寺に受け継がれていた遺産でもあったかもしれない。さらに、もしかすると、中国仏教の僧院組織全体で、坐禅堂で、そして種々の様式と枠組みの僧侶の修道施設の中で、より幅広く実践されていたものであったのかもしれない。ただ、それがいかなる形で流布したにせよ、もともとは「奥の間」でのみ行なわれるもので、文書として開示されるものではなかった。8世紀のはじめに、神秀や老安、その他「北宗」の人物たちが長安・洛陽の人々を魅惑し興奮させることができたのは、それまで「奥の間」で行なわれていたものを上流社会に公開したからであった、というのは、いかにもありそうなことである。この推測が正鵠を射ているか否かはともかく、952年の『祖堂集』の出現まで、禅文献には、弟子に過ぎない者の言葉を記述することに対する明らかな躊躇、あるいはむしろ無力感が示されている。952年より前に記述されえたのは、著名な禅匠が皇族あるいは文人らと交わした言葉のみであり、その文体も格式ばった文語文であった。だが、952年以後、この状況は一変する。これより後、弟子の言葉を禅文献にあわせて収録することは、単に許容されるのではなく、期待あるいは要求さえされるものとなった。実際、この時点から、匿名の弟子との相互交渉以外の方法で禅匠の独自性を示すことができなくなる。『祖堂集』の詳しい検証は次章にゆずるが、その出現が意味する何らかの社会的・概念的変容について注意しておくことは、有益である。

　もちろん、今日、我々の目の前に残されているのはテキストであり、それは口述の伝統が筆記された転化物である。口述から筆記媒体への転換に、どれほどの重要性があったのか？　禅語録という文学に接する読者のほとんどは、そこに記される言葉は、その出来事が起こった際に、語られたそのままの形で基本的に正確に筆写されたものだと、素朴に考えている。しかし、それらの禅籍を読む際に感じられる活き活きと臨場感にあふれた印象は、主と

して文学的効果によるのであり、直接的には修辞がもたらした結果なのである。実際には、禅の問答は、次のようないくつかの段階を経て現在の形になっていったのであった。

（1）**最初の成文化**　話された言葉を文字で成文化するという行為は、自明のこととされるべきではない。それは口頭語を書記言語へと変換する複雑な過程の最初の段階——事実上ある種の翻訳——を意味する。成文化されたもののすべてが、当時長安(ちょうあん)で話されていた標準的な口語の形を採用していることが、歴史言語学から分かる。標準的な口語文に書き直すには、一定の困難な作業がともなう。実際に口頭でなされた発言から、その種の話の通常的な特徴である「ノイズ」が除去されるだけではなく、筆記のために文章も単純化される。そして、中世の長安における標準的な口語文へと翻訳される中で、方言の特殊性はすべて除去されるのである。かくして、南方人どうしの会話も、南方の方言ではなく、長安の口語体で記述されることになるのである[44]。

（2）**流通、評価、そして選択**　同じ物語が異なった役者たちによって演じられる例、あるいは似たような物語が内在的な進化の過程を示している例が、いくつもある。また、弟子が別の禅匠の会話や発言をとりあげ、それについて自分の師匠に質問する場合もある。つまり、これらの物語は、語り継がれ、次々と受け渡され、繰り返し評価し直され、改変されてきたことが、明らかなのである。流布する物語の面白さ如何によって、それぞれの禅匠に対する評判が変化する。この変容は、口頭の伝承と筆記の伝承の双方からなる複雑な環境で起こったようである。

（3）**編集上の改変**　討論が重ねられるうちに、そして特に機縁問答の素材の出版が本格化した後に、編集者たちがその問答の宗教的有益性を高めるために、テキストの言葉を改変する傾向が明らかに見て取れる。それは、問答を新たに記す際に、表現をより口語的に改めることで、その

記述がいかにも直接的な筆写であるかのようにする作業であった。最も顕著な例は、歴代の禅籍の中でも最も重要なもののひとつである臨済義玄の語録である。禅籍を読むことで感じられる、まるでその場にいるかのような活き活きとした臨場感は、何世紀にもわたる一連の努力がもたらした文学的効果にほかならない[45]。

このように、機縁問答を収める諸文献は、その機縁問答が実際に行なわれたとされる時点から、いくつもの段階を経たうえで成立しているのである。これらの文献が出版された時代——宋代——について考察する前に、我々は唐代から宋代にかけて起こった中国仏教の制度上の変容について考察しておく必要がある。

第5章　禅と資金調達の法

——宋代における宗教的活力と制度的独占——

1　反「なんでも禅」

　私は公的な学会の場で、一、二度、「Zen」という語が含まれている四、五十冊の書籍の題名を、芝居がかった朗読によって紹介したことがある。その種のもので、今日、最も広く知られている例は、ロバート・パーシグの小説『禅とオートバイ修理法』であろう。しかし、これは甚だ広大なこのジャンルの、数多くの本の中の一つでしかない。そこには他にオイゲン・ヘリゲルの『弓と禅』をはじめ——これは最近、何がしかの議論の対象となった[1]——以下のような書物が含まれる。『禅とマッキントッシュの道』『禅とウインドサーフィンの道』『禅とインターネットの道』『禅とキュービングの道　第七の側面を求めて』——この副題はいったいどういう意味だろう？——そして、『トーストはなぜゼリー面に向かって落ちるのか　禅と物理学実演の道』などである。鈴木大拙とアラン・ワッツによる『禅と無心』『禅と日本文化』『禅の道』などの記念碑的な作品をはじめとして、「禅とナントカ」と題した本は、実に枚挙にいとまない。『国際関係の禅』『イエスの禅の教え』、そして『オズの禅　虹を越えてからの精神教訓十話』……。ある著者は、『禅コンピューター』と『禅セックス　愛の道』と題した二冊の本を書いている（私はまだどちらも読んではいないが、それらの内容が互いに大きく異なったものであることを希望している）。その晩年に、禅に対する見当違いの尊敬に基づいて、自ら「和尚」という名を名のった故バグワン・シリ・ラジニーシ氏（1931-1990）は、禅の思想や書物を解説する何冊もの本を書いているが[2]、そのなかの一冊は、『禅、ピューピュー、風趣と、ヒューヒュー』という威勢のい

い題名の、長ったらしい大冊であった。そして最近、禅の伝統と明確な接触をまったくもったことのない医学の専門家と精神医学の専門家によって書かれた『愚者のための禅的生活完全ガイド』という本も登場した。

　これらの「禅とナントカ」と題した本のうちの何冊かは、それ自身としては優れた本であろう。しかし、全体として言えば、これらは世界の偉大な宗教的伝統の一つである禅に対する、まったく陳腐な誤解を永続させるものでしかない。事実上、誰しもが禅についての権威ある理解をもっているかの如くであり、あるいは少なくとも、禅の伝統とは何の関係もない作品に、気楽に「Zen」という言葉を使っているように見える。これに対して過度に憤慨してもどうにもなるまい。この種の自分勝手な利用は、禅や東洋のものに対する西洋の興味を最初に掻き立てた鈴木大拙の伝道事業の成功にともなう、不可避の副作用なのだから。しかしながら、東アジアの仏教における使用法に比して、Zenという言葉は現在の世界の通俗文化の中で、ひじょうに異なった、そしてよほど偏った意味で使われていることが認識できるであろう。通俗的な使用法では、Zenは、ただ単に人間のあらゆる行動に適用可能な、散乱なき精神統一を意味するものである。今、自分が取り組んでいる事柄に完全に没入し、それと一つになり、そのリズムに合わせて流れるようにやっていけば、その時、その活動は自然に改善される。これはプロの運動選手や、創造的な著作家や、その他多くの人々に重要な利益をもたらした発見ではあろう。私はまた、Zenという言葉が、日曜大工や化粧品の説明に使われるのを見たことがある。これらの場合、Zenという言葉は極端なシンプルさと使いやすさを強調するために借用されている。もちろん化粧品の場合は、私にはよく分からないが、幾分か「東洋的」な美的感覚も含まれているだろう。こうしたあらゆる文脈でもまた、Zenの名を唱えることがエキゾチックな香りを漂わせていることは、疑いない。

　精神の一点集中と飾り気のない質朴さは、自己修養のあり方としては中国禅の正統的なメッセージであろう。しかし、すでに見たように、禅の伝統はそれ以上のものを、もっと多様に包含していたのである。この章は上に紹介した書名のほとんどとは異なって、実に禅の伝統において実践されたファン

ド・レイジング（資金調達）の道について論ずる。しかし、これは「Do-it-yourself」、あなたにもできるナニナニ、式の実用書ではない。私は資金調達の禅的やり方を論じるが、ポスト・モダンの世界でこれを実生活に応用することは、誰か他のかたにお任せしたい（しかし、この決心は経済的には得策でない。『資金調達への禅の道』と題する本を書くほうが、きっと利益が大きいに違いない！）。

　以下、禅の法系に属する人々が、9世紀から11世紀にかけて、いかにして中国仏教の寺院制度の支配権、あるいは少なくともその最高の指導的地位を獲得したのか、ということを考察してみたい。ここで提示する仮説は、次のようないくつかの難問を解決する。すなわち、師弟の出逢いをモデルとした禅の実践が、公的なイデオロギーとしていかに機能したか？　9世紀の中国における仏教弾圧や寺院の経済的苦難に、禅がいかに対応したか？　そして、禅宗寺院をも含んだと想定される仏教寺院のほとんどの生産労働は、在家の労働者か小作人によって担われたのだが、そこで禅宗寺院における作務の神話がいかに重要な役割を果たしたか？

　一般的には、宋代の禅宗寺院の住持が資金調達のために努力したことは、禅と仏教の伝統全体の堕落を示すものと看られている。それに対して私は、禅の組織上の成功は、その精神的修練の活力によってこそ可能になったのだという、正反対の主張をしたい。最も簡単に言うならば、禅は独特の資金調達の方法を編み出したのである。この方法によって、禅の唱道者たちは、自分たちの組織のための経済的支援集めに公然と働きながら、しかも、自分が道徳的高潔さと世俗的利益への無執着を身上にしているという印象を、作り出すことに成功したのであった。

2　中国史の中の禅仏教

　禅の著作に親しんでいる読者は――欧文で書かれた書物であれ、東アジアの言語で書かれた書物であれ――ここで紹介するような再解釈の視点に驚かれることであろう。しかし、このような異なった視点から考えてみることの

利益は、一見して想像されるより、ずっと大きい。ここで問題となるのは、中国史の流れにおける仏教の役割についての、包括的な理解そのものである。英語で書かれたほとんどの書物において、魏晋南北朝（220-589）[3]から宋代、つまり3世紀から13世紀にかけての、中国の文化的・思想的変容に対する解釈の枠組み形成に大きく影響したのは、20世紀初期の禅の研究であった。逆に、その時代の中国思想史の輪郭に関する標準的な諸解釈は、禅の伝統の描かれ方に深く影響を与えてきた。両者の間には、顕著な循環性が働いていたのである。中国史の研究者たちは空想的に描かれた禅のイメージに基づいて包括的な理論を構築し、それらの理論は伝道の目的によくかなっていたので、逆に禅の護教論者たちもそれを信奉してきた。その結果、中国仏教史、中国の思想史・宗教史、そして禅それ自体についての理解は、ひどく貧しいものになってしまっていたのである[4]。

　この循環性から生じた誤謬と矛盾は、ハインリッヒ・デュモリンの著作にきわめて顕著に見て取ることができる。数多くの通俗的ないし半学問的な解説の基礎資料となってきた彼の著作は、極端な、しかし、代表的な例である。しかも、彼の労作は独自の研究によるものでなく、それ以前の研究から再生産されたものだったので、ここでの考察には特に有用である（デュモリン神父は非常に体系的な多読家以外の何者でもなかった）。彼は純真な精神的巨匠として、また枠組みにとらわれない自発性の天才として、そして基本的に師弟の相互交渉と勤勉な精神的修養だけの整然たる世界の住人として、唐代の偉大な禅匠たちを描き出した。彼らは門弟とともに田畑で作務にいそしんでいたのであって、寺院運営についてのいかなる世俗的な問題からも、また地方官庁の役人や土地の所有者である豪族たちとの付き合いからも自由であり、ましてや官僚機構や朝廷との関係などに煩わされることは無かった。彼らの活動の中心は、種々の儀式や年中行事の祭りや巡礼の世話など、さまざまな機能に満ちあふれた通常の仏教寺院からは、どういうわけか、ひどくかけ離れている。唐代の禅匠たちは、そうした人間相手の事業がもたらす経済的恩恵に浴することも無ければ、普通の人間社会との交渉からくる、頭の痛い思いや骨の折れる仕事とも無縁であった。理想化された描写によると、一

つには通常の資金調達活動への関与を拒否したために、もう一つには、すべての物事や行動の中にまで精神的な修養を浸透させるという深い必要性のために、禅の修行道場の内部では、僧侶たちが肉体労働に励むという新しい精神が涵養されていたというのである。

デュモリンは、このような風変わりで美しく無邪気な唐代禅の描写のなかで、伝説的に百丈懐海に帰せられる寺院の規則(『百丈清規』)について記述する。百丈が清規を書いたということは、彼にとっては疑い無い事実である。百丈が清規を施行したという想定を裏づける同時代資料の欠如は、彼にとって何ら問題ではない。12世紀初頭以降に実際に文献として現れる最初期の諸清規(『禅苑清規』等)の宗教的文脈などは、すでに鎌倉時代の日本に注意を移していたデュモリンの関心の遥かかなたにあったのである[5]。唐代には会昌の廃仏という苦難があり、そして、他の仏教諸宗が物質的な財産の喪失と数多くの僧侶の還俗によって致命的な傷を受けたにもかかわらず、禅宗のみは『百丈清規』に基づく純粋な精神と無私の倫理によって、比較的軽傷ですんだ。デュモリンは、そう主張するのであった。

特に会昌の廃仏についてデュモリンは、独身主義に対する中国人の根深い反感という政治的背景と仏教教団自身の内部的頽廃を論ずるのに、一、二ページを割いている。敵意はあるが影響はさほどでもない842年に始まる序幕期、844年の諸法令施行による加速期、845年の絶頂期、そして846年初めの武宗の崩御による終焉、と廃仏の各段階の詳細を述べた後、デュモリンは次のように書いている。

> 経済的な要因も、その仏教弾圧を支持するのに明白で決定的な役割を果たした。幸運な例外たる禅を除いて、仏教僧団は中国社会の経済的な利益にほとんど寄与していなかった。禅僧たちは農場で働き、その田畑の生産性を涵養していたのである。東山法門について我々がもっている情報が正しければ、中国における禅宗は、初期の段階からそうしていたのであった。[6]

これは、世俗的な営為から隠遁し、修養の一部として自分自身を農作業のようなシンプルな労働に捧げる真摯な修行者の集まり、という、仏教僧団のなかの特別な小党派たる禅についての、空想化されたイメージの陳述にほかならない。在俗者の労役の使用という点では、東山法門の僧団もおそらく当時の他の中国の修行道場と何ら異ならなかったであろうこと、そして東山法門の終焉から一世紀以上もたって『六祖壇経』が出現した780年ごろにおいてさえ、寺院の普請作務という理想化された禅のイメージの根拠は何ら存在していなかったことなどは、すでに見たとおりである。恵能が寺の労務者として扱われたという記述自体が、南方の辺地出身の無学な薪売りがどのような扱いを受けたかを如実に活写している。そのような前提があるからこそ、後に続く物語が劇的な驚くべきものになるのである（88ページ以下の物語と98ページの議論を参照）。

　廃仏の、破壊的な、しかし一時的な性格を述べた後、デュモリンはそれが禅に実際的な影響を及ぼさなかったことを解説する。

> 廃仏の期間が短かったことが、禅がほとんど打撃を蒙らなかったことの一つの理由である。最も大きな損害があったのは、大都市や北方の各州であった。主に南方や辺鄙な地域に位置していた禅の運動は、幸い大きな混乱を免れた。その上、宗教的な権力の目からは、禅の寺院はむしろ目立たない泡沫的なものに映っていた。唐代の禅匠たちは朝廷から距離を置き、注意を引くかもしれないような学問的ないし社会的行動には、まったく関わっていなかったからである。その結果として、彼らはその損害を最小限にし、重大な損害を食い止めえたのであった。[7]

　これはただ単に、理想化された同一のイメージを詳論しているに過ぎない。しかしこの一節の直後に、デュモリンはより広い歴史的な問題を紹介している。

　唐代の仏教弾圧は、中国仏教の歴史的転換点を示す標識であった。弾圧

の主な攻撃が続いたのは一年に満たなかった。広汎に根を下ろした仏教の組織が、そのような短期間のうちに、永久に後遺症を残すような傷を受けることがありえようか？　嵐がおさまった後、あれほど人々から愛されていた数多くの寺院や叢林(そうりん)は、自力で立ち直る力をもっていたと考えられるであろう。あるいは、仏教は――その美しい外観と、堂々とした建築物、その複雑な教義体系、そして印象的な儀式にもかかわらず――その内面的な活力を枯渇させてしまうほどの打撃を受けたのであろうか？　ある特定の寺院や尼寺では顕著であった外面的被害のほかに、何かそれ以上のものが情況のなかにあったのであろうか？　衰弱と破壊は仏教の骨の髄まで及んだのであろうか？[8]

　この反語的な問いかけに対するデュモリンの回答は、読者に予想できるとおり、肯定的である。彼は続けて論じる。禅の運動と、政府の統制の外にあった禅の環境が、ひるがえって仏教界全体が深刻な衰頽に至っていたのではないかという彼の疑念を証明するものにほかならない、と。
　唐代後期の仏教の命運に関する記述は、大幅に書き直されねばなるまい。しかし、ここでは、この問題に対するデュモリンの関心の帰着点に、真正面から焦点を当てなければならない。彼の説は大部分、宋代における仏教以外の伝統の栄光を論ずるための伏線なのである。

　　宋代を通じて、中国文明は、かつて古典的古代の時代にのみ知られていたような高みに達した。一般的に文化的成長は古典への回帰によって促されるものだから、これを「ルネッサンス」と称してもよいだろう。……
　　西洋で「新儒教(しんじゅきょう)」と呼ばれているこの時代の圧倒的な思想運動は、古典に基づく自然主義的・合理主義的志向を現代性に対置することによって、このルネッサンスに貢献した。多数の学派の形而上学的思索、そして手の込んだ儀式と神秘主義によって、大多数の中国人を五百年にもわたって魅了してきた仏教の黄金時代は、明らかに過ぎ去ったの

2　中国史の中の禅仏教　　145

である。……

　武宗の大弾圧（845）以後、仏教はただ二つの運動として生き延びただけであった。瞑想的な禅宗と主に通俗的な浄土教である。この時期の禅宗諸寺院は、仏教の伝統の代表としてより高次の責任を負わされ、宋代文明を大いに高めた知的かつ芸術的な潮流が、そこから流れ出したのであった。[9]

　ここに現代の実証主義の歴史家胡適（こてき）（1891-1962）の中国史解釈——そこには独特の「中国的ルネッサンス」(Chinese renaissance) 理論が含まれている——との共鳴を見出すことはたやすい。デュモリンは、胡適の思想を無批判に、何ら変更することなく、自分の著作に取り込んでいるのである。

　胡適の考えによれば、中国の古代は、迷信やいかなる宗教もほぼ行なわれることのない、基本的に正しく合理主義的な社会であった。しかし、漢王朝の崩壊に続いて中国文明が最も脆弱となった時代、理論と実践をあわせた有害な外来の迷信体系として仏教が伝来した。この時代、中国は病に冒されていたのであり、仏教はそこに制御不可能なウイルスのように病気を感染させたのである。ある時期、胡適は、魏晋南北朝時代の中国をインドの「知的植民地」であったとさえ断じている。この見地を前提とすれば、禅仏教の興起は、胡適にとって、ただ一つの理由によって興味あるものであった。彼は、こう信じたのである。頓悟の教えは仏教の病を中国自身の複合的身体から摘出し、宋代の「ルネッサンス」における新儒教の登場を導くために使われた、外科手術の道具の代表にほかならない、と。

　中国史における仏教の役割に関する胡適の理解の錯誤、それは率直に言って、ここですべてを取り扱うにはあまりにも多すぎる[10]。禅の悟りの経験に対する理解の哲学的な意味、それについては次章で論ずることとし、ここでは歴史的過程の問題のほうに焦点を当てねばならない。20世紀初期の中国の窮状を過去へ投影する胡適の観点は、植民地化とそれからの解放という表現において特に露骨であることに注意されたい。そして、ルネッサンスという表現、宋代における新儒教の伝統の「開花」、そして古典の強調に対する積

極的な評価、それらはほとんど逐語的にデュモリンの著作に反映しているのであった。

3　体制乗っ取りの五つの要因

　胡適やデュモリンに代表される見解に代わる解釈は、どのようなものであろうか？　新たな仮説への準備的雛形として、まとめて取り入れるべき五つの異なった要因に注目しておこう。

3−1　神会の禅的「資金調達」の説得力
　胡適の禅学研究の関心は、神会という僧によってほぼ独占されている。だが、「北宗」に対する総攻撃のリーダー（「北伐的総司令」）という軍事用語を使った胡適の神会像とは対照的に、また、自分の弟子との親密な宗教的出逢いに従事する瞑想の指導者、ないし精神的修養の導師、という通念的な禅匠のイメージとも対照的に、神会については、実は公衆に対する福音伝道者として理解するのが最善である。つまり彼は、公衆に対する禅の「"good news"——めでたきみ教え」の宣教者として働いたのだ。彼の宗教的使命の舞台は、僧堂の閉ざされた聖域ではなく、戒壇というきわめて公的な場であった。そこで聴衆に仏教の精神的修養の道を歩み出すように吹き込む、刺激的で極度に芝居がかった説教を行なったのである。この活動の結果は、男女が得度して僧尼となった——中国における禅の修行者数がそれだけ増加した——ということにとどまらない。寺院と国家の両方の金庫に、貨幣が流れ込んだのである。僧職の一員となって生涯税金を免除される特典を獲得するために、得度を受けるすべての男性は政府に多額のお金を支払わなければならなかった（女性は直接課税の対象になっていなかったので、尼僧についての同じような情報は無い）。755年に安史の乱が始まって以後、神会は唐の政府からこのようなやり方で資金を集めるよう協力を求められた。そして、その後、国防に対する貢献によって、政府から褒賞を与えられた。神会の活動を通して僧院が受けた寄付金がいかほどであったか、それを伝える財政上の詳細な資

料は現存しない。だが、かかる度僧が国の収益になったことを証する文字の刻まれた金塊が、中国の考古学者によって発見されている。むろん、こうした活動は、仏教寺院にとっても、政府にとっても、まったく近視眼的なものであった。この結果、僧の得度は国家による強い統制の下に置かれるようになり、政府のほうは税収基盤を自ら蝕むことになったからである。この事情のすべては、中国宗教史のたいそう興味深いエピソードである[11]。

　ここで重要なのは、神会が資金集めに成功を収めたのは、禅の伝統の彼岸性によってではなく、彼の偶像破壊的な表現によってであった、ということである。たとえば有名な菩提達摩と梁の武帝との相見の話（39ページ参照）、これは表面的には、利益を目的とした行動を明確に拒否するもののように見える。しかし、事実として、この物語は、大規模な資金集めの法会における神会の演説を記録した禅文献において、初めて見出されるものなのである。言葉を換えれば、神会は聴衆に訴える際、おおむね次のように言うことが効果的であることを発見したのである。「あなた方のお寺への寄付金は空であり、究極的にはそこに宗教的功徳など無い。しかしながら、一切衆生のために悟りを求めるあなたの菩提心を通して、そして禅の単純な修行として、ともあれ、あなたたちはこの寄付をするべきなのである」と。教団に対する寄付を抑制するためでなく、むしろ寄付集めのやり方の微妙な差別化のためにこそ、偶像破壊的な言葉が使われたのであった。寄付集めの専門家としての神会の経歴から判断すると、布施を要求するためのこの逆説的な訴えは、すこぶる功を奏したらしい。

　ここでは神会の布教活動の深層にあるメッセージを、ミもフタもない単純な言葉で言い換えた。しかし、神会の側からすれば、これは皮肉な、あるいは汚い策略を意味するものと理解されるべきではない。初期禅の活動者に自己認識の危機をもたらした神会の猛烈な分派主義に（83ページ参照）過剰な野心的側面があったことは否めない。けれども、その真相はどうだったか。少なくとも、彼を非難するに充分な資料は現存していない。伝道活動家として聴衆を宗教的な転換に導きえたこと、それをこそ神会の真の実力と認めるほうがより良いように思われる。その過程で彼は、寄付集めに成功するのに

すこぶる適した禅のメッセージを明確に表現したのである。

3－2　馬祖の洪州宗の発展

　洪州宗と呼ばれる、馬祖道一とその二、三世代にわたる後継者たちの一門は、常に禅の理想像として描写されてきた。唐代の「偉大な禅匠たち」、すなわち、かの南泉・百丈・趙州などの面々である。その種の記述の基本的な問題は、それが、洪州宗の盛期から一世紀半も後の952年に出現する『祖堂集』、およびそれ以後の禅籍に基づいているということである。この重要な禅の「灯史」についてはすぐ後に考察することとし、ここではさしあたり、同時代の資料を使って馬祖一派のある側面を検証したい。以下、それらの人物たちとその精神的修行に関する数々の有名な故事ではなく、この一派の社会的な側面として興味ある三つの点を考察してみよう。

　第一に、馬祖の死の直後に書かれた碑銘には、少なくとも洪州に住んだ初期の段階では、彼が「政府の役所」（理所）に住んでいたと書かれている（権徳輿「洪州開元寺石門道一禅師塔碑銘幷序」）。これ以前には、どんな禅僧についての現存資料にも、そのようなことが書かれたためしはない。だから、如何なる経緯でそのような取り計らいがなされたのかは不明である。当時、洪州は、経済的にも、農業面・人口面でも、成長期にある地域であり、唐朝政府にとっての重要度が相対的に増していた。安史の乱によって中国の外辺地域の多くが中央政府の支配から事実上取り去られてしまったため、中部・南東地域の米作地帯が主要な税収源となっていたからである。それゆえ、馬祖のその地域での最初の住居――後には政府によって保護されている洪州開元寺に住まいを定める――は、中央政府の行政的任務との何らかの提携を示唆している[12]。

　第二に、馬祖以後の洪州宗は、江西――地理的に現代の江西省とほぼ同じ地域――の全域に展開するという注目すべきパターンを示している。最初の三世代以上にわたって、洪州宗の僧たちの住地は江西全域に分布し、堅実で段階的な発展を示した。同様の傾向は湖南の石頭希遷（700-790）の法系にも見出せる。石頭は曹洞宗の先駆者であり、禅の神話において馬祖とほぼ同

等の名声を有する人物である。石頭の法系について詳しく語るに足る資料は存在しないが、地域的発展について二つの相似したパターンがあるということは、新しい禅を支持しようとする政府の地域政策の存在を示唆している[13]。

第三に、洪州宗によって作られた最初の文献である801年の『宝林伝(ほうりんでん)』は、僧堂(そうどう)や方丈(ほうじょう)における師弟間の問答というよりは、むしろ公開の在家説法のために考案されたと思しき形式をもっている。このテキストは、唐代の禅修行に関する一般的文脈で、または釈迦牟尼(しゃかむに)から菩提達摩に至る二十八代の法系が最初に列挙される資料として、説明されるのがふつうである。おそらく馬祖自身のために書かれたと推定される最後の部分は失われているが、柳田は952年の『祖堂集』の出現以後、この文献は必要が無くなったのだろうと指摘している。そのため、おそらく最も興味深いはずの部分が欠落した『宝林伝』それ自身は、広く研究されることがなかったのであった(『宝林伝』の説話的な構造については、133-134ページ参照)。

だが、『宝林伝』の独自の形式は、たいそう興味あるものである。さきに簡単にふれたように、それぞれの祖師(そし)の経歴の物語は、『宝林伝』では二つの部分で提示されている。初めに現在の祖師から認められる素質ある弟子として、次に自分の跡継ぎを探している悟れる祖師として。この重複は、大衆向けの物語の語り口が使われていることを意味している。物語の連環構造の中で、聴衆を楽しませ、いつもその先がどうなるのか気がかりにさせ、再び物語に戻ってこさせる、という仕掛けである。物語の提示方法の在家者志向は、祖師たちが事実どのようにして悟りを開いたか、その記述が欠如していることにも表れている。この沈黙は、おそらく部分的には、僧侶が在家者に向かって「自分は悟った」と虚偽の申し立てをしてはならぬという、戒律の規定によるものでもあろう[14]。この抑制は後年には緩和され、あるいは回避されているけれども、成文化された機縁問答(きえんもんどう)のこの発達段階では、まだそれが適用されていたのである。わずか一世紀半ばかり後には、『祖堂集』の出現と同時に、ただの修行僧の言葉や、実在の人物の悟りの経験に関する簡潔な言及が、禅文献に含まれるようになるのだが。

政府が禅仏教への支援に関心をもっていたと言うと、奇妙に聞こえるかも

しれない。だが、その理由は簡単である。学者たちは、今日まで、中国仏教の「被漢化」(sinicization) についてたびたび論じてきた。それは、仏教の側が中国の文化的・政治的条件の影響を受け、それに適応してゆこうとした過程である。しかし、仏教がいわゆる「漢化」(sinification) に関与してきたことを指摘した人はいなかった。「漢化」は、受動的な「被漢化」の過程よりも、むしろ能動的で長期的な事業であった。継続的に拡張してゆく文化圏の中で、漢民族の文明は、人々を圧倒し、包摂し、平定していった。「漢化」は、漢民族の文化が、北から南へ、そしてさらに西南部や極西部へと広がってゆく、大きな歴史的な出来事であった。紀元前の千年間のいつごろかに始まり、チベットや新疆においては今なお行なわれているこの激しい過程は、古代から現代に至るまで続いてきたものである。それは二つの地域の仏教徒およびイスラム教徒の悲劇の風景であるが、ここではこれ以上議論せずに通り過ぎるしかない[15]。

　これまで気づかれていなかったのは、仏教がこの「漢化」にどれほど貢献してきたかということだが、ここでは二、三のコメントだけで満足せねばならない。北方中国の非漢民族の支配者の顧問であった仏図澄（-348）という僧侶は、さまざまな功績の中でも、特に中国北部の二つの非漢民族グループであった、「戎」と「貊」という「野蛮人」を教化したことで知られている（『高僧伝』巻9）。かつて中国の歴史家が指摘したように、これを、仏教と非漢民族とがよく適合したのだと解釈するのは、性急で皮相的に過ぎると思う。なぜなら、その両者の唯一のつながりは、中国人の眼からはともに外国の野蛮な宗教・民族と見られていた、という点だけであって、両者自身の間には特に顕著な関連は無かったと考えられるからである。このことは、むしろ、それら非漢民族を中国の行政制度の中で統治しやすく「漢化」するために、政府が仏教を利用したのだと、私は主張したい。少なくとも3世紀以降、天師道の道士たちが歴代の中国政府と手をとりあって政治的統治の宗教的正当化のために働いてきた、ということを、道教の研究者たちはずっと前から知っている[16]。その協働の側面の一つは、政府の安定を脅かす宗教教団を、道教を使って弾圧し統制するということであり、3世紀から4世紀の間、中

国南方において、いわゆる「淫祀邪教(いんしじゃきょう)」を壊滅させるべく共同で活動がなされたのであった[17]。洪州宗がどのように地方政府と協力したかは明らかでないが、公的に認可された仏教寺院の広がりが、地域の住民の社会的統制のための政策の一部であった可能性は充分にありえよう。

3-3　唐末の大惨事の影響

　以上、長期的「漢化」の過程に対する仏教の参与という新たな解釈について述べてみたが、これに加えて我々は、禅宗に及ぼした会昌の廃仏と黄巣(こうそう)の乱の影響についても再考しなければならない。スタンレー・ワインシュタイン教授が、唐朝統治下における中国仏教の政治的要素に関する重要な研究の中で述べたように、会昌の廃仏は一時的な打撃をもたらしたものの、仏教教団はそこからかなり速やかに回復したようである。経済的により重大な結果をもたらしたのは、むしろ875年から884年の黄巣の乱であった。それは中国北部を荒廃させ、仏教が制度的に存続するために依存していた社会の構造的基盤を破壊してしまったからである。ワインシュタイン教授は言う。

> 最も破壊的であった期間がおよそ二年間だけであった会昌の廃仏とは異なって、黄巣の乱は九年間も続き、中国の主要な地域をほとんどすべて荒廃させてしまった。その反乱が特に仏教に敵対したという決定的な証拠は無いが、仏教教団がこれによって蒙った打撃が回復不可能なものであったことは明らかだった。……損失は完全に壊滅的なものだった。長期的に見れば、仏教の伝統維持にとって、会昌の廃仏の打撃以上に有害であった。[18]

　我々はさらに、この二つの事件、とりわけ会昌の廃仏が仏教教団に与えた心理的影響についても新たな理解を採らねばならない。その弾圧が部分的に僧職者たちの堕落によって引き起こされたか否かはともかくとしても、それが仏教の衰退に対する人々の認識を強化したことは間違いない。ジャン・ナティエはその著『未来のいつか』において、インドにおける仏教の消滅――

中国語でいう「末法」——の概念は、反仏教的な君主による弾圧の下ではなく、むしろ、仏教教団が過剰な物質的繁栄を享受していた時期にこそ発達したものだということを明らかにした。世俗的な成功は、元来の仏教精神の喪失を意味する。人間的な贅沢の完全な拒絶とはいわぬまでも、少なくともそれと距離を置くという精神が、仏教にはある。だから、僧侶が世俗的な成功を収めることは、そうした精神の喪失を意味するのである[19]。この論理を中国に適用してみよう。もし政府の弾圧の理由が、ある程度にせよ、過剰な個人的富貴の享受のために、仏教僧侶が宗教的・彼岸的精神をないがしろにしたという点にあったとすれば、846年以降の仏教復興の中で、その高邁な理想は再確認されねばならなかっただろう。だとすれば、黄巣の乱の後、唐朝の崩壊からさらに五代の混迷に至る時代に、仏教寺院の資金集めの努力を正当化する必要性は、よりいっそう重大になっていったはずである。そこで中国の仏教徒にとって必要なことは、政府と民間人にこう納得させることであった。自分たちはより高度な精神的目標を固く志しており、それゆえそれに対する経済的支援は続けられるに値するのだ、と。

3-4　公文書としての『祖堂集』

中国仏教のこの難局に対する回答は、『祖堂集』という形で、五代の南唐——今の福建省、台湾の真向いにあたる——において提出された。高麗においてのみ生き延びたこの画期的なテキストは、さまざまな面から注目に値するものである。第一は、成文化された禅の機縁問答を大量に含んでいること。それはここでほぼ初めて出現した、仏教文学のジャンルである。この問答の材料は口語的な言葉で提示されているので、この書物は中国語の口語——いわゆる「白話」——の発展を理解するための重要な里程標ともなっている。東南の辺地において編集されたものでありながら、この書物の興味ある点の一つは、登場人物たちが首都長安の口語体を使っていることである。

第二に、その言語学上の重要な価値を超えて、『祖堂集』は、最も有名な数々の禅の逸話の最古の形を知るための、計り知れないほど貴重な情報源となっている。それゆえ、禅の師弟の相互交渉がいかに行なわれたのか、唐代

の偉大な禅匠たちはいかに学人を接化(せっけ)したのか、多様な禅の教化のスタイルはいかにして発達したのか、そうしたことを描き出すために本書は常に使用されている(すでにこの書物をこの方法で利用した。114ページで紹介された逸話を参照)。

　第三に『祖堂集』は、「灯史」というジャンル特有の禅の法系の全体的構造を伝える、現存最古のテキストである。だからそこには、個々の物語だけでなく、仏教の発展についての全体的な理解も明確に表現されている。過去(かこ)七仏(しちぶつ)からインドの二十八祖、そして菩提達摩以降の中国歴代諸祖の膨大な法系を取り扱うことによって、『祖堂集』は、禅の伝法体制から見たインドより中国に至る仏教の展開についての全体的な理解の枠組みを、完璧に文章化された形で提示した書物となっているのである(14ページ以下の議論および第1図を参照)。『祖堂集』はわずか半世紀後に『景徳伝灯録』(けいとくでんとうろく)によって取って代わられる。しかし、その編集は、禅文献の進化の中で重要な新しい段階を示すものであった。

　『祖堂集』は、一つには、差し迫った喪失感のために編集されたものではないかと推測することができる[20]。当時、社会的・軍事的混乱が、中国のほぼすべての地域を支配していた。そして、南方に避難した数多くの僧侶たちが、自分の知っている物語を交換し共有したことによって、禅に対する新しいアプローチが保存されたのではなかったか。そこにはまた、自己発見という積極的な感覚もあったであろう。難民となった僧侶たちは、自分がいた寺院でやりとりされていた数々の物語が、他の多くの場所でも熱心に議論されていたことを発見した。それゆえに『祖堂集』は、一宗としての禅の自己認識の進化の中で、一つの重要な里程標となっている。そしてそれは、口語で会話を書き写すことに対する、禅僧の興味と能力の最初の顕現であった。かくして、これらすべての理由によって、『祖堂集』は、10世紀中葉およびそれ以前の禅の宗教的活動の世界に近づくための、かつて無い入り口を与えてくれる書物となっているのである。

　これらのことを考慮に入れて、この時点で『祖堂集』のもう一つの特性に焦点を当ててみよう。それはこの書物の公文書としての性格である。中国の

大蔵経に収められるべく、政府の認可を得ることを目的として皇帝に公式に提出された文書、かかる性格は、『祖堂集』およびそれに続く灯史文献に継承される、最も顕著な特徴である。このような公認は、単に禅仏教の中国全体への普及の結果でもなく、また宗教事業に対する朝廷の介入の自然のなりゆきでもなかった。それは、これら灯史類が、坐禅や師弟の問答や精神的修養以外の、他の領域でも使われたことを示すものである。そうした親密な宗教的目的に使用されるためならば、この種の書物は、ただ僧堂の中だけで流通し議論されていれば充分であったろう。灯史文献に対する政府からの公認は、より広い制度的な枠組みの中でそれらが使用されたことの証明にほかならない[21]。

したがって、ここでの問題は、『祖堂集』やそれにつづく灯史類の形式と内容が、中国の政治体制全体の中で、仏教教団の要求にいかに応えたのか、ということである。

だが、問題がこのように提起されるなら、その答えは実にごく単純なものである。すなわち、これらの諸文献は、禅僧の宗教人としての自己認識を正当化し、寺院体制の中での権力行使と朝廷からの保護獲得のために、率直に認知されうる枠組みを提供したのである、と。このことを説明するために、再び禅宗の法系の構造に立ち返らなければならない。

禅宗の法系の組み立てには、二つの主要な部分がある。第1章で考察したのは、第一の部分のみであった。それは過去七仏から中国の六代祖師に至る部分である。ここでは法系は一本線であるから、禅宗祖師というアイデンティティーの中で、別々の個性をもつ禅僧が宗教的カリスマを共有できるのである。それぞれの祖師は本質的に他のすべての祖師と同等である。これは中国の祖師たちがインドの仏と同じ宗教的権威をもつことを意味する。のみならず、個々の祖師・後継者の物語は、師弟の相互交渉のためのパラダイムでもある。各人の説示の相違は人間としての多様性を示すだけで、絶対的な相違を示すものではないのである。

しかし、中国の六代祖師の後につづく第二の部分において、法系は枝分かれを重ねてゆく。まず主要な二派に分かれ（南岳系・青原系）、それから少数の

より小さなグループに分かれ、そして最終的には、あたかも繁栄する一族の系譜のように樹木の形となり、いよいよ増加してゆく支派の繁茂にいたるのである。譬えを換えれば、こうも言えよう。伝法の一本の流れは、インドの二十八代、そして恵能にいたる中国の六代祖師までは、分岐せずに一本の川として流れている。その後、その流れは二つの主流に分かれ、それからさまざまな滝や小川になってゆくのである。1004 年（『景徳伝灯録』）、1036 年（『天聖広灯録』）、1101 年（『建中靖国続灯録』）、1183 年（『聯灯会要』）、1204 年（『嘉泰普灯録』）、そして 1252 年（『五灯会元』）、と矢つぎばやに成立し刊行されていった後続の灯史文献の追加によって、その全体像はますます複雑なものになっていった[22]。それはただ単に、卓越した人格によって認可に値する人物が、新たに追加されていったということではない。さまざまな流派がかくもさまざまな分権を強調していったということは——どの派がどの文献を、ということはここでは重要ではない——そこに熾烈な競争があったことを示しているのである。

　一本線であった禅の法系の第一の部分は、相同性と等価性を表現していた。それに対して第二の部分の複雑な多様性は、異種の混交と差異を表現している。禅の膨大な法系図の中の各人は、依然、仏陀と直接に繋がっており、仏陀の教えを十全に伝持している。しかし、それと同時に、それら個々人はすべて異なったグループに分かれ、ますます複雑になる流派のどこかに属しているのである。逆に言えば、個々人の法系上の位置は、それぞれに独自の分岐と支脈を遡ってゆくことで、やがて同一の根源に繋がるものである。まず自分の師匠、ついで中間に位置する多数の人物、そこからさらに臨済・洞山・馬祖・石頭ら唐代の偉大な人物たち、そして最終的には、インドの二十八代祖師から仏陀その人へと[23]。

3−5　禅宗法系の制度的機能

　禅の著作者たちは、なぜ、それほど詳細に支派の別を記録したのであろうか？　そこに重要な教義的・精神的な要因が働いていたことは疑い無い。そのような認識論的な肉づけの重要性を無視するわけではむろんないが、しか

し、そこでは、もっと世俗的な考慮も重要な役割を果たしていたのではあるまいか。答えはただ一つ。それらの区分は、宋代の仏教者たちがそこで生活し共有していた制度運営のしくみの中で、何か現実的で実質的な重い意味をもっていたのである。

　中国の寺院制度が20世紀前半にどのように運営されていたか、それについて才能ある何人かの学者が詳細な説明を提供している。そして彼らは、そうした現代の寺院運営の形態が、宋代の制度から継続されてきたものであることを明らかにしている[24]。それらの学者が描く構図の中には、二種類の僧院機関が見られる。一つは「十方叢林(じっぽうそうりん)」として知られる大規模な寺院であり、もう一つは「徒弟院(つていえん)」と総称されるより小さな寺院である。宋代にはおそらく二百から三百の十方叢林があった。それらの約90％は「禅寺(ぜんじ)」と名づけられ、その他は「教寺(きょうじ)」あるいは「律寺(りつじ)」と呼ばれていた。十方叢林の間には相違点よりも類似点のほうが多く、広大な分野の仏教の諸活動——禅の瞑想、天台(てんだい)の教学、戒律あるいは仏教寺院の規矩の維持、にとどまらない——が、それらすべての寺院において行なわれていたのである。だが、ここでは、当面の議論の目的のため、禅寺についてのみ考察する。

　ここでの中心的課題ではないが、徒弟院のいくつかの特徴を知っておくことは、比較のために重要である。徒弟院のなかには、いくつか大規模な寺院もあった。しかし、そのほとんどは、一人の指導者と少数の徒弟・修行僧を収容する程度の施設であった。ある徒弟院は、事実上、在俗の富裕な一族の所有物であったが、それ以外のものは僧侶自身の支配下にあった。そのような地方の寺院は、しばしば師匠と弟子の間で一流相続されていた。しかし、その相続はただ単に仏教教団への入門によるものであって、禅的な「以心伝心(いしんでんしん)」の伝法ではなかった（すべての弟子たちが徒弟として正式に得度しているわけでもなかった）。ホームズ・ウェルチによれば、20世紀の仏教では、修行僧が後に具足戒(ぐそくかい)を受けて十方叢林の生活に参加しても、経歴の最初に確立された師弟関係が、生涯の最後まで継続されることがあったという。宋代の仏教においても、同様の関係が存在していたのではないかと推測できる。むろん、将来の研究課題の一つは、中国仏教の制度的な発展を図示すること

3　体制乗っ取りの五つの要因

であり、それは確実に、宋代と20世紀の間の制度的区別を明らかにすることになるであろうが。

ともあれ、このように見てくると、デュモリンによって想像されたような独立不羈の「禅寺」といったものは、実は存在しなかったのだということがわかる。それはロマンティックな想像にもとづく虚構でしかない。そして、そのようなバラ色の紋切り型は、常に皮肉な捨象と手をとりあっている。簡単に言えば、それは唐代に対する偽りの肯定的イメージであり、それは「堕落」せる宋代に対する、広汎な軽蔑に繋がるものである。他の分野においても疑いなくそうであろうが、禅学においては必ず「ロマン主義はシニシズムを生み出す」のである。

ここで重要なのは、十方叢林で誰が住持の位につけるかについて、法系に基づく特定の規則があったことである。「禅寺」という名称をもつ十方叢林においては、住持の職位は自ずと禅宗の法系のメンバーによって占められていた。「教寺」ないし「律寺」と呼ばれる比較的少数の十方叢林では、天台宗ないし律宗に繋がりのあることが求められた。さらに後任の住持選定については、より高度に重要な規則があった。すなわち、新しい住持は前任者とは別の流派に属する人物でなければならぬ、とされていたのである。これが十方叢林と徒弟院の間の、主要な相違の一つであった。より大きな栄誉である叢林の住持職には、諸派による共有が要求されたのである。

言葉を換えれば、住持の任命は、灯史の中に確立された個々人のミクロレベルの流派的アイデンティティーをある程度考慮して決定されたのである。露骨に言えば、禅宗の法系構造は、寺院制度における権力分配の交渉のための枠組みを提供するものだったのである。ただしそれは、すべての僧侶が権力の亡者であったということでは、決して無い。彼らの人生について、精神的な側面を無視すべきだというのでも、むろんない。20世紀の少なからぬ中国僧は、彼らの宗門内の行政的職務を重荷と感じつつ、ただ忠誠心と責任感から寺院の行政的な役職に参与しただけであったという[25]。中世においても、このことは疑いなく真実であったろう。

宋代における禅の「成功」は、新しい寺院制度の創造ではなく、むしろ既成の制度内において果たされた。禅宗法系の構成員が、最大規模の寺院の大多数で、最高の職位を独占する、という形で。10世紀以降、次々と出現した「灯史」文献は、自己修養の伝統としての禅の成長を記録するためだけでなく、流派間の権力のバランスの変化——事実上であれ、願望としてであれ——に正当性の根拠を提供すべく製作されたのであった。

　禅宗法系の成功は、他の仏教諸宗派からは驚きをもって受け取られたようである。あるいは、禅の成功が、仏教の「宗派」の定義そのものに新しい理解を導入した、と言ったほうがいいかもしれない。それ以前の中国仏教の歴史の中で、特定の宗派の教義的なアイデンティティーが寺院行政とかくも密接に関連したことはなかった。確かにかつて天台宗は、そのそもそもの中心地であった天台山において最も強力な宗派であった。しかし、それも宋代までには——実際は晩くとも9世紀までには——禅の修行者が天台山の寺院の多くを支配するようになっていた。以前、学者たちは、律宗と天台宗の寺院について、それらをあたかもまったく異なった機関のように語っていた。だが、少数の些細な例外を除けば、それは事実ではない。十方叢林はむしろ、阿弥陀仏（あみだぶつ）への信仰、『華厳経』（けごんぎょう）や『法華経』（ほけきょう）の講義、懺悔（さんげ）の儀式、その他諸々のあらゆる「宗派」の活動を、その境内の中に包摂していたのである。それらの寺院が多少なりとも「禅」的であったのは、住持の役職と僧堂の修行だけであった。宋代およびそれ以降の「教寺」の寺院も、本質的には同様である。相違は、住持が天台宗の法系の出身であること、僧堂の中で天台智顗（てんだいちぎ）の禅定に関する教え（「止観」）が強調されることがありえたこと（必ずではなく）、そして、教義の分類法（「教相判釈」）その他の天台宗独自の教えについて系統的な指導が行なわれる場合がありえたこと、くらいであろう。

　この進展がいかに未曾有のものであったか、それを理解するためには、次のように問わねばならない。なぜ禅定の専門家が、宋代以降、主要な寺院の住持にならねばならなかったのか？　坐禅を仏教そのものの必要条件と考え、仏教が民族社会の中で果たす文化的な役割についてはほとんど無視してしまう最近のアメリカの仏教への改宗者には、この問いはまったく意味不明かも

しれない。アメリカのエリート仏教の共同体の大部分は、坐禅の指導者によって創設されたものだからである。しかし、中世・近世の中国、およびその他のアジアの仏教国の、古代から現在に至る文脈においては、これはきわめてふさわしい問いである。なぜ、禅定家が寺院の運営者として有能であるはずだとされるのか？ なぜ、禅定家が積極的に運営の権力を求め、あるいは少なくともそれを受け入れるのか？ その他のいくつかの要因については、さらなる検証を要する。たとえば、この過程の中で密教の専門家たちはどういう役割を果たしたのか、とか。だが、かつて仏教界の注目の的であった仏典翻訳事業、その終焉によってもたらされた真空状態が、禅の寺院運営の成功を可能にしたことは間違いない（102-103ページ参照）。そして、そこには、木版印刷という新興のメディアを通して広められた、禅の宗教的レトリックと悟れる聖人の共有されたイメージ、それらが与って力あった。次の章では、宋代における禅宗の大成功の中で、以上の要因がどのように結びつけられていったのかを考えてみたい。

第6章　クライマックス・パラダイム
──宋代禅における文化的両極性と自己修養の諸類型──

1　クライマックス・パラダイムとしての宋代禅

　森は、山火事や過剰伐採で滅茶苦茶にされても、その後ただちに新たな成長を始める。最初に芽吹くのは成長の早い雑草、続いて風で種が運ばれてきた野生の草花である。降雨や流水で地面に溝ができたり、地形が永久に変わってしまったりすることもあるけれども、やがては植物が網の目のように根を張って、地面の安定性が増す。気候の変動によって、ふつう樺の木やその他の軟木がまず空に向かって伸びてゆくが、やがて、より高く伸びることができる喬木に取って代わられる。数十年、あるいは数百年の歳月がかかるにしても、災害さえ起こらなければ、そこに安定が生まれてくる。充分に発達した森の環境の中で、それぞれの動植物が複合的でダイナミックな力とプロセスにしたがって、成長と死滅とを繰り返す。森は今や、生態学者がクライマックス・コミュニティと呼ぶ段階に達する。個々それぞれの自然のサイクルにしたがって──日ごとに、季節ごとに、また年ごとに──遷り変わりはあるものの、全体のシステムは安定している。動植物はいずれも、そのシステムの中で、生まれ、育ち、成熟し、そして死んでゆくが、その森のコミュニティを構成する主な要素は、相互依存の関係をもって作用しあっているのだ。こうした構成要素・下位コミュニティ・集落も、あるいはそれぞれの生態の全体的な配置も、時間の経過につれて、時として急激に、また時にはほとんど分からないほど微妙に変化する。しかし、その変化が複雑かつダイナミックなものであったとしても、森全体はかなりの程度で安定している。それは多面的ではあるにせよ、単一のシステムとして分析することが可能なも

のなのである[1]。

　宋代（960-1279）、中国の禅仏教は、クライマックス・パラダイムに到達した[2]。「クライマックス・パラダイム」という語に私がこめているのは、書物の中に描かれ、信者によって実践され、ひいては中国の人たち全体によってこれこそが宗教の本質だと理解されているような、禅に関する概念のまとまりのことである。森のクライマックス・コミュニティと同様、これは禅仏教の内部での変化がまったく無くなったということではなく——それとはまったく違って！——禅仏教が自らをいかに規定し、精神的修行をいかに実践してゆくかという課題に関する、基本的な概念装置が明確に打ち立てられたということなのである。それ以前の禅宗に関する諸事象も、宋代における概念の枠組みに準拠して解釈され、中国・朝鮮・日本・ヴェトナムに継起したその発展も、宋代に確立した標準に照らしてその歴史的意義が評価された。こうして、唐代の偉大な禅僧たち——馬祖とその弟子、洞山・曹山と彼らの弟子、そしてもちろん臨済なども——のロマンティックなイメージが宋代の著述者たちによって生み出され、宋代のテキストの中で機能したのである。同様に、東アジア全域にわたる後代の禅僧たち——日本の臨済禅中興の祖として知られる白隠慧鶴（1685-1768）が最もよい例だが——菩提達摩・六祖慧能・馬祖その他の例を取り上げるのは、いつでも、宋代禅の概念フィルターを通してであった。菩提達摩にせよ、慧能やその他の初期の禅者たちにせよ、その個々のイメージは確かに種々変遷を経てはいるけれども、彼らの事例が用いられる際にはいつでも、宋代に完成した概念的パラダイムが全体的な枠組みとして準用されてきたのである。

　私のこの解釈は、中国禅の発展に関する従来の理解と根本的に異なっている。すでに見たように、デュモリンは、唐代禅をその伝統における黄金時代として扱い、宋代を堕落の時代と見なした。前の章で私はデュモリンの著作を多く引用したが、それはひとえに、彼の解釈が最も便利な一般的類型に属しているからに過ぎない。中国史研究者アーサー・ライトも同様のアプローチを信奉し、六祖慧能が「ごくありきたりの人」として造型されていることを激賞する一方、その後の時代については真面目に検討を加えもせずに切っ

て捨てている。ケネス・チェン（陳観勝）は、今日なお使われている中国仏教の教科書の中で、宋代以降の仏教をおしなべて「衰退」期のものと特徴づけた。ジャック・ジェルネとウィリアム・セオドア・ド・バリーの解釈もこれと揆を一にしている³。胡適(こてき)の学術的研究成果、儒教的な知見、宋代以降における民間宗教の目覚しい発展についての過度の強調、日本の宗派的モデルを中国の現状に誤って適用することなど、歴史的立場に由来するさまざまな原因が連鎖して、かかる研究状況がもたらされたのである。いずれの問題もここで個別に取り上げるには大きすぎるが、ともかく、これらの累積した影響——堕落した宗教としての宋代仏教のイメージ——に根強いものがあることは、指摘しておかねばならない。

　広く共有されているこうした誤解に代えて、最近の禅学および中国仏教研究が一致して提示しているのは、禅仏教が全体的な活動としては宋代に最高潮に達した、という見解である。禅は実は宋代になって初めて宗派を形成したのではないか？　唐代禅が「黄金時代」だったとするイメージは宋代の信者たちが遡って創り出したものだったのではないか？　それが、今日の禅学研究で議論されている問題である。宋代を通して、禅僧は中国の仏教体制の中枢にあって、大寺院の住持をほぼ独占した。彼らは詔勅(しょうちょく)を受けて、ある地位から別の地位へと転任した。朝廷から与えられた称号と紫衣(しえ)を携えていることもあった。天台(てんだい)宗が時に苛烈な争論を通してその組織を再編成したのも、この時期であった。そして、浄土(じょうど)教もまたこの時代に、教義面でも儀式面でも、一般の僧尼や在俗者の救済を目的とする広く開放的な形態の仏教として普及し、教団信者が病や死などの試練に直面した際にはお互いに扶けあう、新しいタイプの結社組織を形成した。

　もとより、禅の成功にせよ失敗にせよ、それらすべてが、共通の特徴をもった一つの型に由来するわけではないという認識は重要である。実のところ、本書の大きな目標の一つは、主題を極端に単純化して百科全書のように比較分類するのを避けよ、と主張することである。それゆえ私は、ここで用いた生態学的な比喩が、我々が扱っている現象の複雑さ、さらにはその混沌とした性格をも正しく評価する手助けとなるよう希望している。私たちは原始禅

の代表者である菩提達摩やその周辺の人々について、個別の資料をもってはいる。しかし、そうした資料が教団ないしはその運動といかに関係しているのかを明確には知らないし、極言すれば、そのような教団が実在したのか否かさえ、充分には知りえない。私たちは、東山法門については原始禅よりはいくらかましな知識をもってはいるが、それとて、後代からの遡及的な推測を多く含むものである。あたかも安定した中核的なコミュニティが存在したかに見えるけれども、それはただ限定的な根拠と後代からの投影によって、そう推測しているに過ぎないのである。8世紀初頭、このコミュニティの後継者をもって任ずる人々が全国を舞台に爆発的な運動を展開した。その運動の過程で彼らは、自分たちを一体不可分の集団と規定する。それは法系モデルに依拠する宗教運動であった。禅の運動がいかに多様で多面的であろうとも、また、それと他の宗教生活の領域との境界がいかに曖昧であろうとも、これ以降、禅宗は特定の宗派としての自己認識の面で重要な段階へと進んだ。生態学的な比喩をつづけるならば、たとえ個別の各要素は変化しつづけたにせよ、それまでまったく異質であったそれぞれの要素が比較的安定度の高い一つの相互関係と相互作用——それが双方向の依存関係であれ、一方向的な依存関係ないし寄生関係であれ——の型を生み出したのである。中期における機縁問答の発生は、かかる相互関係のあり方に実質的な変化をもたらすとともに、禅のコミュニティの内部にも重大な変化をもたらす結果となった。ここで言う「禅のコミュニティ」は、単なる個々人の集まりではなく、独自の法系の概念、修行の仕方、そしてレトリックの形式を共有する一箇の集団を指す[4]。法系・修行・修辞のいずれの面から見ても、禅がその最も持続可能な枠組みを獲得したのは宋代であった。個々の形式はそれぞれに発展しつつ相互に関係しつづけたが、それらの全体的な関係のネットワークは、安定的なクライマックス・コミュニティの型を獲得するに至ったのである。

　ここでは宋代の寺院制度の記述に大量のスペースを割くことはしない。フォークの詳細で透徹した分析の出現を待つことにしよう[5]。しかし、ただ一つの重要な点だけは素通りするわけにゆかない。すなわち、禅は多くの人々が考えるほどには、それ以外の仏教の活動とかけ離れたものではなかった、

ということである。我々は前章で教団運営面における禅の成功を論じた際、禅僧が住持となったのは教団横断的な特徴をもつ寺院、すなわち「十方叢林」であって、禅僧のこうした活動が禅定以外のさまざまな種類の実践をも支えていたのだということを見た。読者はこの点にぜひ留意されたい。曹洞宗とか臨済宗とかいう独立した宗派として——政府の認可の下に——禅宗教団が存立していた17世紀の日本とは対照的に、中国仏教の歴史のいかなる時点においても、他の宗派から分離し独立した「禅宗」という教団が存在したことはないのである。

その存在を論証できるような独立した組織的アイデンティティーの不在にもかかわらず、宋代禅は——時空の変遷にともなって多様性が顕在化するにせよ——禅宗の伝統における「クライマックス・パラダイム」を示している。その根拠は以下のとおりである。

第一に、この時期に、最も継続性のある禅の実践の形式が生まれたこと。ここに言う「禅の実践」は、坐禅堂（僧堂）での生活慣習（全般にわたる禅の社会的実践）と、この後に論じる宗教的内観や自己修養を指す。

第二に、これらの実践形式が、中国のみならず朝鮮や日本など、東アジア全域に禅が伝播するための基礎となったこと。実際、ここで用いた生態学の比喩は、宋代禅を一言で言い表すことがいかに不適当かを示唆している。際立った多様性をもった表現形式がクライマックス・パラダイムの宝庫から運び出されて東アジア全域に根づき、そうしてそれがさらに各地で生態学的な枠組みを作り上げたのである。禅の流行がその他の仏教宗派の宗教活動に比して、全体として量的に勝っていたか否か、それを明らかにすることはできない。だが、宋代の間に禅が、中国の、そしてやがては東アジア全域の文化の中で、かつてないほど安定的な優位性を獲得したことには疑う余地がない。唐代から宋代にかけて高僧伝類に占める禅僧の比重がしだいに増していること[6]、禅宗関係の出版物が氾濫したこと、世俗文学の中でしばしば禅僧に筆が及ぶこと、これらはみな禅宗の空前の優勢を証するものにほかならない。

第三は、後代の解釈者が禅を解釈する場合、20世紀であれ21世紀であれ、いずれもその根拠を宋代の解釈に求めてきたことである。ここでは、20世

紀に鈴木大拙が臨済禅を公案禅として解説したことが、この後すぐに論ずる、12世紀の大慧宗杲の革新に根拠をもつ点に注意しておけば充分であろう。

これまでの章では、宗派の歴史全般にわたって詳述するのではなく、精神的修養に関する教義の展開を概観することに主眼を置いてきた。この最後の章も、例外ではない。宋代禅のクライマックス・パラダイムを明瞭に示すためには、禅定修行の二つの方法、すなわち「看話」と「黙照」の名で知られる二つの方法に焦点を当てるのが便宜である。禅に詳しい読者のみなさんには、これらの用語が臨済宗と曹洞宗に関わるものであることは周知の事実であろう。

2　大慧宗杲の偉大な経歴

宋代の著名な禅僧は数多い。だが、後代までをも通じて最も重要なのが大慧宗杲（1089-1163）であることは言うまでもない。彼の業績が、『碧巌録』の名で知られる公案集の編者、圜悟克勤（1063-1135）をはじめとする偉大な禅者たちの下での修行によって培われたことは、確かである。しかし大慧は、同時代の禅の修行方法に新しい視点を付け加え、彼の活躍によって同時代の禅は活性化した。実際、大慧の生涯と彼の教説の中に、我々は臨済禅の頂点を見出す。

大慧が体験した修行は珍しいものではなかった[7]。彼は16歳で剃髪し、宗杲——大雑把にいえば「本源的な輝き」の意——という法号を与えられた。翌年、彼は公式に得度した。彼はすぐに禅の文献、とりわけ革新的な禅者、雲門文偃（864-949）の語録に魅了された[8]。同時に彼は大乗の経典を読んで感化を受けたといわれる。その次の年から、さまざまな老師の下で修行するため、彼は諸方行脚を始めた。一年のうちに数人の禅者の家風を試みることもあったという（この段階で彼が学んだ老師は、実はほとんど曹洞系であったらしい）。1116年、大慧は、元宰相にして在家の仏教者でもあった張商英（1043-1121）と出逢い、そのすぐ後に韓子蒼（ -1133）に会った。大慧は、これら二人の著名な居士から、多大の影響を受けた。

大慧はかなり早いうちから、圜悟の下での修行を勧められていた。だが、彼が最終的に圜悟の門を叩いたのは、1125 年 4 月のことであった。わずか一ヶ月ほど後の 5 月 13 日、大慧は圜悟の説法を聴いている時に、決定的な開悟の瞬間を経験した。ミリアム・レヴァリングはその出来事を次のように詳述している（『大慧語録』巻 17 礼侍者断七請普説、『大慧年譜』宣和 7 年・37 歳、参照）。

　　圜悟は説法で、ある僧と雲門とのやり取りを引用した。僧、「諸仏出身の処とは？」雲門、「東山、水上に行く」と。これにつづけて圜悟は言った、「もし今日、"諸仏出身の処とは？" と問う者があったなら、私は "薫風南より来り、殿閣に微涼生ず" と答えるだろう」と。
　　この言葉を聞いて、大慧は、自身の疑団がきれいさっぱり消え失せるのを経験した。この上ない平安と喜びと解放感とに満たされた彼が、自らのこの透脱の経験を圜悟に報告した時、師は大慧を択木堂の侍者にした。朝廷からの賓客をもてなす仕事である。そこの仕事は忙しくなかったので、圜悟は大慧の向上を毎日自ら確認することができた。圜悟は、大慧の悟りがまだ修練を要する点を見抜き、もう一つの話頭（重要な句）を与え、それに参じさせた。半年にわたって大慧は毎日、圜悟の指導の下にこの話頭を参究した。大慧はある日、圜悟にたずねた、「同じ話頭をあなたが五祖法演老師に質問された時、法演老師はどのように答えられたのですか？」と。圜悟がその経緯を説明した時、大慧は完全で揺るぎない悟りを経験した。圜悟は、他の話頭をも提示して大慧の悟りを確認したが、大慧はそのすべてに対し、わずかの澱みもなく応答することができた。圜悟は自分が住持していた天寧寺に大慧を住まわせ、接化と説法を分担させたのであった。[9]

　この後まもなく、大慧とその師とは、金の征服に先んじて、北中国から避難せねばならなかった。彼らは 1127 年に離ればなれになり、1128 年末から短期間一緒になった。それから再び別々になり、圜悟は西行して四川に赴い

た。かたや大慧は、五、六年にわたって江西・湖南の数箇所でかなり孤立した状態のまま過ごした。彼は付き従った二十名ばかりの僧とともに修行をつづけ、有名な公案についての詩的解説を共同で執筆した（『大慧年譜』紹興3年・45歳、東林珪と各々「頌古一百一十篇」を作成。『東林和尚雲門庵主頌古』、『古尊宿語録』巻47所収）。

　1133年、世間における禅の衰退を嘆き、「孤峰頂上に草衣木食」して「独覚の行」をなすことを止めよ、と促す韓子蒼の書簡を受け、大慧はそれに応じた。同時代の宗教状況に対する韓子蒼のありきたりな不満については、おそらくあまり深刻に考えないほうが無難であろう。しかし、釈迦牟尼仏を菩提樹下の金剛座から立ち上がらせるのに、インドラや梵天の勧請が必要であったように、大慧が自ら教師としての使命を果たすべく立ち上がるには、誰かからの要請が必要だったのである[10]。半年間、韓子蒼の邸宅に滞在した後——なるほど確かに手紙一通くらいでは足りない！——大慧は社会に対してより積極的な活動と旺盛な著述活動を開始した。彼は、異端と目した他の指導者たちとその教説を攻撃し始めた。とりわけ、そのヤリダマにあがったのは、より受動的な禅定の方法を支持し、猛然たる大悟の瞬間を追求しようとしない立場の人たちであった。1134年から、それら「黙照」を称揚する一派への大慧の攻撃が始まった。当時、千五百人以上の安居者を抱える寺院の住持であった曹洞宗の真歇清了（1089-1151）が、すぐ近くの福州にいたからであろう。大慧の攻撃対象には、自分自身の法系に属する者もいた[11]。好んであからさまな批判を行なう彼の性癖から、彼には「罵天翁」——天をどやしつける男——というアダ名がたてまつられた！

　しかし大慧は、そうした辛辣な批判にのみ精力を傾けていたのではない。妙道なる尼僧を精神的に導く手段として、「看話」の名で知られる大慧独自の修行方法を完成させたのも、同じ1134年のことであった。この方法の詳細については後述するが、これは大慧が曹洞宗の新たな勃興に対抗するために掲げたスローガンであったかもしれない。しかし、大慧が開発した教化法は、儀式を取り仕切る方法とも並行関係にあった。レヴァリングは、葬儀の席やその他の機会に説法する際の、大慧の独自なやり方に注目する。彼は一

般的でありふれた真理を反復して説くのではなく、説く相手ごとにその個別の状況に合わせつつ、強調すべき教義の重点を移しているのである。管見の限り、このような説法の方式は大慧をもって嚆矢とする。換言すれば、大慧はそうした儀式の場を自身と支持者の間の個人的な絆を強めるのに用いたのである。大慧がその歴史上最初の例といえるか否かはともかくとしても、彼がそれを最も斬新で独特な方法で行なったことは間違いない。看話禅の実践もまた、師と弟子との緊密な個別的相互関係を強調するものであった。

　大慧が主要寺院の住持に任命されたのは、1137年、南宋の首都臨安からほど近い、径山の名で知られている能仁寺が最初であった。そこでほぼ六年間、彼は臨済宗の栄光の回復と「異端」の教説への攻撃をつづけながら、二千人以上の学道者をひきつけた。だが1143年、彼は政府の政策を批判した廉で配流される。金から北中国を奪還するため兵を動かせと、たぶん声高に叫んだのだろう。もっとも、これは、南宋の軍が情けないほど戦闘能力に欠けていたことからみて、おそらく実現する見込みのない主張であったが。その後、流刑地での十三年間、僧侶の身分の保持は認められなかったものの、大慧は比較的快適な生活を送った。彼は教化と著作をつづけたし、曹溪にある六祖ゆかりの寺に旅することもあった。1156年、彼は流刑を解かれたが、一年のほとんどを旅に過ごした。同年末になってようやく彼は、勅により、阿育王山（現在の浙江省寧波市の東）の住持となることを受諾した。道を問うためにそこを訪ねた者は千二百人にも達したという。寮舎や池水も造られたが、彼の下で教えを受ける者たちを収容するには足りなかった。1158年、彼は径山に帰り、会下の僧千人とともにその後の四年間を過ごした。

　1161年、径山の住持から退いた大慧は、その後もさまざまなかたちで教化活動をつづけた。1162年、彼は皇帝の御前での説法を要請され、その際、皇帝から、初めて「大慧」という号を賜った。彼はこの名によって最もよく知られている。多くの地を旅して後、1163年の7月、径山に帰り、8月9日、自分は明日遷化すると告げ、皇帝と友人に永訣の手紙を書いた。そして翌10日、まだ意識がはっきりしているうちに、次の遺偈をのこして安らかに遷化したのであった（『大慧語録』巻12、『大慧年譜』隆興元年・75歳）。

生也只恁麼　　生は　ただ　これだけのこと
　死也只恁麼　　死も　ただ　これだけのこと
　有偈与無偈　　遺偈をのこすの　のこさぬのと
　是甚麼熱大　　何を　そう　騒ぐことがある？[12]

　大慧には、百十人以上の法嗣と多数の俗弟子があった。レヴァリングが指摘するように、長年を流刑地で過ごし、主要な大寺院の住持を勤めたのがわずか十年ほどでしかなかったにもかかわらず、大慧がかくも多くの弟子を養成しえたことは、信じがたいほどである。

3　大慧の看話禅

　さきに、圜悟の下で経験した、大慧の大悟について記述した。その中に「話頭」という語があった。大慧の禅の方法は「看話禅」——話頭を看る禅——とも呼ばれる。「話頭」とは、公案の最も重要な部分であり、しばしばその最後の文である。しかし、この言葉の意味は必ずしも自明ではない。

　まず初めに、「看る」という語で大慧が言おうとしたことは何なのか？「看る」ことは決して受動的な観察ではなく、また、いかなる知的観照でもない。大慧は知的過程にしたがった修行の階梯も認めなければ、課題に対するありふれた意味づけもしない。論理によって、教理によって、あるいは言語表現の特性や、老師の身振り手振りが暗示する手がかりによって、弟子たちが公案を理解しようと試みることを、大慧は厳に禁じている。弟子が持ち出すいかなる方法も、すべて拒絶されるのである。たとえば、大慧はその弟子妙道に次のように教えている（『大慧語録』巻13 定光大師請普説）。

　　私は馬祖の「不是心、不是仏、不是物」を取り上げ、それを看るよう彼に求める。そして次のように言う、「(1) それを真理についての言詮と受け取ってはならぬ。(2) それを何もしなくてもいいという意味に受け取

ってはならぬ。⑶それを石火・電光のようなものと受け取ってはならぬ。⑷それがどんな意味なのかと忖度してはならぬ。⑸それがどのような文脈で言われたかなどと思いめぐらしてはならぬ」と。では「不是心、不是仏、不是物」、結局、それはいかにすべきものなのか？[13]

唯一、依拠するに足る方法、それは完全なる放擲のみである（『大慧語録』巻26答富枢密）。

> この一念を、一挙にぶち破らなければならない。そうしてこそ、生死（しょうじ）とは何かを悟ることができる。それをこそ悟入と名づけるのだ。……迷い転倒した心、論理的な分別の心、生を愛し死を厭う心、知識や解釈を弄ぶ心、静を好み動から逃れようとする心、そうしたものを放り出して話頭に参じねばならぬのだ。[14]

むろん、こうした覚醒に至るのは容易ではない。大慧は、門弟たちが自身の日頃の力量以上のものを発揮しようと努めること、それをこそ期待したのである[15]。

大慧の強烈な、むしろ猛々しいともいうべき禅定への態度、それと弘忍（こうにん）に帰せられる『修心要論』（しゅうしんようろん）に描かれた種々の慎重な実践との間には、明らかな相違がある。もっとも、これは単に、修辞的な表現の相違に過ぎないかもしれない。あるいは、大慧の時代より以前、すでに個々人が本来もつエネルギーをより明確に表現することが好まれるようになっていたのかもしれない。弘忍だって、猛烈に過酷な実践を要求していた可能性がある（実際、彼に帰せられるテキストには、激しい精進（しょうじん）の奨励がしばしば含まれている）。ここでは単に、大慧が彼の弟子たちに完全な献身を要求したことを確認しておくにとどめよう。上に挙げた要求の数々が、達成不可能なことは言うまでもない。だが、個々人のなしうる実践とその成果の限界線を完全に突破すること、そこにひたすら自分自身を向かわせること、それが大慧の狙いであったことは確かである。

第二に「話頭」とは何か？　中国語の単語としては、「話頭」は単に、「はなし」「話題」を意味するに過ぎない。しかし、禅語としてのそれは、公案(こうあん)の中の最も重要な——通常は最後の——一行を指す。公案とは元来「裁判上の案件」ないし「判決文」を意味する[16]。公案は例外なく何らかの機縁問答であり、通常は灯史類から採られる。宋代の禅門では、好みの問答を収集し編纂することが流行した。それらの公案は、門弟に対する口頭での直接指導の際に用いられ、また公刊を意図しつつ、偶像破壊的な禅的言語による論評が加えられた。公案集編纂のこうした過程を示す最も有名な例が、大慧の師、圜悟によって編まれた『碧巌録』であることは言うを俟たない。それは百則の公案から成っており、そのそれぞれに雲門宗の雪竇重顕(せっちょうじゅうけん)(980-1052)の「頌古(じゅこ)」(公案に対する偈頌)、および圜悟による「評唱(ひょうしょう)」(公案と頌に対する講評)が付されている。大慧は禅の修行に文学的な営為を持ち込むことに何がしかの疑念を抱いていたようで、彼の生涯の比較的後半のある時期に、自らが所持していた『碧巌録』を焼き捨てたという有名な伝説がのこっている。重要なのは、これが事実であるか否かということより——大慧の年譜には記されていない——この伝説が多くの人によって信じるに足るものと考えられていたということである。

　「看話」禅を理解するには、ある公案の全体を取り上げ、その文脈の中で話頭の本質を考察することが必要である。以下に引用するのは『碧巌録』第63則「南泉斬猫(なんせんざんみょう)」として知られているもので、私の最も好きな公案である。『碧巌録』というテキストは、圜悟による簡潔な「垂示(すいじ)」、「本則(ほんそく)」(公案)、雪竇の「頌(じゅ)」(頌古)を基礎とし、さらに本則および雪竇の頌に加えられた圜悟の「評唱」が光彩を加えている。ここでは中国の版本の体裁に倣って、圜悟の挿入した寸評(著語(じゃくご))を小さな活字で示しておこう(本則と頌の本文は太字で示す)。

　《垂示》
　　思慮分別の届かぬところは、修行者の指導に恰好だ。言詮を超えたところに、ぴたりと焦点を合わせねばならぬ。電光が閃き、星が流れるその

瞬間、深い池を傾け、高い山をひっくり返すほどの力量を発揮するのだ。みなの中に、それをやりおおせる者はいるか？ さあ、本則を取り上げてみよう。

《本則》
南泉は、ある日、東西両堂の修行僧たちが猫を奪いあっているのを目にした。この日だけの騒動ではない。またもや無様な一件。**南泉はその猫をつまみあげて言った、「もしお前たちが言いえたら、斬らぬ」と。**法令が行なわれて、天下はあまねく裁きの下だ。このおやじは龍か蛇かを見極める手腕をもっている。**だが、大衆のうちに、誰も答える者はいなかった。**惜しいことだ、見逃すとは！ ボンクラ連中が何の役に立つ。でたらめ坊主どもは麻や栗みたいにゴマンといる。**南泉は猫を真っ二つに斬った。**
よくやった！ よくやった！ こうしなかったら、みな泥団子をこねくりまわす輩だ。賊が逃げてから弓を引くのでは、とっくに第二義に落ちている。それを持ち出す前に打ち据えてやるがよい。

《頌》
　両堂ともに　でたらめ坊主　親の言葉は親の口から出る。一句でずばり。規程に則って判決を下す。
　煙塵をおこして　どうにもならぬ　どうやって決着をつけるんだ！ 判決確定。いま一歩だ。
　幸い南泉　みごと断を下しえて　払子を挙げて一言「そっくりだ」。王先生、もう一息。せっかくの金剛王宝剣で泥を切るとは！
　一刀両断　偏頗に構わず　コッパミジン！ 刀を押さえる者がいたら南泉はどうしたか。見逃してはならぬ、すかさず打て！[17]

「南泉は猫を真っ二つに斬った」、圜悟はこの部分の理解に焦点を合わせる。確かにそここそ、この公案の最も残酷で不可解な箇所である。これはいったい、どういう精神的修行なのであろうか？
　大学の教室でこの話をすると、仏僧が本当に猫を殺すことができるというこの考えに、学生たちは決まって驚く。禅の熱心な修行者も一度は同様の反応を示すが、そのうちこうした暴力的な事例にもすっかり慣れてしまう。彼らはやがて、仏を殺し、親を殺せ、という臨済の教説を聞くことになる。そ

うした後では、猫が真っ二つになることぐらい大したことではないと思うようになるのである。何と悲しむべきことか！　私自身は、このような出来事が記録どおりに起こりえたとは、まったく思わない。単純な話、仏僧は刀を持っていない。だから、自分の腕を斬ったり、その他の生物をあやめたりするようなことはありえないのだ（指や腕の供養——献身と苦行が高度に形式化された行為——はいうまでもなく別の話である[18]）。にもかかわらず、修行者に衝撃を与えるために、またなぜそのようなことが起こりえたのかを考えさせるために、このような話が機縁問答の膨大な文献の中から特に選び出されてきたのであった。

「南泉が猫を真っ二つに斬った」、このことの考察は、そもそも物語の中で僧侶たちはいったい何を言い争っていたのだろう、という疑問へと、修行者を導いてゆく。犬に仏性があるか否かという質問と同様、自分たちの飼っている小動物が仏性をもっているか否かを議論していたのだろうか？　それとも、ネズミ捕りとして有益な猫を東西どちらの僧堂の所有とするかを争っていたのだろうか？　寺院運営を掌る東堂と坐禅修行の場である西堂との関係が問題なのだろうか？　もう一度、マーシャル・マクルーハンの見解を参照して言うと、ここでは背景の詳しい説明がほとんど与えられていないのだから、瞑想の修行者それぞれが、この物語の元来の状況をどのようなものとして各自の心に描き出すかという課題追求こそが、ここに要求されているのである。

　実際、この観想の過程こそが重要な点なのである。

　瞑想者はいったい何を観想するのか、そしてそこから何が出てくるのか？　修行者は開悟者（上の話では南泉）の振る舞いを観想するよう教えられ、そして当惑させられる。そこには、一般人の理解を超えた表現が用いられている。しかし、それは不明瞭に表現されているからこそ、よりいっそう大きな真実をかくしている。修行者は、そのかくされている何ものかを認識するよう教えられる。この時、悟りにもとづく古えの祖師たちの行動に向けられた関心は、自分自身の内なる本質的なあり方を映す鏡として働く。この意味で、修行者が教え込まれるのが、中国仏教一般の物語ではなく、自分が属する法系

の、伝説上の祖師たちの物語だということは重要である。『碧巌録』中の物語が対象とするのは、もちろん、唐代および五代の伝説上の祖師たちである。そして事実上、それらはすべて、圜悟・大慧、およびその延長としての大慧の弟子たちの法系に連なる祖先たちである。自分の法系の祖先たちの、悟りにもとづく行動を、修行者たちは自分自身の本質を見極めんがために看た。自らの精神的な祖先との邂逅は、現在を理解する鍵なのである。

　大慧自身の開悟は、彼と圜悟とが先人に代わって問答を再現している時に起こった。本則と雪竇の頌に加えられた圜悟の著語・評唱を見ても、圜悟が文字を使って先人と問答しようとしていたことがわかる。圜悟はまるで、先人たちの問答の世界に入り込んだかのようだ。圜悟は、宋代に理念化されていた唐代の先人たちの、口頭での直接的なやり取りに、実際に立ち会っているかのように書いている。もっとも実際は、『碧巌録』は圜悟が「書いた」書物ではない。あくまで、百則の公案とそれに対する雪竇の頌についての彼の提唱を後から文章化したものである。だが、『碧巌録』が文章としてのこされたことの副次的な影響は、まことに興味深い。少なくとも上に紹介した一例において、圜悟の評唱は、師南泉とその弟子たちとの間に明確な一線を画する立場をとる。圜悟は自らの同格者として南泉の言動を支持し、凡庸な僧侶たちの無能ぶりを非難する。彼のこの姿勢は割注にされた著語の文字からも読み取れるが、それはそもそも、彼が実際に高座に坐って語った提唱に由来するのであろう。圜悟の評唱には、不明確さや逡巡の迹は微塵も見られない。同時に南泉の言動の、より深い意味を探ろうとすることもない。探究の姿勢のかかる欠如は、知性的な方面での、あるいは宗教的な方面での、浅薄さの表れなのであろうか？　門弟たちと聴衆に広く開かれた探究の姿勢を推し進めていくことこそが圜悟の趣旨であったにもかかわらず、そのことがかえって古則の意味の固定化を促しているように見える。大慧が『碧巌録』に抱いていたとおぼしき疑念とは、このことだったのか？　むろん、大慧がなにゆえこのテキストに苛立ちを覚えたのかは、知る由も無い。だが、文章化された公案集が自らの師の独創性を失わせ、生き生きした問答を形骸化させてしまう、そう大慧が考えたであろうことは推測してよかろう[19]。

禅の修行形態の変遷に関する重要な論文の中で、ロバート・バズウェルは「看話禅」の発生を禅宗の真に頓悟（とんご）的な方法の創造と説明している[20]。彼によれば、看話禅は、自覚的な探究によって生み出された、頓悟の立場にふさわしい技法だという。確かに、頓悟の立場は、禅定の実践について二元論的な説明は行なわない。したがって、頓悟の立場か否かは、禅定の実践がいかなる方法をとっているかを測る尺度として機能した。しかし、端的にいって、「頓悟」と呼べるものには、無数とは言わぬまでも、多数の方法的可能性がある。私自身の判断によれば、頓悟に関するいかなる規範よりも、系譜を意識して修行を行なう枠組みを看話禅が確立したことこそが重要である。それはつまり、自らの法系において規範化された、開悟にもとづく先人たちの振る舞い、それを後継者たちが検証するという意味での修行の定式化にほかならない。

　大慧の看話禅は、教養のある士大夫たちとの交友を通して大きく進展した。それは、士大夫が共通に抱いている想念をかき立てるかたちで拡大したのである。むろん、大慧につきしたがった文人たちが彼の思想を造り上げた、などと言うつもりはない。だが、彼は自らの法系の伝統と個人的な技量との結合を通じて、教養人の期待に応えうる禅の修行方法を作り上げたのである。このように言うことは、大慧の方法の斬新さを、いかなる意味からも軽視するものではない。むしろ、彼以外の数多くの禅者たちの思想が世の士大夫の気持ちを捉え損ねた運命と対比することで、大慧の斬新さを際立たせてさえいるのである。

　では、大慧の提示した修行方法の最も重要な要素は何か？　以上で述べた特徴を、ここで整理してみよう。

1．修行という過程と悟りという結果の、双方の強調。前者がなければ到達点は小さなものになるし、後者がなければ修行への動機づけがなくなってしまう。
2．機縁問答に暗示されていた系譜的関心から、瞑想的な内観への転換。その実践には、実際に問答を交わすのではなく、先人たちが交わした問

答の断片（公案）を対象とした瞑想が用いられる。
3．開悟した聖人による尚古的モデルの創造。そこでは、純粋な黄金時代の質朴さは、自らの系譜上の祖先の時代に帰せられる。このことは「古人の時代」を理想化する中国独自の時間観念に合致する。
4．過去から現在に至る修行者を、現実の系譜によって規定された出自や縁戚関係とは無縁の、個別的なコミュニティとしての「連合体（コンソシエーション）」に統合すること。そこでは修行者たちは、表面上、自らが奉ずる祖師の下に結集しているように見える。だが、その実、内部に立ち入って見ると、それぞれが激しく優位を競いあっているのである[21]。

　宋代の具体的な社会環境の中で「禅の自発性」がどのように息づいていたのか、これらの特徴からそれを見て取ることができる。たとえば、唐代においては、寒山や拾得などの人物たちが、実際に自由で自発的に思いのままに生きていた、と想定された。しかし、宋代の禅の修行者たちは、それとは明らかに異なる制約の中にあった。彼らも自発性について語り、自発性について想像し、自発性について議論し、そして自発性について考察をめぐらした。しかし、それらはすべて、公権力によって組織され、高度に儀式化された宋代の寺院生活の中で行なわれたのである。真に「自発性」を生き、自発的に行動しうる貴重な時間をもつことは、彼ら自身には、ほとんど無かったに違いない。
　しかし、少なくとも大慧は、自己修養の新たな方法を創り出すことに尽力したのである。大慧の新しい方法の重要性は、大慧のやり方を模倣した道学者、すなわち新儒教の学者、張九成（1092-1159）の「格物」と「正心」を考察することによって理解できる。明らかに仏教の禅定理論から導かれた一種の瞑想法を用いただけでなく、彼の儒教古典に対する態度は、聖なる祖師たちに対する禅の態度と顕著な類似を見せている。彼は『春秋』について、次のように言う（『横浦集』巻14 春秋講義）。

　我らが師たる孔子は、『春秋』において、帝王の道、天地の徳、日月の

輝き、四季の巡りを完全に説き明かしている。凡心によってそれを捉えられるはずがあろうか？　もし聖人の心を一語にまで練り上げるならば、陽は開き、陰は閉じ、雲は行き、雨は注ぐであろう。こうした自然の秩序性は、すべて我らが師、孔子の『春秋』の中にある。かくて「修身、斉家、治国、平天下」、そのいずれもが可能となるのである。[22]

『春秋』を読むことで学習者は「個々に身をもって夫子（孔子）の心法を伝えられ」、「その心を体得すれば、我々自身の飲食、睡眠、休息、応対など、〔日常生活のあらゆる営為〕がすべて我らが夫子の行ないとなるであろう」。これが張九成の理解であったと、アリ・ボレルは解説している[23]。張の表現はあまりにも大慧好みでありすぎるが、ここでの孔子を菩提達摩や馬祖と置き換えさえすれば、そのまま、禅の実践についての解釈と受け取ることが充分可能であろう。

　張九成の方法が大慧のそれと相似していることに、疑問の余地はあるまい。この両者の政治的立場が共通していたことも見逃すべきではない。両者ともに、宋王朝は北の国土を奪還すべく金と戦わねばならぬとする「タカ派」の立場の強硬な主張者だったのである。彼らの宗教的内観と政治的な見解の間には、様式面でも、またその実践の原動力の面でも、相い通ずるものがあった。しかし、むしろここで重要なのは、禅の修行と新儒教の理論との間に──晩くとも半世紀以上前に観察されはじめたような──一般的な類似性があることを確認することである。仮に大慧の力動的な看話禅が道学の「格物致知」と類似しているとすれば、より静的な曹洞系の「黙照」禅は道学の「居敬窮理」といかに相似するであろうか[24]？　私たちは禅と新儒教との相似性の問題にさらに立ち入る前に、まず宋代禅の修行のもう一つの主要な潮流、すなわち曹洞禅を観察しておかねばならない。

4　「黙照」と12世紀の曹洞禅

宋代における禅の修行方法のもう一つの重要な様式について考察するには、

大慧によるそれへの批判を出発点とするのが便宜である。こちらの系統は、中国禅宗史の文脈と、道元（1200-1253）を開祖とする日本曹洞宗への関連という二つの面で重要である。この曹洞禅の方法こそ、大慧が痛烈に批判したことで知られる黙照禅の系統にほかならない。大慧による批判が非の打ちどころのない完璧なものだったとは言えないが、曹洞禅の修行方法の重要性をよりよく理解するための前提として、それが当時どのような位置を占めていたかを考察することは有益であろう。

　宋代において最も傑出した曹洞系の禅者は、真歇清了と宏智正覚（1091-1157）である。すでに見たように（168ページ参照）、1134年の大慧による黙照禅排撃の開始は、真歇によって接化されていた寺院が大慧の居所に近接していたことと関連するかもしれない。一方、宏智は『黙照銘』をその数年前には書きあげていた（序文には1131年の日付がある）。研究者たちは長らく、宏智が大慧の批判の標的だと考えてきたが、彼の『黙照銘』以外には「黙照」という語を用いた曹洞系の文献がほとんど無いことから見て、その可能性は高いと言える。しかし、他方、大慧と宏智とは対面の機会がただの一度しかなかったにもかかわらず、仏教者として相互にふかく尊敬しあっていたことを示す確かな根拠がある。大慧は黙照禅をさかんに排撃していたその最中にも、何度か宏智を賞賛しているし、宏智が没した時、大慧は偈を作って彼の徳を絶賛した。宏智のほうも、国で最高位の寺院の一つに大慧を住持として推挙したし、自らの死期が迫った時には、葬儀を取り仕切ってくれるよう大慧に依頼してもいる[25]。宏智との間にかくも友好的な関係を維持しながら、大慧は果たしてどこまで宏智独自の教説に対する批判を声高に叫ぶことができたであろうか[26]？

　一度は絶滅の危機に瀕した曹洞禅は、大慧の生涯の間、復活の時期を謳歌していた。1027年、曹洞禅の法系の最後の伝持者が遷化した時には、それと同時に曹洞禅の絶滅も確実と見られた。しかるに、その最後の曹洞禅者、大陽警玄（942-1027）は、臨済の法系に属する浮山法遠（991-1067）に、適当な弟子を選んで曹洞の法系を伝えてくれるよう托したのである。そうして選ばれたのは、大陽が亡くなった時にはまだ生まれてさえいなかった投子

義青(ぎせい)(1032-1083)であった[27]。義青の弟子、芙蓉道楷(ふようどうかい)(1043-1118)は、革新的かつ創造的な人物であったようである。真歇清了と宏智正覚とはその二代後の弟子であって、再興なった曹洞禅の、最も活動的で傑出した存在であった。彼らの存命中、芙蓉道楷を系譜上の祖父と仰ぐ禅僧は少なくとも五十四人にのぼり、教線の拡大が図られていた。真歇も宏智も千人以上の弟子を抱えていたと推測され、そのうち法嗣たる弟子は、真歇については十四人、宏智については二十八人を数えた。

曹洞禅の再興は、1127年、女真族(じょしん)の王朝である金によって北中国を奪われて以降、禅仏教に対する政府の保護が後退する時期に当たっている。その影響は、諸寺院に交付される度牒(どちょう)の数の減少や得度を許される僧侶数の制限などに顕著であった。こうした状況下で禅僧たちは、彼らの教化の標的を知識階層に絞らざるをえなかった。この当時、いよいよ多くの文人たちが禅の修行を始めていたからである。すでに見たように、大慧の発言の多くは、知識階層に属する聴衆を強く意識していた。曹洞系禅者の活動の盛り上がりが、大慧の対抗心の炎を激しく煽り立てたであろうことは疑いない。

芙蓉道楷、真歇清了、宏智正覚などの曹洞系禅者は、それぞれ禅の修行への取り組み方に若干の相違はあったものの、大慧が彼らに肯定的に対するか否定的に対するかを決定する、最も重要な共通の要素が一つあった。それは「悟りへの努力」という点である[28]。ただ単に悟りの到来を待っているだけという修行のやり方、あるいは現実的な悟りの体験を軽視する傾向、それに対しては、大慧の攻撃は毒を含んだ容赦ないものとなった。しかし他方、悟りに向けて活力ある努力を不断に求める姿勢が見られる場合には、大慧は、たとえその禅のやり方が自身のものとは大きく異なっていたとしても、それを容認するのに吝かではなかった。

たとえば、芙蓉道楷は次のように書いている(『続刊古尊宿語要』第2〈地〉芙蓉道楷禅師語)。

> 空劫(くうごう)の時にあなたがあなた自身を体得できたなら、あたかも百千の日や月の如く無限の光明が輝きわたり、無数の衆生が同時に解脱(げだつ)を得たかの

如くであるかもしれぬ。しかし、もしあなたがまだ体得できぬのであれば、必ずや退き、動きを止めねばならぬ。完全に動きを止め、完全に休息し、あたかも古い寺廟の香炉の如くあれ。一念を万年にもわたって持続させ、あたかも息一つしない人の如くあれ。仮にあなたが何年もの間このようであることができながら、それでもなお道果を得られなかったとすれば、私は偽りの語を述べてあなた方を騙した廉で地獄に堕ちるに違いない。私はあなた方に勧める。これから先どれほどの期間修行を続けねばならぬのか、などと忖度することに心身を浪費せぬように。待ちの姿勢であってはならぬ。あなた方自身が全力を傾注せねばならぬ。あなた方の代わりをしてくれる者は、誰もいないのだから。[29]

　道楷はここで門弟たちに、大慧でも承認するかもしれないような悟りへの努力を勧めている。もっとも、ここで勧められているのは、自分自身の完全な止息状態を継続する努力であって、大慧の場合のような、生き生きと活動し、全力を尽くして突然の開悟を達成しようとする努力ではなかったが。
　しかるに、禅の修行に関する真歇清了の見解は、意識的な努力という観念自体の真の否定である。

歩を止め、自室にいつも坐ったままで、ひたすら教を忘れよ。枯木の如く、石の如く、壁の如く、瓦の如く、礫の如くあれ。知解を放擲せよ。自ずと空虚に、しかも、はっきりと輝くように。そこではいかなる小さな意識的努力もしてはならない。(『真歇清了禅師語録』劫外録)

東と西の違いも分からず、北と南との区別もつかない嬰児の如く、六根の働きをただちに止め、自ずから空虚になって、自己を輝かしめよ。(『同』拈古・信心銘「任性合道逍遥絶悩」)

動のただ中で常に静であれ。暗の中で明を増せ。二元的な対立に堕してはならぬ。(『同』劫外録)[30]

4　「黙照」と12世紀の曹洞禅　　*181*

清了は「働きをただちに止めよ」、そして動のただ中で「常に静であれ」、そう語るだけである。逆方向の要請、すなわち静のただ中で動であれ、意識的な努力なしに精進せよ、という要請は、ここにははっきりとは出てこない。だから、真歇のこうした教説が、大慧の怒りを買ったのも無理からぬことだったのである。
　宏智正覚の『黙照銘』（『宏智広録』巻8）には、瞑想的な静寂さと生き生きした努力、その両者の均衡を達成しようとする試みが含まれている。

　　妙存黙処　　超越的なる智慧は　寂黙に存し
　　功忘照中　　努力は　照のうちに忘却される
　　妙存何存　　超越的なる智慧は　何処にあるか？
　　惺惺破昏　　はっきりとして気を緩めることなく　暗闇を打破するのだ
　　黙照之道　　黙照の道は
　　離微之根　　迷妄の世界から離れるための　よりどころである[31]

　宏智によれば、一旦、照がおとずれれば努力は忘却されるのだが、それは逆に、そうした照を獲得するために努力が必要であることをも意味している。はっきりとして気を緩めることなく、無明の暗闇を打破する、というのも、目標に向かって努力することを言うものである。
　『黙照銘』はまた、次のようにも述べている。

　　万象森羅　　宇宙の中の　森羅万象は
　　放光説法　　光を放ち　法を説く
　　彼彼証明　　それらはそれぞれに　その正しさを示し
　　各各問答　　それぞれに問い　それぞれに答える

　　問答証明　　問答しつつ　正しさを示しつつ
　　恰恰相応　　それらは互いに　完全に調和する

照中失黙　　照の中で　黙を失うならば
便見侵凌　　調和した関係が　たちまち壊れる

証明問答　　正しさを示しつつ　問答しつつ
相応恰恰　　互いの調和は　完全になる
黙中失照　　黙の中で　照を失うならば
渾成剰法　　すべては　無意味と化してしまう

黙照理円　　黙と照とが　完全な秩序を保つならば
蓮開夢覚　　蓮の花が開いて　夢が覚める
百川赴海　　百川は　大海に注ぎ込み
千峯向岳　　千峰は　高岳に向かう

如鵞択乳　　鵞鳥が　乳を好むように
如蜂採花　　蜂が　花を求めるように
黙照至得　　黙と照とは　至高を極め
輸我宗家　　我が宗の教えは　動き始める[32]

　ここで宏智は、黙と照の均衡を強調する。これは体と用との両極性を説いた4世紀以降の中国仏教の思想や、8世紀の神会の著作に表れた思想とも共鳴している。体・用のような両極性はさまざまな著作に見出される。それが用いられるのは、涅槃や悟りのように、本質的には単一だが、視点によっては複数の特徴をもつように見える事実の分析のためである。悟りの心は、知の作用を起こす時にもその本質においては黙である。神会の説くところによれば、禅定と智慧を切り離すことはできないのであるから、静寂なる瞑想の作用は智慧によるのであり、動的に見える智慧もその本質は静寂なる瞑想なのである[33]。

　しかし、神会が禅定と智慧との同一性・同時性という理論的問題を追究するのに対し、宏智のほうは修行者が達成する黙（禅定）と照（智慧）との均

衡という実践的問題に関心を寄せるという相違がある。この点については、モルテン・シュルッターが適切な観察を加えている。宏智が「蓮の花が開いて、夢が覚める」と言う時、それは悟りを、あたかも時間軸上の出来事として描写しているようである、と[34]。しかし、シュルッターによれば、「突破の体験としての悟りは軽視され」、その開悟という概念自体が障碍になると考えられたという。大慧が必須と見なした英雄的努力を、宏智が強調することはない。黙照とはもとから悟っている心の状態、修行者にはすでに完全に備わっているところの自然で喜ばしい状態だと、宏智は説く。他の箇所で彼は、「修行と証悟とには煩わされない」とも書いている[35]。

だが、だからといって、何もなすべきことがないということではない。宏智は次のようにいう（『宏智広録』巻6法語）。

> 寂黙として安らいだ状態に留まり、真如そのままで、すべての因縁から解き放たれる。明るく輝き、汚れに染まず、直に透徹する。あなたは最初からずっとその場にいたのであって、今初めて到達したのではない。遠い遠い過去の大劫以前から、障えるものは何もなく、すべてはハッキリとしていて明るい。しかし、そうではあっても、あなたは働きを示さねばならぬ。あなたが働きを示す時、わずかでも何ものかを生ぜしめてはならぬ。わずかばかりの迷妄も障碍にしてはならぬ。枯木の如くに冷たく、広大にして透徹した洞察力でもって、大いなる平穏を維持するように。活動の停止と思考の止滅が完全でなければ、たとえ仏地に達し生死を離れようといかに願ったところで、そのような境地はどこにもない。あなたがひたすらあなた自身であるように。そうすることこそ突破なのだ。散漫な思考に汚されることなく洞察し、心に何の迷いもなく純粋であらねばならぬ。[36]

以上の短い考察からだけでも、宏智の教誡の中に、彼の感受性の鋭さと絶妙のバランス感覚とを探り当てることができる。これは弘忍の作とされる『修心要論』の中にあるものと似ている（59-60ページ参照）。すなわち、い

ずれにおいても、涅槃なる悟りが目的ではないことと、努力して修行する必要があること、その両者の矛盾を認識しつつ、それを微妙なかたちで調和させようとする点が共通しているのである。

　最後に大慧と曹洞系禅者との関係について、もう一つの考察を付け加えておこう。大慧は確かに、曹洞系禅者にきわめて論争的な姿勢で対応したのだが、彼の行動は彼自身の為になされたものではなかった。彼がそこに属すると意識した法系、その法系によって隆盛に導かれた仏法、それ自体の為だったのである。誤りと思われる教説に対する大慧個人の怒りが真剣そのものであったことは確かである。しかし彼は、当時の連合体（コンソシエーション）としての教団の中で、主流かつ正統の位置を占めるべき自らの法系の防衛をこそ意図したのであった。第1章において、中国禅は宗教的実践者全般に圧迫を加えるように、あるいは、少なくともそれらの実践者のうち特定の集団の人々に圧力をかけるように機能したのではないかという問題を提起しておいた（23ページ参照）。今、ここで論じていることは、まさにその問題の核心にほかならない。当時の中国社会に対して大慧が果たした役割とは、結果的には以下のようなものであった。すなわち、彼の禅の修行方法は、宋代の禅僧と知識人をも含めた大仰なコミュニティ支配のために有効と認められ、他方、それ以外の方法は、すべて無効なものとして拒絶されるに至ったのである。大慧の門弟が開悟を経験したということは、裏返せば、それ以外の指導者の下の門弟は開悟していないということを意味した。曹洞系禅者に限っていえば、彼らが開悟体験をもたないのは事実である。しかし、このことはもっと広い文脈において、よりいっそう妥当する。何となれば、大慧禅の方法が成功を収めたということは、天台宗・華厳宗・浄土教その他の教説がそれだけ無力化したということにほかならないからである。

5　仏教と新儒教の組み合わせのパターン

　これまでにも幾度となく両極性の問題に言及してきたが（特に、62ページ以下の議論を参照）、今やこの問題を統合的に考察すべき時がきた。それに

先だって、ここではまず、原始禅、初期・古典期の禅、宋代の曹洞と臨済の方法、そして宋代新儒教の潮流に表れる実践の二つのパターンを取り上げ、それらの間の相似性の組み合わせを以下のように表示しておこう。

原始禅	理入	行入
初期・古典期の禅	守心	機縁問答
宋代禅	黙照	看話
新儒教	静坐	格物

　第２章で論じたように、菩提達摩に帰せられる「理入(りにゅう)」と「行入(ぎょうにゅう)」が具体的な実践としていかなる意味をもつのか、それを理解できるだけの明確な説明は得られていない。だが、この両者の関係は、かなりはっきりしている。すなわち、前者は、自らの内なる仏性の存在への揺るぎない信頼を修行の根本的な態度とし、後者は、修行者の個々の行為が内面的な悟りと契合するかたちで実践されているか否かを検証するものである[37]。
　弘忍(こうにん)に帰せられる『修心要論(しゅうしんようろん)』が説く「守心(しゅしん)」という初期禅の方法は、菩提達摩の「理入」に見られる仏性の概念を取り込んだものである。菩提達摩のテキストでは「深信」、つまり迷妄や煩悩に覆われていても自らの内には仏性が存在すると固く信ずることが要求される。これと同様に、「守心」も自らの内なる仏性を尊重する実践である。『修心要論』にはまた、二つのひじょうに異なった禅定の実践が含まれている。一つは今述べた崇高な精神を体現するものであり、もう一つは逆に、迷妄の心の動き方に焦点を合わせるものである。
　「理入」にせよ「守心」にせよ、宋代曹洞禅の「黙照」や新儒教の「静坐」と同様の基本的前提に立っている。すなわち、真実心とは照の働きの輝かしい根源であり、通常の分別的思考による制限を取り除きさえすれば、その真実心は仏陀の本来の姿として完全に顕現する、という前提である。中国の大乗仏教の用語としては、この内なる真実心は本覚(ほんがく)——本来的あるいは根本的な悟り——であり、その本来の輝きを発揮させるために迷妄を取り除くこと

は始覚
し かく
──一時的な悟り──である。初期禅においては、仏性を覆い隠す迷妄の払拭よりも仏性それ自体の重要性を、また個別的な始覚の達成よりも本覚の真の実在を強調するのが、一般的な傾向であった。このように原始禅における「理入」、初期禅における仏性の理解、そして曹洞禅の「黙照」の間には深い継続性がある。心の内在的な性質を強調するこの立場を、便宜上「内在論」と呼ぶことにしよう。

　内在論と外在的な「規範志向」の間には、根本的な違いがある。ここにいう「規範志向」とは、原始禅の「行入」、古典禅の「機縁問答」、宋代臨済禅の「看話」、そして新儒教の「格物」という系列について用いる語である。従来、これら二つの系列については、静的・動的という両極性の枠組みによって分析される傾向があった。これに従えば、内在論的立場はまさしく静的であり、他方、規範志向はその本質において動的であると見なされてきた。しかし、この種の分析方法は、はじめからある種の価値判断を含んでいるので避けるべきである。実際、こうした二元論的対立はしばしば論争的性格を帯びる。一見、融和的なようでありながら、実はその融和的な姿勢そのものの中に、相手に取って代わり、主導的な地位を獲得しようとする意図がかくされている。もっとも、それは、現在の価値判断とは同じでない。古代・中世の中国の著者の多くは、派生的な「用」（動）よりも、むしろより根本的な「体」（静）に自らを結びつけることを好んだのであった[38]。

　「頓」「漸」の類型が、伝統的な禅仏教者にとって──現代の多くの禅仏教徒にとっても──論争的性格をもつのと同じように、静的・動的という範疇も、現代の著述者にとって論争的性格をもっているようだ。というのは、この単純な類型を援用する著述者は、常に、動的な側を良しとし、静的な側に偏見を抱いているように見受けられるからである。これにはいくつか原因もあろうが、我々は静的・動的という構図よりも、むしろ（66ページで最初に論じ、続いて183ページで宏智の思想に関して述べた）「体」「用」という、初期の中国仏教に由来する枠組みのほうが分析の道具として有効であると主張したい。

　実際、内在論型と外在的規範志向型とを区別するそれぞれに独自の修行法

5　仏教と新儒教の組み合わせのパターン

を、ここにいくつか明示することができる。第一に、内在論の立場が個々人の内面に焦点を合わせるのに対して、規範志向は、行為、活動、対話、相互の応酬など、外面的な部分に焦点を合わせる。外面への関心の集中は多様なかたちで表れるが、どの場合でも、悟りの達成への過程（始覚）を強調するという点は共通する。修行者は悟りを実際に体験してみなければならない。そして、それと同等に、資格を有する師匠の前で、その経験が本物であることを証明するのが、開悟に至った修行者にとっては重要である。自らの行動とともに、他者との相互のやり取りが不可欠なのである。

　第二に、内在論と外在的規範志向とは、人間文化の重要性と実践者の自己認識について、根本的に異なったスタンスをとる。すなわち、内在論は修行者個人とその心以外には何ものも必要としない。それに対して規範志向では、それぞれの修行者は一定の伝統中の一員と位置づけられる。そこにあるのは一種の系譜学的な文脈である。修行者は自らの属する法系の先人たちの開悟体験を瞑想し、それを通して自らの悟りを達成する。ついで彼らは、自らのその開悟体験を、法系上における先人たちとの出逢いのなかで正当化する。かくて彼らは子供・部外者の立場から、大人・継承者の立場へと進んでゆく。新儒教にあっては、この系譜は、古典や聖人などといった中国の文化伝統そのものである。私的と公的とを問わず、これこそが世界のすべての局面を理解する際の尺度にほかならない。「格物」の追求を提唱する張九成その他の人々の行動にも示されるように、新儒教による伝統の理解もまた、著しく系譜学的傾向を有するものであった。

　ところで、ここで一つ注意しておきたいことがある。さきほど私は、原始禅、初期・古典期の禅、宋代禅、新儒教の組み合わせ表を示しておいた（186ページ）。この表の5段目に、「頓」と「漸」という組み合わせの追加を考える人があるかもしれない。表の中になるべく多くのことを詰め込もうとするのは、自然の勢いである。しかし、私がその表を作成したのは、対応する概念を最大数列挙して、それらが全部似ていると論証するためでは、もとよりない。よりよく、またより多く、微妙な差異まで捉えた理解に到達するための道具として有効である場合に、それを用いるに過ぎないのである。むろん、

そこには、何らかの示唆を含んでいると思われる、という程度に留まる場合もあったが。ともあれ、そうした組み合わせがどの地点で意味をなさなくなるかが確定されること自体、かかる組み合わせを取り上げる方法の有益な成果なのである[39]。

「頓」「漸」の区別は論争的性格のものであり、したがってそれ自体、分析の道具としては限られた有効性しかもたない[40]。第一に、宋代禅の二つの立場は、そのいずれもが、自らの立場を頓教とし他方を漸教だとする主張を正当に展開することが可能である。このような性格の用語はもとより宗派意識から生まれたものであって、上記の組み合わせ表に列挙できるような明確な対立項をなしていない。内在論は、悟りに至る階梯を認めず、「すべて一挙に」悟ることを目標に掲げるので、これも頓教と見なすことができる（この立場は日本の道元によって最もみごとに詳論されている）。この立場からすれば、むしろ過程を重視する外在的規範志向のほうこそ漸進的に見える。事実、中国・日本の臨済禅の修行者は、その多くが何度も開悟の体験を重ねていったように描かれている。他方、外在的規範志向の立場からすれば、内在論の系統は開悟の実体験をほとんど完全に無視し、最初の段階の頓悟的本質をないがしろにするものである。曹洞系の禅者は坐禅堂で長い時間を過ごしはするものの、個々人の開悟の達成については、ほとんど黙して語らない。それゆえ、もう一方の臨済禅からは、精神的な成果をまったくモノにしていないのではないかと疑われるのである。

第二に、8世紀以降、論争上の合言葉としてさまざまな禅僧によって主張された頓悟の教説は、宋代に入ると、その表現に新鮮さが感じられなくなっていた。むろん、この語が大慧宗杲の著作の随処に散見されることからも知られるように[41]、この問題が個々人の修行生活において意義を失ったわけではない。しかし、それは、我々の理解に新たな何ものかを付け加えてくれるというよりも、むしろ、その理解を曖昧にぼかしてしまうのである。

もっとも、「頓」「漸」の両極性を当面の課題に適用することが妥当でないからといって、これを他の枠組みと比較することまで控えねばならぬわけでは、むろんない。実際のところ、上述の対応諸概念の枠組みが、仏教の禅定

理論に伝統的に見出される集中と観察という両極性と、いかに相似しているかを考察することは有益である。もちろん、それほどぴったりと適合するわけではないが、それは歴史的な隔絶を考慮すれば、驚くに値しない。まず、心の先天的な理解能力に依存する点で、内在論の立場は「観」(かん)(ヴィパシュヤナー)に類似すると見なしうる。ただし、「観」は対象を必要とする。根源的な存在として、もしくは超越的な存在として、心それ自体が対象たりうるというのは、大乗仏教にのみ見出される見解である。それは、まさにこの主題を延々と詳論している天台智顗(てんだいちぎ)の著作に見られる立場である。初期以来の種々の禅籍でも、心がそれ自身の根源を「返照」(へんしょう)するという観念にともなう微妙な問題が気づかれていることは間違いない。とはいえ、心で何か——たとえ、心自体であれ——を照らすということは、一切の人間には顕現されるべき生得の輝かしい心が存するという内在論の立場とは明らかに喰い違う[42]。

規範志向を「止」(し)(シャマタ)ないし精神集中との相似で理解しようとするならば、さらにひどく本題から逸脱してしまうことになる。規範志向の目的とするところは、静の獲得ではなく、行為の完全なる自発性に関わると考えられるからである。のみならず、規範志向において、修行は一定の資格を有する師匠というパートナーを必要とするのに対し、「止」は事実上、孤独な探求である[43]。確かに、漸修と「止」の間には、両者ともに漸進的な向上を必要とするという点で強い類似性がある。それに加えて、両者ともに煩悩の苦行的な抑圧ないし鎮静化として解脱を理解するという、仏教の古い特性をも示している。しかし、たとえ仮に頓悟が「観」との間に——般若の智慧を両者とも絶対条件とする点で——潜在的な繋がりをもっているとしても、その相似はいかなる観点からも充分ではない。実のところ、最も有益なのは、内在論・規範志向、「頓」「漸」、そして「止」「観」という組み合わせに見られる調和の欠如の指摘そのものなのである。

6 宋代天台における修行の「間主観性」

宋代禅の理論的分岐を理解するためには、インド仏教の禅定理論の基本に

まで立ち返るよりも、時間的にも空間的にもずっと近いところにある並行物を考察するほうが望ましいに違いない。すなわちそれは、宋代天台宗の思想における「山家派」「山外派」の対立である[44]。宋代天台宗は思想論争の結果、天台山を根拠地とする一派（山家派）と、それ以外の場所に本拠地をもつ一派（山外派）とに分裂した。ここでこの問題を取り上げるのは、上述の両極性が宋代天台宗のこの対立にどの程度まで妥当するかを検証するためである。何となれば、それが宋代の宗教文化全般に、禅思想がどれくらいの影響を与えたかを計測する一つの方法となるからである。

　この課題に関して最良の導きとなるのは、智顗から知礼（960-1028）に至る天台思想の中に見られる「間主観性」（"intersubjectivity"）の問題を分析した、ブルック・ジポリンの労作である。この場合、間主観性とは、以下のごとき認識が完全に承認されていることを指す。すなわち、精神的な求道は、基本的に、他の衆生と隔絶した宇宙の中で個別的になされる行為ではなく、多様な意識が機能的に関係しあう文脈の中でなされるものなのだ、と。仏教の救済理論の観点から見て哲学的に重要なのは、知礼にとっては、無明に暗まされた衆生とそれを救う仏・菩薩の双方が、ともに存在するということである。無明に覆われた衆生と開悟した聖人とは、互いに切り離された状態では機能しない。迷妄の中の衆生は、救済の達成のために開悟した仏・菩薩の助けに依存する。一方、開悟せる仏・菩薩は、これら迷える衆生があるからこそ、救済の行を尽くすのである。ジポリンは言う、「菩薩とは、他の経験的存在と常に関係し、他者の経験を構成的に考慮しつつ、世界を経験する」存在なのである、と[45]。同じことは、知礼が次に述べているごとく、まさに衆生にも当てはまる（『十不二門指要鈔』巻下）。

> 仏の法（ダルマ）と衆生の諸法とは、いずれも「他」と呼ばれるが、しかも、双方それぞれに衆生としての性格と仏としての性格が具わっている。もし自らの内なる衆生的性格と仏的性格とが顕現するならば、それは自己ならざる他の仏に具わる衆生的性格および仏的性格と同じく、主体的に衆生を悟りに導く「能化」として働く。他方、自己ならざる他の

衆生に具わる衆生的性格および仏的性格のみが、客体的に悟りに導かれるところの「所化(しょけ)」となるのである。このいずれもが一念として顕現するのである以上、自・他の別がどうしてありえよう。それゆえ「不二(ふに)」と名づけるのである。[46]

ジポリンはこの部分について、以下のように説明する。

一切の衆生と一切の仏とは、個々の中に等しく、生得的に、そして完全に、「一切の衆生に悟りを獲得せしめるために、種々の姿をとって現れる諸仏」という全体的な構造を有している。衆生を導く主体としての仏も、仏に導かれる客体としての衆生も、そのいずれもが、導く側と導かれる側という二つの側面を具えているのだ。こうして、どの一念にも相互に感応しあう経験があり、またどのような局面においても、相互に自となり他となる機能を果たしているのだと解釈することができる。[47]

知礼にとって——そして彼の理解によれば、智顗においても——生の経験は間主観性のネットワークの中で生起する。そこでは、個々人の意識は個々に継起しながら、しかも多種多様な関係性の中で相互に関連しあっているのである。衆生と諸仏は究極的に相互に相即する関係にある。それゆえ、衆生と諸仏とは自と他とのそれぞれの中にあって、相互に関連しあいながら機能しているのである。

一切の現象を、究極的な真理(空諦(くうたい))・仮の真理(仮諦(けたい))・中道(中諦(ちゅうたい))という三つの視点から捉える天台の三諦(さんだい)の教義に依拠するならば、いかなる行為であれ、仏・菩薩の救済の営為として、または無明に覆われた迷える衆生の争いや作為として、あるいはこの両者の側面を含む——もしくはこの両側面をともに含まない——営為として、理解することができる。一切の事象は、少なく見積もっても四つの視点から把握できるとジポリンは言う。

もし、すべての行為が三諦と一致することが理解されるならば、それは

仏が何らかの影響力を個々人に及ぼすための契機として現れる。仏が及ぼすさまざまな影響は、それ自体、その影響をもたらす種々の契機と同じものなのである。それゆえ、すべての可能な行為は、(1)迷妄の業を示すと同時に、(2)仏の感応を惹起する契機でもあり、(3)この契機によって救済をもたらすための、仏の教化の種々相でもある。仏の仮の教化は、〔仮諦と勝義諦が実は一つであることを考えれば〕究極の真実であるのだから、結局いかなる行ないも、(4)仏それ自体の究極のあり方でもある。以上の四つの視点は、いずれもみな同じ一念の中に含まれながら、しかも同時に、それぞれ個々に異なった文脈において解釈されるのである。[48]

つまり、知礼をその典型とする山家派の思想にあっては、衆生と諸仏の間、衆生相互の間、そして諸仏相互の間に、間主観的な関係が存するのである。それぞれの相互関係の中に現れる迷いと悟りの対立図式は、一方が他方に収斂されることなく、以上のように種々さまざまな視点から分析されることになる。

山家派のこうした立場とは対照的に、山外派においては、一貫して真実心の流出の過程が重視され、諸仏と衆生相互の関係は軽視される。山外派の最も初期の代表者、源清（ －997）は明確に述べている。「仏を真観と名づけ、衆生を不覚と名づける。心とは、仏と衆生の二つの状態で存在するものであって、この二つの状態を離れて別に心があるのではない。心は、仏と衆生と両方の根本なのである」と[49]。かくてすべての現実の根源と見なされる「心」は、山外派にとっては、禅定の修行に関する最も注意すべき焦点であったに違いない。

天台と禅との歴史的な関係は、まだまだ未解明の部分を残す。だが、以上の短い要約を通してだけでも、宋代禅における修行の主要二系列に、何がしか同時代の天台思想と響きあうものがあることは理解されよう。機縁問答における、あるいは公案の系譜的な体得における、禅の師匠と修行者の相互関係、それは山家派の思想に見出せる間主観性の性質とはむろん性格を異にするが、しかし、両者の間に一定の相似性が暗示されていることも見て取れる

に違いない。同様に、衆生と開悟者との双方の根源となる心を強調する山外派の立場は、内なる心の黙照を強調する曹洞禅と容易に関連づけられよう。禅宗と天台宗の関係は、しばしば宗派的な争いの文脈で論じられるけれども、そこにはもっと立ち入って分析してみる価値が有るのである。

7　禅と中国の社会秩序

　ここで、唐代から宋代にかけての中国の社会秩序に占める禅の役割について、いくつかのコメントを付け加えておきたい。これまでの議論の幕引きをする代わりに、本節と次節とで、それを今後の探求へとどのように拡充していけるかを提示してみよう。
　インド的な要素と中国的な要素との最高の結合体である禅は、発展しつつある中国社会によって規定され、特定の形態——ないし諸形態——をとった。したがってそれは、インド仏教では想像しがたい独自の進展を見せる。この二つの文化の徹底的な比較調査を抜きにして、私たちは、どうしてその相違を理解することができようか。この問題を考察する手がかりを得るための最も簡単な方法は、インドと中国の葬送儀礼の相違に注目することである。そこには、それぞれの社会の最も根本的な構造が現れる。ここで私たちはただちに、次のような疑問に直面するであろう。すなわち、基本的な社会構造の相違を考慮した場合、仏教の祖霊崇拝は、インドの社会でなく、中国の社会において、いかに表現されるのであろうか、と[50]。
　インドの伝統的な葬送儀礼は、死者が現世の家族から離脱するのを助ける目的で構成されている。遺体を清めた後、それに米飯を供える。その後、遺体は荼毘に付される。遺体が焼却されるのにともない、死者はそれ以後十日間にわたり、毎日の供物によって維持される微細な身体を得る。遺族は火葬の後、その場のまわりを巡り歩き、帰路につく前に川で沐浴をする。これらの全過程を通して、火葬場を振り返ることと悲しみの情を表出することは避けられねばならない。遺族の邸宅ではご馳走が準備され、死は祝福される。悲しみの情が起こるのはむろん自然なことだ。しかし、それを表すことは、

儀礼上、禁じられている。火葬後の二日のうちいずれか一日に、頭蓋骨は砕かれ、それ以外の骨と一緒に陶磁器の骨壺に納められたうえ、聖なる河に投げ入れられる。もしくは、聖別された土地に埋められる。火葬後十日目に、死者がそれまでの微細な身体をも脱ぎ捨てて「プレータ」すなわち「霊」に昇華できるよう、長男が火葬場に一椀の米飯を供える。一年にわたって、霊の本体を増強するために、新月がおとずれるごとにお供えがなされる。その後、死者が霊の本体から抜け出て祖先の世界に入るのを助けるために、もう一つの儀式が行なわれる。そこでは四つの容器が用いられる。一つは死者自身のためのもの、それ以外の三つはそれぞれ、彼の父・祖父・曽祖父のためのものである。この儀式に見合った呪文が唱えられる中、一方の容器から他の容器へと移しかえられることによって、死者は最も新しい祖先となり、曽祖父は儀礼上では記憶の枠から外される。この儀礼過程が順調に進むならば、先行する死者たちは、やがて祖先の世界からブラーフマン——宇宙の無限定的基体——との一体化へと移行する。しかし、このことが葬送儀礼や追悼儀式に影響することはない。それはあくまでも、個々人の意識の中で実現されるものなのである。

　インドのこうした古典的な葬送儀礼モデルのさまざまな規定によって示される全体的な方向は、死者が解脱への決定的な一歩を踏み出せるよう、この有限の世界と家族の絆からの離脱を手助けすることである。もちろん、それが常に順調にいくとは限らない。ブラーフマンとの一体化に至らなかった場合、死者は次の三つのうちのいずれかの途をたどることになる。(a)天上界に生まれ変わるか、(b)地上に生まれて人間となるか、(c)動物もしくはそれ以外の不幸な存在に生まれ変わるか。いずれにしても、祖先としての地位は暫定的なものに過ぎない。家族の絆は、いつかは必ず壊れる。祖先であることは、死すべき存在であることの苦しみからの一時的な解放とはいえるけれども、それはなお本質的には束縛の中にある。それは、究極的には乗り越えられねばならない生・死の二元的対立の一部なのである。

　伝統的な中国文化に関する以下の説明は、上のインド文化についてのそれと同様、単純化された限定的なものとならざるをえないが、そういう留保つ

きで言えば、伝統的な中国文化における死者儀礼の全体的な目的は、インドの場合とは正反対である。それが望むのは、死者と生者との持続的な関係の維持である。遺体を清める儀式が行なわれた後、公式の葬送儀礼と埋葬に適した時が来るまでの期間、遺体は暫定的に棺もしくは仮の墓の中に安置される。経済的に余裕がある場合には、墓は地下に設けられ、そこには召使たちの彫像が一緒に埋葬される。食べ物、飲み物、その他生活に役立つさまざまな品物の模型も、そこに加えられる。そうした品物の模型はお金と同様、墓に一緒に入れるために、しばしば紙で作られる。それらを燃やして、他界にある死者のもとに送り届ける儀式が行なわれることもある（現代の葬送儀礼では、紙のテレビや紙の自動車、さらには死者の国の役人に袖の下として使うための葬式用の特別の札束まで付けて、死者を送り出す）。死者の家族、とりわけ死者の子供たちは、大きく声をあげて悲しみを表現するよう勧められる。死者の子供たちは埋葬が終わるまでは食事をとらない（通常、死後三日間）。それ以外の会葬者はいずれも、死者との関係に応じて定められた食物のみを食べ、柔らかい寝床を避け、葬儀準備のため通常の活動を慎む。この期間、食事は定期的に死者に供えられる。会葬者たちは死者に直接語りかける。死者が男性もしくは既婚の女性であれば、埋葬の後、死者の名前を記した位牌が家の祭壇に安置される。死者は、家系の階層秩序に占めるその地位に応じて、通常の祖先崇拝の対象に加えられる。死者のための儀礼的なお供えは、二年以上の期間にわたって随時行なわれる。死者に最も近い直系卑属――すなわち息子ないし娘――は、親の死後三年目（満二年）の命日までは、その社会的活動を控える。死者が生者の記憶の中にある限り、結婚や誕生や死など家族内の出来事は、逐一、死者に報告される。こうしたことには、死者世界の官僚制的もしくは階層制的性格が関わっている。すなわち、その死者がいかに処遇されるかは、その人の人格や功績よりも、家族内に占めるその人の地位によって決定されるのである。世代が進んでゆくにつれて、家系の中でその人が占める地位も変わり、その変化に合わせて、その人の位牌は祖先を祀る祭壇の上を移動してゆく。そして、故人が生者の記憶の中にある時間を優に超えた第七世代目以降になると、その死者は個体性を失って、祖

先一般の枠内に入るのである。

　以上の叙述は、ごく一般的な部分を取り出したものに過ぎない。したがって、インド文化についても中国文化についても、上の記述とは大きく異なる実践と信仰の要素を見出すことは可能であろう。インド仏教に関して言うと、近く出版予定の最も刺激的な著作においてその再評価が試みられているが、それは、インド仏教が高踏的で超絶的な理論としてのみならず、死に関連して幽霊や精霊を調伏する方法を提供した、弔いの宗教としても発展した点に注目するものである[51]。もっとも、私たちの現在の目的には、極度に理念化された上述の葬送儀礼のイメージで充分であろう。ここで私たちが目指すのは、インド・中国両文化についての包括的でバランスのいい比較ではない。それは、どんなに控えめな言い方をしても、一朝一夕にはいかない企てである。当面の課題は、インドの事例の中に見出される特徴を中国の状況分析に役立てることなのである。インドと中国との文化交流は、ただ中国の土地の上でのみ起こった。中国中世にはインド文化が局限されたかたちで知られていた。そのような要素を特定することができれば、さらに幸いである。

　中国における葬送儀礼の実践には、死者と生者との関わりを継続させようとする上述のごとき努力の他に、生者と死者との分離を維持しようとする儀礼もいくつか含まれている。葬送儀礼における供物は、あの世での生活に必要な備えとして、死者に与えられたものである。しかし、そこには同時に、死者を墓の中に閉じ込めておくのに必要な分を与える、という意味も含まれていた。つまり、祖先に供物を捧げる動機には、死者がこの世に解き放たれて、さまざまな災厄を惹き起こしたりしないようにするという面もあったのである。中国文化の伝統的な概念では、死者は神か鬼か祖先か、この有名な三種の存在のうちのいずれかになるものとされた。この三種の可能性のうちのいずれになるかは、もとより死者自身の性格、その死が英雄的なものであったか非業のものであったか、などの要因にも関係するが、何よりも決定的なのは、生者の側がいかに振る舞うかということである。自らの子孫がそれにふさわしい供養をしてくれるならば、その死者は自然の秩序の中で自らの固有の位置を獲得し、祖先となる。死者の家族以外の人々が充分な量のお供

えをしてくれ、その結果、そのお供えをした生者に死者がよい報いを与えたとすれば、その死者は神になったと看てよかろう。しかしもし、自らの子孫も他の人々も、必要な供物を死者に捧げなかったならば、その死者は鬼となる。鬼となったその死者は、供物を捧げてくれる、より大きな支えを探し求めざるをえず、しばしば死者自身にとっても生者にとっても不幸な結果を招くことになるだろう。よく指摘されることだが、こうした一連の出来事には死後世界の官僚制的性格が関わっている。死者が果たす役割と宗教的恩寵は、全体として、個人の功績よりも階層秩序(ハイアラーキー)における位置づけによって決定されるものだからである。

　さて、私はここで、禅が提供したのは、中国の葬送儀礼の習俗に合致した実践形態であったということを主張したい。この分析は、8世紀における禅の法系の主張と葬送儀礼の間にある相似性を読み取ったジョン・ジョーゲンセンの研究を出発点としている[52]。それは、禅の祖師たちを祀る廟堂と祖先を祀る一般の祠堂との相似の観察に基づいている。より広い視点から言えば、禅の法系は一般の家系を模倣したものである。法系は、生者と死者を親子関係になぞらえて、家系と類似の領域を創り出すことで成長と普及を遂げた。もっとも、実際には、一般の家系がその家族を他の集団から区別するのに使われるのに対して、禅の灯史は虚構された親子関係の総体を創出したのであるが。個々の修行者は、継続する世代の中で自らの位置を安んじて確保することができ、師資相承(ししそうじょう)の関係の全体は、鎖状に連結され、絡みあう。その結果、人と人との繋がりが膨大なネットワークを形成するに至るのである。一般的な家系が、その他の系譜や同時代の社会慣行を参照しながら作られたのに対し、灯史は、自らの宗教的アイデンティティーを禅の法系の中に理念的に結晶させるための、包括的な文脈を提供するものであった[53]。

　中国禅の系譜的様式が及ぼした全体的な影響は、すべての修行者を持続的な社会関係のネットワークに取り込むこと、そして、一般の社会を超越し、自然の秩序に従って存在する集団を創造することにあった。禅において、精神的な修行に成功することは、明確な現実的報酬を伴った。すなわち、自らが開悟した師匠となって、諸仏諸祖の法系に公式に位置づけられていること

の社会的認知、という報酬である。禅の灯史は、あたかも滝のように過去から下ってくる、おびただしい諸系列に関する文書群である。そこでは家父長制的なエリート階層のネットワークを思わせる法系に、各人がいかに連なっているのかが指示される。禅宗は一面では、このように人を繋ぎ包摂する関係的機能の組み合わせであった。

しかし禅の系譜的ネットワークは、別の一面では、排除の手段としても機能したに違いない。ナンシー・ジェイその他の人々が注目したように、宗教的儀式は、集団の成員間の連帯意識強化とヨソ者排除の双方向に効果的手段を提供する。農業社会における家父長制的系譜と祭祀の儀礼が、女性をそこから排除する権力をもった社会階層を支持する機能を果たした点も、付け加えておきたい。一般社会の場合との間に正確な相似性があるわけではないが、禅の系譜的様式は、中国仏教の制度全体の中で見るならば、禅以外のさまざまな宗教実践者をその恩恵から排除するのに効果を発揮した。もしくは、より適確に言えば、排除する方向で機能したのである。その結果、権力の座から遠ざけられた修行者たちは、疎外され、あるいは禅と対抗していた天台の旗の下に一括されたのである。浄土教の伝統ですら、その存在を正当化するために法系システムを採用せざるをえなかった[54]。仏教を理解するためのそれ以外の範疇は、いずれも系譜学的なモデルによって凌駕されてしまった。宋代禅において、女性の姿をどこにも見出せないことはいうまでもない。少なくとも彼女が「大丈夫」として男性のように振る舞わない限りは[55]。換言すれば、禅は神聖な遺産を継承する方途を、中国の伝統文化の基層的な特徴と類似したかたちで仏教徒たちに提供したのであった。

ここまでは、比較的分かりやすいであろう。次の段階は、この宇宙論（コスモロジー）に組み込まれた事象のうち、為すべく期待されているものと、為すべからずと禁じられているもの、それらを具体的に調査することである。メアリー・ダグラスに従い、私は宇宙論という言葉を、ある文化に属する人々が世界を自然の秩序に則った正当なものとして理解する仕方、という意味で用いる[56]。周知のとおり、中国の宇宙論は、祖先としての死者から現に生きて在る者への連続に、顕著な重点を置く。ジェイは、父系制原理に基づ

く世代の継承といけにえを含む祭祀の儀礼との間には独特の親和力が働くこと、その結果、女性の身体から生まれてくるという現実の汚れた過程よりも「よりよい誕生」があると考えられていること、を示した[57]。これは中国社会に関しても、概して適用可能な分析といえる。ジェイは、調査に基づく自らの研究が出版される前に亡くなってしまい、中国の場合について考察することは叶わなかった。私たちがここで検討すべきは、これが中国禅にも適用できるかどうか、という問題である。ジェイが論じたのと同様に、禅もまた「よりよい悟り」「よりよい宗教的権威」を提示するであろうか？ 禅の展開過程で、人間のさまざまな文化のうち、いかなる要素が打ち壊され、昇華せしめられ、そして変容を遂げていったのであろうか？ こうした問題を議論するための準備はこれでいくらかはできた。しかし、準備ができただけである。これから研究しなければならないことは、まだまだたくさん残っている。

　中国禅がインド仏教と根本的な点でかくも異なるとすれば、禅における「悟りの経験」もインド仏教のそれとは異なるのであろうか？ 最後に、この問題に言及しておこう。もちろん、禅のテキストが現代の「経験」の概念に照応することを記述しているわけではないから、中世中国の禅仏教徒が悟りをどのように受け止めていたのかを、現代の視点から憶測しないよう注意しなければならない。とはいえ、具体的事実として個々人に個別的に発生するのが経験というものだという想定なしでも[58]、インドの哲学的テキストに見出される目覚め（ボーディ）の経験と、中国禅のテキストに見出される悟りの経験、その双方の記述を比較することは有益であろう。一般的な傾向として、前者では智慧と超越的な究極目的が記述されるのに対し、後者ではすべての存在者が相即し相関しあっているあり方を悟ることに重点が置かれる。空（シューンヤター）という語が異なった意味で用いられる点にも、両者の相違は表れている。すなわち、インドにおいては、それは世間的な差異を消去するのに使われ、かたや中国においては、それが差異を実体化するのに使われるのである（中世の日本仏教における本覚思想は後者の例に当てはまるように見える）。南アジアと東アジアとでは資料の性格が大きく異なるので、このような文化の比較は難しいけれども、こうした理論的問題が、今にして

ようやく取り扱い可能になりつつあるのである。

8　パラダイムの消去

　ここに至って読者諸氏は、宋代禅のクライマックス・パラダイムに関する簡潔な記述を含んだ、総括的な結論を期待しておられるだろう。しかし、私はその期待にお応えするよりも、むしろ、それを方向転換させることに努めたい。本書に提示した分析が、将来において改善され、訂正されてゆくのが最も望ましいことを、ここで主張したいと思う。

　私は、中国の禅仏教に関して種々の異なった観点を触れあわせることに本書の主眼を置き、この方針を実行するためにさまざまな策略・戦略をめぐらした。「クライマックス・パラダイム」なる表現を用いたのも、そのような策略の一つである。このような用語は結局のところ比喩的な意味しかもたず、したがって、知見をもたらすための道具に過ぎない。それを歴史的事実と誤解することはもちろん、歴史的解釈とすら勘違いしてはならない。その用語の意味が理解されたなら、その語は忘れられるべきなのである[59]。

　クライマックス・パラダイムのレトリックは、いくつかの点で限定的である。第一に、私自身は初期禅を専門の研究分野としている。この時期にはさまざまな課題があった。本書は、そうした課題が後代においていかに自ずからなる解決に到達したのかを、取り扱う範囲を拡張しつつ検証しようとしたのである。そこでの議論は原初期の禅と宋代禅との連続と断絶という視点に規定されている。私のとったこの基本戦略は、先行の時代における課題や主題を、後続の時代における課題や主題の考察という目的に供する点で、一定の予断にもとづいている。こうした一定の予断のもとに歴史を叙述する方法は、従来の著作の中に含まれる多くの明らかに誤った見方に対する批判を可能にするという意味では、有益である。しかし、その立場自身に問題がないわけではない。技術的な見地から言えば、一定の予断のもとに歴史を分析する方法は、おそらくダヴィッド・ハケット・フィッシャーの言う「歴史家の錯誤」の一つを犯すものであろう[60]。つまり、それ以前の禅の物差しで判断

することによって、宋代禅をそれ自身に即して見ることができなくなるのである。そうした方法論的難点が、ここにはある。

　第二に、宋代が唐代や五代以上に大規模かつ広範に宗教活動が行なわれた活力ある時代だったとすれば、本書が取り扱った範囲はあまりにも小規模で制限されすぎており、宋代禅についての理に適った評価には至っていないであろう。私が痛切に感じるのは、本書のこれまでの議論の中で、宋代の禅仏教に関するどれほど多くの問題が、論じられることなく残されてしまったかということである。北宋の文字禅(もんじぜん)の問題、朝廷ないし民間や各地域の禅仏教に対する援助の諸形態の問題、寺院制度の現実──および虚構──の問題、論争にまで発展したか否かは別としてそれぞれの法系の代表的な禅僧の間で交わされたさまざまな対話や教義・実践に関する解釈の問題、禅仏教の地域的差異と社会的地位の変動の問題……。これら考察に値するすべての課題を充分に取り上げようとすれば、優に一冊か二冊のゴツイ書物が必要となろう。

　しかも、変化しているのは宋代禅への評価だけではない。最近の重要な著作でエドワード・デイヴィスが主張するところによれば、この時代の社会や超自然現象（神や鬼など）に関する従来の中国学の取り組み方は、根本的に見直されなければならない。つまり、前近代の中国社会を儒教とそれ以外という二つのグループに分けて取り扱う基本的な方針を改め、現実の人々が超自然現象を含む諸問題にいかに対処したかをもっと厳密に観察しなければならないというのである。デイヴィスが好むのは社会を三つのレベルに分割することだ。道教の場合を例にとると、(1)朝廷やその他の行政機関のレベルで活動する道士、(2)儀式を司る大きなグループに属する道士、(3)村落のレベルで活動する霊媒、である[61]。宋代禅の資料でこれに対応するものは、最初の二つのレベルにほぼ限定される。(1)には公式に得度を受けた僧侶、(2)には修行者のコミュニティとしての教団に属する僧侶一般が、それぞれ対応することになろう。しかし、中国西南部には、晩くとも12世紀以降、禅宗独自の要素が民間の儀式の執行に取り込まれた形跡がある。上記(3)のレベルに対応する問題、すなわち各地域の村落における修行者の間に禅がどの程度浸透したのか、またその浸透がいつ頃から始まったのか、といった問題が今

後解明されるよう期待したい。修行の場である寺院を援助するには、かなりの経済的基盤がなくてはならず、したがって、禅の修行が経済力をもたない村落の住民一般に開かれていたとは考えにくい。やはりエリート階層や行政機関に援助を求めていたと見るべきであろう。しかし、それは、禅の宗教的主題が寺院の壁を超えて村落の中へ流出しえなかったということでは、決してない。まさにそのような動きの一つとして、次のような事例がある。それは、今日の雲南省白族のコミュニティにおいて、村落レベルで崇拝されてきた菩提達摩像である。特に注目すべき廟堂では、儒・仏・道の三教が一堂に会し、釈迦牟尼・孔子・老子の像が祀られている。菩提達摩像は中央の祭壇の右側に安置され、地域の住民からは「お祖師さん」という愛称で呼ばれている。しかも祭壇の左側には福の神として大黒天(マハーカーラ)が安置されているのだ。デイヴィスの労作が重要なのは、さまざまな社会的レベルでの宗教的営為について深い洞察を示したのみならず、唐代以前と宋代との間の実践の連続性を明らかにしたからである。彼が行なったような分析を通してのみ、私たちは中国宗教史上の根本問題を解決できる。その根本問題とは、民間宗教の研究者がしばしば主張するように、宋代に見出される宗教形態は唐代のそれと質的に異なるのか、それとも、宋代に入って残存資料が爆発的に増えただけのことなのか、という疑問である。この点についても、将来もっと洗練された分析が可能になるだろう。本書が提供した予備的な解釈は、月をさす指のようなものでしかない。これが、複雑きわまる宋代禅の重要な課題のすべてに関する最終的な判断だとは、くれぐれも勘違いしないでいただきたい。

　第三に、宋代禅にクライマックス・パラダイムに近いものがあったかどうか。それは最終的には、それ以後の時代の異なった環境のもとで、禅がいかに展開したかを考察することによってのみ判断されるであろう。比喩を変えて言えば、中国・朝鮮・日本・ヴェトナムのいずれにおいてであれ、あるいは現代のアジア以外の世界においてであれ、宋代禅はその後に生起した禅の進展を理解するための主要なレンズを提示したとも言える。それゆえ、「宋代禅のクライマックス・パラダイム」の諸相を真に理解するためには、それ

以後の時代、それ以外の地域での禅の展開と伝播の力学を解明せねばならない。従来の中国禅研究は、誤ったロマン主義と単純な思い込みにもとづいていたことが分かってきた。中国・朝鮮・日本・ヴェトナムの禅についての研究は、こうした欠陥の上に発展してきたのである。そうである以上、これらの地域と時代の禅について、これまで親しまれてきた解釈を変えねばならぬこともあろう。宋代以降の中国、あるいは朝鮮・日本・ヴェトナムで禅が発展した際の歴史的条件と可能性とは何であったのか？　こうした時代、こうした地域で禅の伝統に参入しようとした人々が、宋代禅のレンズを通して禅を見ていたのだとすれば、彼らは実際、そこで何を見ていたのであろうか？　この問いに答えるためには、彼らが彼ら自身、彼ら自身の過去、そして彼ら自身の人生における仏教の役割、それらをどう見ていたのかを知らねばならない。実際、探求の道は無限に延びている。この研究の将来には素晴らしい可能性があり、禅の理解には多種多様な無数の方法が存在しているのである。

注

第1章　法系を見る

1　フィリップ・B・ヤンポルスキー（Philip B. Yampolsky）1967 年、8-9 ページに、801 年までの各種資料に現れる禅の祖師たちの便利な図が掲載されている。
2　ロバート・H・シャーフ（Robert H. Sharf）1995 年参照。
3　グレゴリー・ショーペン（Gregory Schopen）1984 年は、孝を明記することが、必ずしも常に東アジアの影響を意味しているわけではないと指摘している。
4　胡適は、禅の説話の 99 パーセントは虚偽であると言うが、彼が示唆するのは「それは虚偽である。だから無視してもよい」ということであろう。マクレーの法則第一は、これと反響しあうものである。禅の伝承資料が決定的に重要であるのは、それが虚偽であるからではなく、純朴な歴史家が「虚偽」と断じるものが、その実、文化的に創造されたものだからである。
5　これはくりかえし言及される大乗仏教の基本的な概念である。これに関して、ポール・ウィリアムズ（Paul Williams）1989 年が、優れた概論を提供している。その 60-63 ページを参照。
6　「印可」は直訳すれば、「認可の印〔を与えること〕」であり、サンスクリット語の mudrā から派生した言葉である。中国語の熟語は、『倶舎論』と『維摩経』の翻訳の中に「承認」という意味で見出せる。8 世紀初頭の禅籍『楞伽師資記』では、禅のニュアンスが若干加わったかたちで用いられている。
7　ロバート・H・シャーフ（Robert H. Sharf）は最近、1995 年および、1998 年において、人間の宗教の自然なカテゴリーの意味で「経験」という言葉を用いることに反対している。その主張の根底には、ひとつの観察がある。それは、現代の「経験」という語がもつカテゴリーは、明らかに現代的な知的背景から生じたもので、それを区別せずに近代以前の資料に用いるのは不適切であるというものである。また、悟りの種々の段階についての直示的な規定は哲学的に支持できないという分析は、とりわけ有益である。しかし、中国仏教徒——あるいはインド仏教徒もそうだと思うが——は、シャーフが論じたような個人を変容させるような経験と同様のカテゴリーを持たなかったというのは、決して正しくない。悟りの経験の記述において、禅のテキストが示す顕著な抑制については、少なくとも二つの要因が含まれていた。第一に、具足戒において、悟りや神通力を得たかど

うかについては沈黙を守るべきだと規定されていること(本書150ページおよび第5章の注14を参照)。第二に、東アジアの伝統は、自叙伝を書くことを避けたがる傾向を示しているということである。この点については、ペイイ・ウ(Pei-yi Wu)1990年を参照。また、仏教の瞑想はさほど神秘的な経験に人を導く修行体系ではなく、むしろ瞑想的な分析のスタイルであり、瞑想的経験を通しての信仰の心身医学的強化であるというロバート・M・ジメロ(Robert M. Gimello)の観察は、中国禅においてもひとつの可能性として適用できるものである。ジメロの分析はもっと洗練することが出来るだろうが、それは瞑想的な境地が直示的に存在するものであるか否かにかかわらず正しい。ジメロ1978年を参照。禅の非合理性と禅の「悟りの経験」については、いずれより厳密に論じたいと考えているが、これは本書の範囲を超えている。

8 マクレー1992年に、上述のいくつかの分析が、より詳細になされている。
9 ナンシー・B・ジェイ(Nancy B. Jay)1992年を参照。筆者はアンドリュー・ジュンカー(Andrew Junker)2000年の修士論文から、ジェイの労作、およびそれが中国の宗教にも適用できることを知った。その教示に感謝する。
10 これは、ダヴィッド・ハケット・フィッシャー(David Hackett Fischer)1970年、151ページからの引用である。「ひとつながりの真珠」の錯誤に関するこれまでの議論は、マクレー1986年、7-8ページと252-253ページを参照。
11 もちろん、敦煌の洞窟群やそこで発見された文献には、より多くのものが含まれており、中国や中央アジアにおける宗教および文化、社会、経済史、そして絵画と彫刻など、広範囲にわたる課題に洞察を与えるものである。敦煌から遺物が発見され、用いられていく様を活写したものに、ピーター・ホップカーク(Peter Hopkirk)1980年がある。テキストそのものについては、国際敦煌プロジェクト(International Dunhuang Project)のウェブサイト(www.idp.org)を参照。
12 本書ではここをはじめ他の箇所でもevolutionという言葉を用いているが、そこには、ダーウィニズムあるいは目的論的な意味合いは含まれておらず、ただ単に、時間の経過による一般化された変化の過程を含意するに過ぎない(日本語版では「展開」などの語をあてている)。
13 この概念は、オートナーの「キー・シナリオ」(key scenarios)と比較することができよう。シェリー・B・オートナー(Sherry B. Ortner)1989年、60ページ以下を参照。また同1990年、60ページ以下を参照。ロバート・F・カンパニー(Robert F. Campany)の啓発に富む観察に謝意を表する。
14 ベルナール・フォール(Bernard Faure)1986年、特にその193-195ページを参照。
15 エリック・ホブズバウム(Eric Hobsbawm)とテレンス・レンジャー(Terence

Ranger）編集 1992 年を参照。
16　詳細な中国禅の歴史の解説については、ハインリッヒ・デュモリン（Heinrich Dumoulin, S. J.）1988-89 年全 2 巻、とりわけ第 1 巻の改訂版 1994 年を参照。デュモリンの労作はすこぶる有益なものだが、その単純でロマン化された禅のイメージに対しては、本書 142 ページ以下で批判を加えている。
17　加えられたコメントのうち、年代が確定できるものはおろか、既知の歴史的人物と関連づけられるものさえ、ひとつもない。テキストに加えられたいくつかの部分が派生するのは、8 世紀中葉あたりまで下るかもしれない。このテキストのアイデンティティーと文脈についての議論（菩提達摩作とすることは単純には受け入れがたい）、そして、その最初の部分の翻訳に関しては、マクレー 1986 年、101-117 ページ参照。テキスト全体の最近の翻訳については、ジェフリー・L・ブロウトン（Jeffrey L. Broughton）1999 年、および *Journal of Chinese Religions* 28（2000 年）掲載のマクレーによる批評を参照。
18　今後さらに究明されるべき重要な課題のひとつが、中国禅の瞑想の実践とそれ以前の仏教および中国土着の瞑想の伝統との関係である。マクレー 1983 年の博士論文、23-30 ページで、それに若干言及した。山部能宜（Nobuyoshi Yamabe）1999 年の博士論文は、最近のすばらしい業績である。禅の実践と、中国仏教の禅定、および中国土着の瞑想との関係については、ハロルド・D・ロス（Harold D. Roth）1999 年を参照。ロスは、後の禅仏教で強調される無分別によく似た「神秘的」瞑想の形が、すでに漢以前の時代にあったと示唆する。ただ彼は、神ないし神明を、"numen"（神霊、根源力）ないし "numinous"（神霊の、超自然的な）と訳し、抽象的なエネルギーないし理解と定義しており、それらが初期中国思想で身体と宇宙に宿ると考えられていた精霊の焼き直しに過ぎないという可能性を無視している。私の考えでは、それは抽象的な無分別の前身と見るよりも、内業（内面的訓練）を、身体の中にある精霊を感じ、それらをそこに保全しておくことを目的とする道教の瞑想の実践のスタイルを示すものとして読み解くほうが適切である。これについては、イザベル・ロビネ（Isabelle Robinet）1993 年を参照。
19　意味が適度にあいまいであるという理由から、私は "school"（宗）という言葉を使用している。いわゆる宗が、中国仏教においては教団組織の側面を持たなかったということを記憶しておくことは重要である。それゆえ、sect（反既成宗教運動）さらには denomination（安定した組織を持つ教団）という言葉も、厳格に使用を避ける（ただ sectarian という用語は用いる）。
20　首都禅（metropolitan Chán）という用語は、ジェフリー・L・ブロウトン（Jeffrey L. Broughton）1999 年からの借用である。
21　機縁問答の訳である「encounter dialogue」という語は、かつて私が翻訳した柳田

聖山（Yanagida Seizan）「禅宗語録の形成」("The Development of the 'Recorded Sayings' Texts of the Chinese Ch'an School")で最初に用いられた。ただし、「機縁問答」という言葉は、禅籍ではほとんど用いられず、現代における一種の術語と理解されるべきものである。

22　こことは別の文脈で、中世と現代の中国と日本における禅の理想像を比較することはおもしろいだろう。私が用いるロマンティックという語は、通常の意味のみで、歴史的な意味を含んでいない。この術語の種々の使用については、デール・S・ライト（Dale S. Wright）1998年、ix-x、13、16-17、その他のページを参照。なお、ライトの能動的な文献読解に関する教示は、きわめて鋭いものであり、あらゆる学生に参照してもらいたい。

第2章　発端

1　ここにのせるのは、私が——選択の余地なく——『景徳伝灯録』T2076, 51. 217a9-220b23 所載の菩提達摩伝説のハイライトに基づきつつ、それを簡略化したものである。武帝との会談は 219a21 以下にあり、恵可が自ら腕を断ったことは 219b17 に述べられる。いくつかの菩提達摩についての情報は、220b24 から始まる恵可の章に含まれている。

2　いつわりの体を使って自己を解放する能力は、禅が起こるはるか以前の文献に言及されている。ロバート・F・カンパニー（Robert F. Company）2001年、52-60ページ参照。

3　ベルナール・フォール（Bernard Faure）1991年、25、27ページに引用されている、ジャック・デリダ（Jacques Derrida）『グラマトロジーについて』（Of Grammatology）を参照。フォール1986年、197ページに、クロード・レヴィ＝ストロース（Claude Lévi-Strauss）の、神話の「虚焦点」（virtual focus）となる人物の概念について、同様の引用がある。彼らの周囲には詳細な伝記的記述が増してゆくが、実在するのはただその影のみであり、あいまいな典拠としての役割を果たす（ここでフォールは、レヴィ＝ストロース『生ものと料理したもの』（The Raw and the Cooked）、5ページに言及している）。フォールは1986年のなかで、伝記的正確さの追求を、「死体洗い」（188ページ）と嘲笑っている。彼に言わせれば、それは、さまざまの標本の骨を細部まで洗浄し、繋ぎあわせて作られた役立つ虚構、縫いあわされた頭蓋骨であり、決して存在したことが無い人物の、干からびた残骸である。私もこのような作業に従事する必要があるとは思わない。本書で禅学の第一法則に「事実ではない、それゆえに、より重要である」を立てる主な理由は、学問的探求にふさわしい分析と、聖人の死体洗いとの間を区別す

4　ブルース・リンカーン（Bruce Lincoln）1999 年は、神話は、一般的に見なされるような「本質的にそれ自身を書く論理構造」（149 ページ）などではなく、究極的には、多くの人々が創作に関わる説話のプロセスから発生するものであると指摘している。同書の「非個人的な過程」についての言及（18 ページ）も参照。

5　菩提達摩の伝記、教え、そして弟子たちについての詳細な考察は、マクレー 1986 年、15-29 ページを参照。ただし最近の研究（未発表）で、『洛陽伽藍記』に見える最古の菩提達摩像の資料価値を再検討中であるので、その記述についてはしばらく見直すことにした。ちなみにここで言及される 7 世紀中葉の著作とは、645 年に完成した道宣の『続高僧伝』のことである。この時点で筆者は、道宣が没する 667 年までに加えられた改変のことを考慮に入れていない。

6　次の表は主に、菩提達摩の聖人伝説が作成される流れを詳細に研究した、関口真大『達磨の研究』の成果に基づいている。

7　恵可の伝説の原型と確定できるような物語は無いが、釈迦牟尼が前世において雪山童子であったとき、耳にした偈頌の残り半分を聞くために崖から身を投げたという『涅槃経』の物語が思い起こされるだろう。T 374, 12. 449b8-451b5、および、フューベール・ダート（Hubert Durt）2000 年、8 ページを参照。形式的な自己犠牲の実行については、ジョン・キシュニック（John Kieschnick）1997 年、35-50 ページを参照（恵可の説話はその 41 ページに言及される）。キシュニックはヴィクター・ターナー（Victor Turner）の「根本のパラダイム」（root-paradigm）の概念を紹介している。彼の定義によると、それは「特定の象徴的な連想をともなう特別な行動のひと組の類型」である（ターナー 1975 年、60-97 ページを参照）。私は複数の根本的パラダイムを組み合わせて考察することを好むが、指や腕の施身は、中国の場合に適用できる可能性を秘めている。キシュニックは、「仏陀の舎利の前で自分の手足を切断することは、単なる施身ではなく、帰依をも意味している。自分の体を焼くことで、熱烈な信仰者は仏身の力を引き寄せ、自分の身体を浄化し、自分を聖なる生きた舎利へと変えるのである」（44 ページ）と書いている。恵可にまつわる伝説はおそらく同様の力から発展したものであり、それは選ばれた祖師に同様の力を帰そうとする、原始・初期禅の共同体の試みに基づいている。関連の議論（生贄による自己犠牲のみについてであるが）については、ジェームス・A・ベン（James A. Benn）1998 年を参照。

8　ベルナール・フォール（Bernard Faure）1987 年を参照。舎利は自然に生じることもあるが、主に火葬によって得られる。

9　調査がより進展すれば、このことへの言及は、あるいは 12 世紀にまで遡るのではないかと私は予想している。

10 これは『易筋経』を指す。Muscle Relaxing Scripture、あるいは Tendon-Changing Scripture と英訳される。1642 年に木版印刷で出版されている。中国の武道に対して厳しい批判的な眼差しを持たない人々は、二つの序文がそれぞれ唐代と宋代に書かれたと信じている。しかし、それが後代の偽作であることは、周剣南（Zhōu Jiànnán）によって証明されている。同 1979 年、特に 156-157 ページを参照。

11 『新ブリタニカ百科事典』（*New Encyclopædia Britannica*）15th ed.,「Bodhidharma」の項目を参照。オン・ラインのブリタニカの「Bodhidharma」の項にも、ここで紹介した情報が収められている。

12 完訳に、ジェフリー・L・ブロウトン（Jeffrey L. Broughton）1999 年がある。

13 T 2060, 50. 551c7-12。翻訳はマクレー 1986 年、103 ページ。

14 マクレー 1986 年、111 ページにおける説明のとおり、柳田聖山（Yanagida Seizan）1974 年「北宗禅の思想」、71-72 ページを参照。

15 智儼の『華厳経内章門等雑孔目章』T 1870, 45. 559a28-b3 を参照。

16 道宣『続高僧伝』T 2060, 50. 596c9。

17 ポール・スワンソン（Paul Swanson）1997 年。CBETA (Chinese Buddhist Electronic Text Association; cbeta.org）による調査では、bì（壁）という漢字は音写語としてはたったの一度しか使用されていない（T 85. 1205b7）。そしてそれは敦煌文献の中に含まれる、経典からの文言の集成である。これはあるいは、誤写もしくは誤植かもしれないが、そこで音写されている元の言葉は pratyekabuddha（壁支仏、通常、「辟」の字が当てられる）である。音位転換によって t と k の音が反転し、中古初期中国語では pεjk と発音されていたので、bì（壁）の使用が許容される。この復元については、エドウィン・G・プーリーブランク（Edwin G. Pulleyblank）1991 年、34 ページ参照。

18 智顗『摩訶止観』T 1911, 46. 58a18-19。智顗の「壁定」と菩提達摩の「壁観」とが、これまでに関連づけられたことがあるか否かは未詳。

19 湛然『止観輔行伝弘決』T 1912, 46. 305c21-27 以下。

20 僧稠は非常に重要な人物であり、後代、中国の開元寺、日本の国分寺などの寺院制度の重要な前身である国立の瞑想センター制度の指導者となった。マクレー 1983 年、31-50 ページ。

21 該当する漢字「行」は、仏教文献の中でさまざまな意味に用いられる。その中には、五蘊のうちの第四の行蘊（saṃskāra 形成力［複数］）も含まれる。中国語としては「過程」（process）、あるいはより一般的には「行動」（activity）を意味する。私はこの言葉がもつ「自己修養」という意味を保つために、「行」（practice）という訳語を用いる。

22 遡源的な創作の問題を考慮していないものの、デヴィッド・W・チャペル（David

W. Chapell）1983 年が「道信の」教えを見るのに便利である。

23　マクレー 1986 年、121-122 ページ参照。この引用は、世親の『十地経論』（T 1522, 26. 123a1-203b2）、および『十地経論』が参照した可能性のある各種経典（T 278, 9、279, 10、あるいは 285, 10）のいずれにも見られない。なお、『十地経論』のうちに、仏陀の智慧を示す日輪の直喩のみがある（T 26. 126a23）。引用の終わりと説明の開始の部分が明瞭でないため、私見に基づき句読を施している。

24　マクレー 1986 年、130-131 ページ参照。

25　むろん、これはパタンジャリ『ヨーガ・スートラ』（Yogasūtra）の冒頭に記される「精神的な訓練は心の動揺を止滅させることである」yogaś citta-vṛtti-nirodhaḥ 以来の古い主張ではあるが。

26　「禅宗」という名前が、禅定の師にたいする敬称から生まれたことは言うまでもないが、中世の中国において「禅」という語がいかに理解され、どのようなニュアンスを含んでいたのかは、いまだ明確ではない。興味ぶかい問題が二つある。それは、もと「禅」や「禅波羅蜜」などの語を使用していた天台智顗がのちには「止観」の語を使用するようになったこと、そして、玄奘が翻訳の際に「禅」という言葉をほぼ完全に避けていることである。一つ目の問題をめぐる議論は多いが、二つ目に対する検討は管見の限り皆無である。関連の問題について、T・グリフィス・フォーク（T. Griffith Foulk）1987 年を参照。

27　最近の研究では、大乗仏教がインドや中央アジアにおいて、東アジアにおけるほどの重要な位置を占めたことは無かったとされる。この状況に鑑みるとともに、貶義をもつ「小乗」の語を避けるため、私は「主流仏教」（Mainstream Buddhism）という言葉を用いて、大乗以外の宗派と、南、南東、中央アジアの伝統を呼ぶこととする。

28　主流仏教の瞑想の理論に関する洗練された分析としては、ロバート・M・ジメロ（Robert M. Gimello）1978 年を参照。

29　これがどうしてそうなのかと考察することは、興味ぶかいことである。理解がなぜ解放を意味するのか？　理解が解放であるということは、仏教の伝統のなかでも、最も根本的な前提であると私は考える。そして、この問いは、あまりに基本的であるがゆえに、これまで誰からも問われたことがないようである。この背景には、ヴェーダの、知識の儀式的効力、名前をつけることの力、そして、「知ること」と「すること」とが結びついた √vid の概念などがあると思われる。だが、ここではこの問題にたちいる余裕がない。

30　この「物不遷論」は、『肇論』という論集の一部である。T 1858, 45. 151a10-14 参照。経典からの引用文は、現存の『放光般若経』T 221, 8. 1a1-146c29 には見出せない。

31 湯用彤（TĀNG Yòngtóng）の『漢魏両晋南北朝仏教史』、334 ページを参照。また、エーリク・チュルヒャー（E. Zürcher）1959 年の 88、89、92 ページを参照。137-140 ページでも体用に関して議論されている。また、79 ページでこの術語を馬祖に帰し、91 ページで『五方便』を引き合いに出しているのも、それぞれ参照されたい。

第3章　首都禅

1　英語の empress は女性名詞であるが、中国語では完全に「天子」として統治していたのである。
2　則天武后の宗教的・政治的なアイデンティティーについては、アントニーノ・フォルテ（Antonino Forte）の二つの名著 1976 年および 1988 年を参照のこと。彼女の統治を支持するために用いられた道教的なモチーフについては、ステフェン・R・ボーケンカンプ（Stephen R. Bokenkamp）1998 年参照（なお該書は著者による校正がされておらず、誤植や編集上の間違いが多いので、注意を要する）。
3　マクレー 1986 年所収『伝法宝紀』より、51 と 266 ページ（ここでは少許の変更を加えた）。
4　マクレー 1986 年所収『楞伽師資記』に引用される『楞伽人法誌』より、8-9 ページ。
5　マクレー 1986 年所収、張説による碑銘、52 ページ。
6　701 年の時点で、武后の権力は揺るぎないものとなっていた。だが、彼女の譲位は、すでに時間の問題であった。神秀が皇室の一員であり、仏教の擁護者であったことについては、マクレー 1986 年、46-50 ページを参照。むろん武后が保護した仏教僧は神秀のみではなかった（たとえば著名な人物として、華厳の専門家、法蔵もいた）。
7　私は「歴史の製作」という表現を、デヴィッド・ウィリアム・コーヘン（David William Cohen）1994 年の xiii-xxv、特に xv-xvi ページに倣って用いている。
8　二つの北宗文献とは、上の注 3 で述べた『伝法宝紀』と、注 4 で述べた『楞伽師資記』のことである。後者は、禅の法系の起源を菩提達摩ではなくグナバドラ（求那跋陀羅）に求めているが（本書 44 ページ参照）、これは後の禅では無視される、一種の異形である。
9　ここで用いられる中国の術語は、サンスクリット語 upāya の翻訳である「方便」、および中国における合成語である「観心」と「看心」である。ルイス・O・ゴメズ（Luis O. Gómez）1987 年は、神秀『観心論』に見られる解釈上の戦略が北宗の『五方便』（151-152 ページの注 106）と異なっていること、および相違点の正

確な特定は今後なされるべき重要な課題であることを指摘している。彼はまた、『観心論』に見出せる比喩的な表現は「拡大的な比喩」として記述されるべきではないことに着目している。おそらく、それらは比喩の大量の使用ではあるが、必ずしも拡大的な（複雑で、多次元的な）比喩ではないからであろう。私は以前、「瞑想的な分析」という戦略は、北宗の特徴であると主張したが、彼はそれを誤解して──それを「瞑想的な解釈」と書きあらためて──北宗独自の財産であることを示すものと解釈している。これは、彼がマクレー1983年、231-232ページから引用している一節とは、明らかに反対の解釈である。

10　以上、マクレー1986年、199-200ページにのせる神秀『観心論』からの引用。「仏像の鋳造あるいは描写」の箇所で紹介されている比喩は、道教のいわゆる内丹（身体内の錬丹術）を想起させる。

11　同上200-201ページ。

12　マクレー1986年、53ページに引用される皇帝への上奏より。

13　これら二人の人物と、その「即身成仏」の教えについては、ポール・グローナー（Paul Groner）1992年を参照。また、ジャクリーン・ストーン（Jacqueline Stone）1999年、31-33ページ、および阿部龍一（Ryūichi Abé）1999年、特にその300-302ページを参照。羽毛田義人（Yoshito S. Hakeda）1972年、225-234ページに、この課題に関する空海の著作の翻訳がある。だが、ここで挙げたいずれの研究も、空海が受けた中国禅の影響については本格的な議論を行なっていない。

14　この資料は一般的に『五方便』と呼ばれる。マクレー1986年、172-174ページを参照。形式化した、ほとんど、合唱のような応対には傍点を付す。最後の段落において、「無処──無の場」がいかに解釈されるべきかは明らかでない。やや時代が下った──8世紀後半から9世紀はじめにかけての──禅文献でこの用語が使用される際には、より多くの分析が必要となるが、今の時点では単に「場所の欠如」を意味すると理解することができる。「四つの魔物」とはむろん四つのマーラを指す。中村元『仏教語大辞典』、532aを参照。

15　以上、神会の『菩提達摩南宗定是非論』からの引用。マクレー *Zen Evangelist* 参照。

16　ジョン・ジョーゲンセン（John Jorgensen）1987年は、神会の「北宗」批判が中国の祖先崇拝の様式の上で機能したことを指摘しているが、神会の祖堂が普寂によって確立されたものの模倣であることには気づいていない。

17　マクレー1998年参照。

18　以上、神会の『壇語』からの抄出。マクレー *Zen Evangelist* 参照。

19　この論者は胡適（1891-1962）である。彼の禅の解釈については、マクレー2001年で議論されている。

20　これらの区別は、本書 28-29 と 33-34 ページにおいて、すでに紹介している。
21　これらはすべてマクレー 1983 年、201-203 ページからの引用である。最後の引用の「宗」(school) は「zōng」(宗) の翻訳である。元来の意味は「男系の始祖」であり、それから「父系性原理」（これは柳田の訳である）を表すようになり、そこからやがて「宗派」を意味するようになった。
22　今日、中国仏教のテキストを訳す際に、最も広くみられる誤りは、「dào」(道) に関するものである。この語は、字面では「道路」の意味だが、実際にはサンスクリット語の bodhi（覚）、dharma（法）、yāna（乗）、gati（六道のこと）などの訳語であり、英語の「-hood」や「-ship」(buddhahood や arhatship などで使われる) と同様、抽象的概念を示すものである。たとえば、武道などの稽古場の意味でも使われる「道場」という語は、実は「ボーディマンダ」(bodhimaṇda)、つまり菩提樹の下で仏陀が開悟した、その「悟りの場」を中国語に訳したものなのである。
23　マクレー 1983 年、214-215 ページ参照。最後の段落にみえる「返照」という語は、照り返すことによって自らを照らし出すことのできる、悟りの心の能力を示す。これは沈む直前の太陽が地平線のかなたから照らし返すありさまから来る表現である。ついでながら、この段の最初の「心を安んずる」ことの説明は、菩提達摩が恵可の心を安んじた話の元になったものかもしれない。すでに述べたように（本書 44 ページ参照）、この物語が最初に書物に現れるのは 952 年になってからである。菩提達摩・恵可の対話もまた、どのようにして禅の修行と悟りが起こりうるのかを示す虚構——しかし、虚構であるけれども、ではなく、虚構であるからこそ、重要なもの——である。
24　ポール・スワンソン (Paul Swanson) 1989 年、150-156 ページ参照。
25　この方式の哲学的な高揚の専門語は、ドイツ語のアウフヘーベン (aufheben: abolition, abrogation, annulment) であり、「止揚」と和訳される。ここで言及されているインド人の哲学者とは、バーヴァヴィヴェーカ (Bhāvaviveka) である。彼は次のように主張する。哲学者はまず、(1)日常生活から導かれた分別を前提とする。(2)それから、それらの同じ分別を否定する。(3)最後に、それらの変容されたあり方で再肯定される、と。マルコム・デヴィッド・エッケル (Malcolm David Eckel) 1992 年、29-42 ページ参照。
26　以下の資料の簡略版をマクレー 1988 年に発表してある。ここと後に引用する『壇経』の文は、フィリップ・ヤンポルスキー (Philip Yampolsky) 1967 年、129-132 ページに、若干の変更を加えたものである。
27　問題となるのが、「鏡台」という語句である。中国語の「jìngtái 鏡台」に相当し、現代日本語では単に鏡そのものを意味する。
28　マクレー 1986 年、235 ページ参照。Tathāgata の漢訳「如来」におけるように、

「如」が形容詞として使用される場合に、suchlike と英訳する。
29 もしも神秀によるこの使用法の再構築が——たとえ幾分かでも——正鵠を射ているとするならば、『壇経』の偈が示すものは、彼の思想を幾分か変形させたものであることになろう。驚くまでもないが、それはこれらの偈の総合的解釈を薄弱なものにするであろう。テキストに対して私は思弁的な解釈を与えたが、菩提樹と鏡台は、互いに全く異なった二つの比喩であり、単にこの偈で無様に組み合わされただけなのかもしれない。
30 上の注 9 を参照。
31 ただし、高麗の禅匠である知訥の精神的な経歴において、『壇経』は重要な位置を占める。ロバート・E・バズウェル（Robert E. Buswell）1983 年、23 と 34 ページを参照。
32 禅の祖師たちがその世代を示す序数を冠して列挙される最初の例は、神会の著作においてである。
33 もしも神会が心偈に関する逸話を知っていたのなら、当然それを詳説していたはずである。ここで述べた他の議論については、マクレー Zen Evangelist に詳論されている。
34 ここで使われている語句は、ホブスバウム（Hobsbawm）とレンジャー（Ranger）1992 年、199 ページにおける用法を援用したものである。
35 恵能の「一見したところ魯鈍かつ勤勉な掃除人」というイメージは、マイケル・ストリックマン（Michel Strickmann）1994 年、52 ページに述べられている。ストリックマンが用いる素材の多くはかなり後代の資料から引かれたものであるが、師匠のために肉体労働に従事する弟子、とりわけ床の「掃き掃除と水撒き」という常套的な表現は、少なくとも葛洪の『神仙伝』まで遡ることができる。葛洪の自らに対するコメントのみならず、このイメージを演じる陳安世の例については、ロバート・F・カンパニー（Robert F. Campany）2001 年、14 と 137-139 ページを参照。
36 この解釈はマクレー 1990 年において詳細に論じられている。恵能の伝説がイデオロギー的に用いられることについては、ブルース・リンカーン（Bruce Lincoln）1999 年、147 ページの「物語の形式としてのイデオロギー」における神話の定義と比較・参照されたい。
37 マクレー 1986 年、344 ページの、T 917, 18. 945a22-24 に基づく注 340 を参照のこと。
38 残念ながら、中国密教の伝統の研究は充分になされていない。東アジアの宗教のなかでも、最も研究されていないものだとさえ言えよう。このような状況のなかで、最近なされた重要な研究が、チャールズ・D・オーゼック（Charles D.

Orzech）1998年である。私はオーゼックの労作に対して批評を発表した。*Journal of Chinese Religions* 27（1999年）参照。
39　小野玄妙『仏書解説大辞典』別巻、170a-174a を参照。
40　ルイス・ランカスター（Lewis Lancaster）は1993年5月と2001年7月の私信で、この見方を述べている。彼は、Sung-bae Park と共同で『高麗大蔵経――解説付き目録』（*The Korean Buddhist Canon: A Descriptive Catalogue*）の作成を準備している時にこの事象に気づいた。唐朝の政策変更については、小野『仏書解説大辞典』別巻、180b 参照。
41　コータンを征服した日付については、Prods Oktor Skjærvø 1999年、290ページ参照。そのソースも 290ページの注4で言及されている。
42　宋代の訳経院については、黄啓江（HUANG Chi-chiang）1997年参照。

第4章　機縁問答の謎

1　これは『金陵清涼院文益禅師語録』T 1991, 47. 591a24-25 からの引用。このテーマは後に流行し、何百という用例を文献中に見出せる。たとえば『鎮州臨済慧照禅師語録』T 1985, 47. 504a15-18、ルース・フラー・佐々木（Ruth Fuller Sasaki）訳 1975年、46-47ページ、あるいはバートン・ワトソン（Burton Watson）訳 1993年、100ページ参照。また柳田聖山 1972年「臨済義玄の生涯」（"The Life of Lin-chi I-hsüan"）も参照。
2　この短い問答は、一般に『無門関』T 2005, 48. 292c20-293a14 から引用される。『大慧普覚禅師語録』でこの問答が頻繁に議論されていることについて、ロバート・E・バズウェル（Robert E. Buswell）1987年は、その369ページの注95において、『大慧語録』T 1998A, 47. 921c7-19 を用いるほうがより適切であると指摘している。
3　これは一般的に『仏果圜悟禅師碧巌録』T 2003, 48. 152c19 以下から引用される。
4　ロバート・H・シャーフ（Robert H. Sharf）1998年に基づく。
5　入矢義高監修、古賀英彦編著『禅語辞典』、3 と 433a 参照。
6　「機縁問答」の原語（encounter dialogue）の起源については、第1章の注21を参照。
7　これは禅の機縁問答の記録を研究する際に使われうる最も単純な文学的分析の形式である。ウォルター・オングの、文字をもたない社会における口述という観点から、機縁問答を大局的に説明できよう。もちろん機縁問答は言葉が高度に洗練された社会で出現したが、彼の見方はここでもなお妥当であろう。これまで「禅の言語」研究を妨げてきたものは、中国語の禅の表現そのものの専門的理解の欠

如、および口述性と説話的リアリズムの単純すぎる観念、の二つである。ウォルター・J・オング（Walter J. Ong）1982 年を参照。くわえて、禅の機縁問答が中世中国文化の社会的・文化的な文脈の中で生まれたことを考慮すると、中国の文学的解釈の様式に、より繊細な注意を払うことが必要であろう。たとえば、我々は、デヴィッド・シェーバーグ（David Schaberg）2001 年の 163-221 および 256-300 ページで議論されている説話学的・修史論的な問題の潜在的な妥当性を考慮すべきである。

8　この翻訳はピーター・N・グレゴリー（Peter N. Gregory）1991 年、237 ページからとり、若干の変更を加えた。

9　『景徳伝灯録』（*Transmission of the Lamp*）T 2076, 51. 240c18-28 を参照。この段落の冒頭、括弧内に記した「すなわち馬祖大師である」という一文は、原本に記される割注である。ジャン・ナティエ（Jan Nattier）は、「醍醐（すましバター。火にかけて溶かしたバターの上澄み）を飲む思い」という表現について、もとよりこれが精神の高揚する体験を表すことに変わりないものの、乳糖不耐症の中国人にはまったく異なった反応を示すに違いないと指摘した！

10　柳田聖山『祖堂集』、72a14-b3。

11　『維摩経』弟子品、T 475, 14. 539c18-27。

12　よりさかのぼれば、パーリ聖典のなかに類似の物語を見出せる。仏陀は、チューラ・パンタカ（Cūla Panthaka）に、その切なる自己修養の努力が進歩の障碍になっていることを悟るまで、「汚れを落とせ、汚れを落とせ」と唱えながら汚れた衣服のほこりを払い続けさせたという。マルコム・デヴィッド・エッケル（Malcolm David Eckel）1992 年、87 ページを参照（東アジアのテキストにおいて、純粋性を示す際に、汚れた布でふききよめるという比喩がよく用いられるが、これは本来『涅槃経』に由来する）。

13　マーシャル・マクルーハン（Marshall McLuhan）1964 年、22-32 ページを参照。

14　私は本書全体を通じて、前の人物が後の人物に影響を与えたと記述することを避けてきた。なぜならそれには、人間の能動性を見落とす危険性が大いにあるからである。この主題については、マイケル・バクサンダル（Michael Baxandall）1985 年、1-11 ページ、特に彼の「『影響』に対する補説」（Excursus against 'Influence'）41-73 ページを参照。

15　1993 年 5 月の私信。

16　これらについてさらに進んだ探求をすることは、本書にはできない。『荘子』についての最も優れた労作はアングス・C・グレアム（Angus C. Graham）によるものである。同 1986 年および 1989 年。中国の哲学的談論の精彩は、『世説新語』にいたってその頂点に達する。これについて、リチャード・B・マザー（Richard

B. Mather）訳1976年参照。
17　以下の解説はマクレー2000年からまとめたものである。
18　マクレー1986年、36ページ参照。
19　同上264、56-59、64-65ページ。そしてベルナール・フォール（Bernard Faure）1997年、100-105と78-81ページを参照。
20　マクレー1986年、91-95ページを参照。中国語は「指事問義」である。「指事」は一般的な漢和辞典では、「上」、「下」、「一」、「二」など、その形から直感的に意味を類推できる漢字の種類を指す。小川環樹ほか編『角川新字源』、413a参照。
21　マクレー1986年、92-93ページを参照。「この心は存在しているものなのか？」という質問は、『八千頌般若経』の冒頭に出るものと似ているが、これに先行する同じ類の質問は見つかっていない。鳩摩羅什の中国語訳は「この非心の心は存在するか？」（T 227, 8. 537b15）である。ここで言及されているのは、何らかの思考とか心理状態ではなく、一切衆生のために仏道を成就しようと志願する菩提心のことである（サンスクリット語からの翻訳で、間違った理解を引き起こしかねないものが、エドワード・コンゼ（Edward Conze）『八千頌般若経』（*The Perfection of Wisdom in Eight Thousand Lines*）、84ページに見出せる）。
22　関口真大の『達磨の研究』、335-343ページ、およびマクレー1986年、93ページと302ページの注239を参照。
23　マクレー1986年、95ページ、294ページ注161、302ページ注243を参照。
24　同上95-96ページと302ページ注244。
25　同上96ページと302ページ注245。
26　同上96ページと302ページ注246。
27　『宋高僧伝』や『景徳伝灯録』に出る「北宗」関係の問答として最適の例は、降魔蔵（生没年未詳）である。マクレー1986年、63ページ参照。
28　そしてもちろん彼らにやや晩れる後継者たちは、彼らの行動について率直に説明することをまったく好まなかった。おそらく彼らは、我々がまだ探求しようと考えていないいくつかの理由で、そうすることが出来なかったのであろう。
29　マクレー1986年、184-185ページを参照。
30　同上174ページ（『五方便』セクション1Aから）。英語の用語suchnessについては、第3章の注28を参照。
31　同上175ページ（同上セクション1D）。ジャン・ナティエ（Jan Nattier）は（私的な会話で）、ここでの「普遍的に"平等"である如来の法身」が、サンスクリットsamyaksambuddhaの中国語訳の一つに影響を与えたのではないかと述べた。
32　同上178ページ（同上セクション1J）。
33　同上179ページ（同上セクション1M）。

34 同上180ページ（同上セクション2A）。ここでの傍点の使用については、第3章の注14を参照。

35 北宗の教義と『壇経』の創作の理解のためのいくつかの語法の妥当性については、すでに論じている。マクレー1986年、238ページを参照。これ以外に、もうひとつ言及に値するのが、中国仏教の禅定の伝統内にすでにあった公式化を、初期禅が借用しているということである。天台智顗（538-597）が行なった公式化は、禅が発生する背景として特に重要である。すでに述べたように（本書54ページ参照）、神秀が二十五年間にわたって居住した玉泉寺は、かつて智顗が居住していた場所である。デヴィッド・エッケル（David Eckel）は（2002年5月5日の個人的な通信で）ここで示唆されている類型から、言葉に対する広く共有された態度、および仏教的教育方法におけるそれらの結合を知ることができると指摘した。彼が特に注目するのが、この類型とチベット的類型の類似である。チベットでは、まず最初に聞いて学習し、次に記憶し、そして積極的に論争するという教育方法が用いられる。その論争の様式は非常に行動的であり、身体を使ったジェスチャーや動作を通して、主題となっている事柄を学生の心に効果的に刻み込むものである。

36 T・グリフィス・フォーク（T. Griffith Foulk）1993年、特に159-160と179-181ページを参照。

37 これらの題目は省略形である。題目の詳細については、マクレー1987年で論じている。なお、私は、これらのテキストが神会の著作に先立つとする説を、現在は保持していない。

38 ジョン・P・キーナン（John P. Keenan）1994年参照。

39 久保継成、湯山明訳『法華経』*BDK English Tripiṭaka* 13-I, 197-198ページから。引用に際して、改行に若干の変更を加えた。

40 「奥の間」（back room）という表現は、アーヴィン・ゴフマン（Erving Goffman）1959年、106-140ページ、特に109-113ページによる。私はこれらの問題について、1988年11月アジア学連盟の年次総会において"Up Front, Out Back, and in the Field: Three Models of Buddhist Endeavor in East Asia"と題する論文を発表した。

41 デヴィッド・エッケル（David Eckel）は（2002年5月5日の私信で）ボード・ゲームは古代インドで発明され、世界がいかなるものかを理解するための重要な比喩を提示したのであるから、インド仏教のマルガ（道）の概念とボード・ゲームとの類似は偶然ではないと指摘している。また、A・L・バッシャム（A. L. Basham）1954年、208ページをも参照。後に現れた仏教特有のボード・ゲームについては、マーク・タッツ（Mark Tatz）とジョディ・ケント（Jody Kent）1977年を参照。

42 六博というゲームのルールは未詳である。一説に、それぞれの対局者が盤上に六つのコマを置き、六つの棒を投げてそれぞれコマを進めて勢力を競うもの、という。小川ほか編『角川新字源』、97a。

43 これらの意見について、すでにマクレー1992年で詳しい議論をしている。

44 ステフェン・ボーケンカンプ（Stephen Bokenkamp）は（2002年3月の私信で）韻文であれ成文化された会話であれ、全ての中国文献にとって、このことが当てはまり、首都で使われていた口語が標準となっていることを指摘した。

45 クリスチャン・ウィッテアン（Christian Wittern）1998年参照。

第5章　禅と資金調達の法

1　山田奬治（Yamada Shōji）2001年参照。

2　「和尚」という語は、年長の仏教僧を指す。より厳密には、人を得度することのできる僧侶のことである。禅の文脈において、この称号は日常読経する際に仏祖の法系を唱える場面で最も頻繁に用いられる。東アジアにおいて僧侶が自らこの称号を用いることはなかった。ところが、私は、「和尚」の本が日本の禅の専門僧堂で時々読まれることがあるということを聞かされた。その著作の日本語訳は、東京の書店で容易に入手できる。

3　私はこの英語の用語（North / South Dynasties）を、漢朝の終焉から隋が中国を再統一するまでの期間を指すものとして用いる。一般的な中国語の用語「六朝」の、南朝偏重の語感を避けるためである。

4　ここで提示される学問的な禅研究に対する批評は、T・グリフィス・フォーク（T. Griffith Foulk）1993年、147-149、191-193ページと同様である。

5　ハインリッヒ・デュモリン（Heinrich Dumoulin, S. J.）1994年、170-171ページを参照。

6　同上211ページ。中国仏教の寺院は「中国社会に対する経済的な利益にほとんど寄与していなかった」とデュモリンは主張する。これが、ジャック・ジェルネ（Jacques Gernet）1995年に一貫する反仏教的偏見から導き出されたものであることは疑いない（これは1956年の出版物に多くの注を増補したうえでの再刊であり、デュモリンがその原版を読んだことは明らかである）。

7　デュモリン1994年、212-213ページ。そのような独立した「禅の寺院」が存在しなかったことについては、本書157ページ以下の議論を参照。

8　同上同ページ。

9　同上243-244ページ。原文は「50年」となっているが、ここで「500年にもわたって」と訂正する。

10 胡適についてはマクレー 2001 年参照。胡適の理論はまた、アーサー・F・ライト（Arther F. Wright）とケネス・K・S・チェン（Kenneth K. S. Ch'en）の労作においても採用された（本書 162-163 ページの議論を参照）。ここでは、その理論が、デュモリンの禅宗理解そのものに影響を及ぼしている。なお鈴木についての問題は、シャーフ（Sharf）1995 年参照。

11 問題の金塊は、反乱軍側の印を有しており——そういう文献は無いけれども——同様の努力をしたか、あるいは単に政府の計画の成果を勝ち得たかのいずれかであったろう。寄付と度牒については、スタンレー・ワインシュタイン（Stanley Weinstein）1987 年、59-61 と 65 ページ、およびジェルネ（Gernet）1995 年、54-57 ページを参照。

12 ここで問題になっている用語は「府」である。マリオ・ポセスキー（Mario Poceski）は（2000 年 11 月の私信で）、この引用に関してテキスト上の曖昧さがあると示唆したが、私はその詳細をまだ知らない。

13 政府の政策に関する推論は私見によるものだが、ここで言及した地理的なパターンは鈴木哲雄の『唐五代の禅宗——湖南江西篇』と『唐五代禅宗史』に記述されている。洪州宗がここで述べた江西での拡張だけでなく、ほぼ中国全土における信奉者集めと指導者の派遣の二点で注目に値する能力を有していたと、マリオ・ポセスキー（Mario Poceski）は示唆している。もし彼の資料解釈が正しければ、関わった人間の数はずっと多いものの、道信や弘忍の東山法門と興味深い類似性をもつことになる。ポセスキー 2000 年参照。

14 比丘・比丘尼が、禅定の位を得た、あるいは預流果——主流仏教における四果の第一——を得たと在家者に嘘をつくことは、もっとも重大な犯戒（pārājika 波羅夷）のひとつであった。ピーター・ハーヴィー（Peter Harvey）1990 年、225 ページ参照。

15 私がいま興味をもっている研究テーマが、東アジア文化史における、二つの巨大な現象の交差点である。それは、紀元前 1000 年から始まる非漢民族の漢化と、紀元前 1 世紀に始まる仏教の紹介とその展開とである。これまで学者たちはこの二つの主題のうちのどちらか一方のみを研究してきた。たとえば、C・P・フィッツジェラルド（C. P. FitzGerald）1972 年、ケネス・K・S・チェン（Kenneth K. S. Ch'en）1973 年など。しかし、今日まで、それら二つの間の関係を組織的に考察したものは無い。これまでの一般的なパターンは、その史実性の分析という重要な作業をせずに、漢化というレトリックを持ち出すことであった。この意見は、宗密と唐王朝の仏教を研究した労作、ピーター・グレゴリー（Peter Gregory）1991 年にも当てはまる。その書名に反して、そこに含まれる概念的な問題やより広い過程については何も述べられていないからである。ロバート・シャーフ

(Robert Sharf) 2002 年、特に 77-132 ページは、「中国の護教家により仏教が意図的に変容し土着化する際、それに論理的に先立つ過程」(98 ページ) について、いくつかの非常に刺激的な論評をしている。それを彼は「漢化の解釈学」として述べている (132 ページ)。だが、それに関連する現実の歴史的原動力については、考察されていない。東アジアにおいて仏教に参与した者が、どれだけ積極的に漢化 (sinification) の原動力となりえたのかを考察することにより、中国の宗教に対する新たな、そして重要な洞察が可能になると私は信じる。ここで用いる sinicization と sinification の二つの術語の区別は便宜的なものであるが、それはマイケル・ストリックマン (Michel Strickmann) 1982 年での用法にしたがって考えられている (グレゴリーやシャーフの用いる「sinification」の語は、むしろここでいう「sinicization」を指している)。

16 これの最適な例は、葛洪『神仙伝』に収められる欒巴の聖人伝説である。ロバート・F・カンパニー (Robert F. Campany) 2001 年、252-254 ページを参照。

17 この現象に関して最も広く用いられている研究は、ロルフ・A・ステイン (Rolf A. Stein) 1979 年である。また、ほかの適当な二次資料については、カンパニー (Campany) 2001 年、252-253 ページの注 439 を参照。

18 スタンレー・ワインシュタイン (Stanley Weinstein) 1987 年、147 ページ。

19 ジャン・ナティエ (Jan Nattier) 1991 年、130-131 と 227 ページ参照。

20 この印象は思弁的なものである。このテキストに付せられる非常に短い序文は、その起源を充分に説明していない。

21 ここでは、この点の議論に立ち入らないが、「灯史」を公認しようという政府の欲求は、おそらく、社会のあらゆる側面を自らの権限内に収めようとする大臣たちの支配権確立の願望に適っていたであろう。

22 これらは、『景徳伝灯録』1004 年、『天聖広灯録』1036 年、『建中靖国続灯録』1101 年、『聯灯会要』1183 年、『嘉泰普灯録』1204 年、『五灯会元』1252 年、である。歴代の朝廷が、仏教の修行を標準化しようとする試みの中で禅をいかに利用しようとしていたかは、未だ明らかでない。

23 宋代禅の系譜学がもつ二段階の構造は、同時代の家庭がもつ家系図に似ている。それも、最初は一本の線でつながり、その後で滝のように枝分かれするのである。ジョアンナ・M・メスキル (Johanna M. Meskill) 1970 年、特に 143-147 ページ、およびパトリシア・イーブリー (Patricia Ebrey) 1986 年を参照。この観察にあたり、参考資料を提供してくれたリン・ストルーブ (Lynn Struve) に謝意を表する (2002 年 5 月の私信)。

24 ホームズ・ウェルチ (Holmes Welch) 1967 年、T・グリフィス・フォーク (T. Griffith Foulk) 1993 年、イーファー (Yifa 依筏) 2002 年。宋朝政府が仏教に対し

てとった諸政策と、その禅宗への影響に関する議論は、モルテン・シュルッター（Morten Schlütter）2005 年参照。
25　ウェルチ（Welch）1967 年、41 ページ。

第6章　クライマックス・パラダイム

1　ロジャー・J・リンカーン（Roger J. Lincoln）、ジェオフ・ボクスホール（Geoff Boxshall）、ポール・クラーク（Paul Clark）1998 年における「クライマックス」の定義は次のとおりである。「現存の環境条件と平衡するいかほどか安定した生物のコミュニティであり、それは生態学的な自然界の変容の最終段階を示す。時には群系（その項を見よ）の同意語としても使われる」(61b)。

2　禅その他の主要な中国仏教宗派がそこに到達したことで、中国仏教の全体もまたクライマックス・パラダイム（安定期）に達したと言えるかも知れない。しかしながら、本書は中国仏教の全体を考察したものではないので、この点について、範囲を不当に拡大した主張をすることはできない。宋代の中国仏教を理解するために、浄土教と天台宗について考察しなければならないことは当然である。観音崇拝や通常「学派」の項目の下に隠れているその他の宗教的信仰のさまざまな方向についても、また同様である。禅は生態学的な天然資源の目録において、一つの重要な種であるに過ぎない。

3　アーサー・F・ライト（Arthur F. Wright）1959 年、ケネス・K・S・チェン（Kenneth K. S. Ch'en）1964 年、ジャック・ジェルネ（Jacques Gernet）1995 年、ウィリアム・セオドア・ド・バリー（Wm. Theodore de Bary）1988 年参照。この問題についての詳論は、マクレー 2001 年参照。

4　ここでは「community」（共同体）という語を、さまざまな特徴をもちつつ関係し合っていると思われる集団を指すのに用いている。「学派」と同様、それは私たちの当面の目的のためにちょうど適切なレベルの精密さ——ないし曖昧さ——を示している（「school」「sect」「sectarian」などの用語については第 1 章の注 19 参照）。

5　この書物が印刷に回される段階で、私は T・グリフィス・フォーク（T. Griffith Foulk）の原稿の少なくとも一つが出版の運びとなったと了解しているが未見。

6　水野弘元 1957 年「禅宗成立以前のシナの禅定思想史序説」の特に 17-18 ページに、禅定の専門家（禅師）として高僧伝類に掲載されている僧の統計が表記されている。518 年成立の『梁高僧伝』では 16+%、667 年成立の『続高僧伝』では 45+%、978 年成立の『宋高僧伝』では 36+% であるが、禅定の専門家がその他の分類をも覆うことから、65-70% に調整できる。

7 以下の記述は、おおむねミリアム・リンゼイ・レヴァリング（Miriam Lindsey Levering）1978年にもとづいている。
8 この重要な人物については、ウルス・アップ（Urs App）1994年参照。
9 ミリアム・レヴァリング1978年、24-25ページを参照し、若干の変更を加えた。「薫風南より来り、殿閣に微涼生ず」の句は唐の文宗（在位826-840）の宮廷における詩のやり取りの引用である（文宗の「人皆苦炎熱、我愛夏日長」の二句に、柳公権が「薫風自南来、殿閣生微涼」と続けたもの）。『旧唐書』巻165参照。圜悟のもとにおける大慧の修行に関する記述は、『大慧書』の中の教えとピッタリと一致するが、当面の目的のため、ここでは後代からの遡及的な投影の可能性を一切無視しておく。
10 規範化された資料から歴史的なデータを取り出すことにともなう方法論的な問題の分析については、ジャン・ナティエ（Jan Nattier）2003年の第三章「歴史的資料としてのウグラ——方法論的考察」（The Ugra as a Historical Source: Methodological Considerations）参照。
11 モルテン・シュルッター（Morten Schlütter）1999年参照。
12 この翻訳はレヴァリング1978年、38ページに拠り、若干の変更を加えた。
13 翻訳はレヴァリング1999年、201ページ（T 1998A, 47. 865c24-28）から。
14 『大慧普覚禅師語録』巻26、T 1998A, 47. 921c2-7にもとづき、ロバート・E・バズウェル（Robert E. Buswell）1987年、349ページに引用されている。
15 看話禅の発生と定義については、バズウェル1987年、344-356ページ、ディンファ・エヴェリン・シエ（Ding-hwa Evelyn Hsieh）1994年および1993年参照。
16 これらの用語はしばしば深刻に混乱した状況で議論されている。「話頭」の意味は、文字通りには「話＋頭」であるが、二番目の漢字はただ単に文法的な助辞として使われているに過ぎない。その意味は「〔前の語について〕（目立った）小部分」である。類似した例に石頭がある。これは「一塊の石」を意味する。「公案」は現代中国語の口語では、仏教僧の用法も含めて、お話を意味するに過ぎない。そして、中国語の通俗文学では、公案ものといえば推理小説のジャンルを指す。この熟語は元来、裁判官が法律的な考察のための書類を置く机を意味した。それから転喩して、この言葉が判例集を意味するようになったのである。
17 『碧巌録』T 2003, 48. 194c4-195a13。翻訳は関田一喜（Katsuki Sekida）1977年、319-320ページから採った。細字の評語（著語）も原文のもの。
18 第2章の注7で紹介した第二次資料を参照。
19 『碧巌録』のもとのテキストには二つある。これらは圜悟が当該の古則について別の機会に行なった二つの説法から生み出されたものであろう。これら二つのテキストのあいだの顕著な違いを考慮すると、圜悟の解釈は応答の仕方の一種であ

って、固定した解釈ではないと考えるのが最上である。伊藤猷典『碧巌集定本』の批判的編集を参照。

20 バズウェル1987年、321-377ページ。
21 「連合体」（consociation）という用語は、アヴロン・ボレッツ（Avron Boretz）の研究から採り入れたものである（2002年5月の私信）。それは主に今日の台湾の宗教実践の民族学的な調査にもとづくものである。外の世界と交渉する時には、連合体はその領袖の下で全会一致のポーズをとるが、そのグループの内部では個々人の地位をめぐってたえず熾烈な競争が行なわれている。文脈によって、禅の法系全体も——たとえば、国内の宗教的対話の場合——あるいはさまざまな禅の分派も——たとえば、寺院内部の役職の人事の場合——それぞれ連合体的なグループだと考えられる。私は中世の中国と現代の中国の宗教の間のこの人類学的対応について、将来探求することを楽しみにしている。
22 アリ・ボレル（Ari Borrell）1999年、88ページの翻訳に拠り、若干の変更を加えた。これは、張九成の『横浦集』巻14（「春秋講義」）7丁右（四庫全書）からの引用である。
23 同上89ページ。同じ資料の4丁右・左から。
24 私はここでボレルの用語法を借用している。彼はまた、楠本正継（1896-1963）の「宋—明両思想の葛藤」、特に177ページから引用している（『楠本正継先生 中国哲学研究』国士舘大学付属図書館、1975年）。私はこの文献をまだ見ていないが、それは管見の及ぶ限り、こうした所見の最初のものである。
25 モルテン・シュルッター（Morten Schlütter）1999年、109ページ。
26 シュルッターはこのディレンマを両様の分析で解き明かしている。まず、この時点における臨済系と曹洞系の競争の情況であり、第二に、さまざまな曹洞系の禅僧たちの間の坐禅修行に対する重点の置き方の相違である。以下のまとめは、部分的に石井修道の学説から導かれたシュルッターの優れた分析にもとづいている。
27 シュルッターは、このやり方は「禅の歴史の中で独特なもの」だと主張しているが（1999年、127ページ）、これと似たようなことはかつて牛頭宗の展開の中でも起こっていたに違いない——その分派の法系の枠組みが、六代目のころに完全に捏造されたのでなければ、だが。
28 大慧における努力の強調については、バズウェル1987年、354-355ページ参照。
29 シュルッター1999年の翻訳、124-125ページ。『続刊古尊宿語要』（X 118. 453 d11-16）。
30 この三つの引用箇所は、シュルッターの訳による。同上121-122、124ページ。原文は『真歇清了禅師語録』X 124. 314a18-b2、323c13-14、311b3。

31　シュルッターの訳による。同上117ページ。原本は『宏智禅師広録』T 2001, 48. 100a29-b1。
32　同上118ページ。原本は『宏智禅師広録』T 2001, 48. 100b5-10。
33　「体」「用」の区別については本書66-67ページの議論を参照。神会は彼の禅定と智慧との関係についての理解を『壇語』の中で次のように述べている。「禅定と智慧とは一体のものだ。この二つを切り離すことはできない。禅定は智慧と異ならず、智慧は禅定と異ならない。ちょうど世間で灯とその光とが切り離せないのと同様に。……禅定こそが智慧の体であり、智慧こそが禅定の用なのである」。マクレー Zen Evangelist 参照。
34　シュルッター1999年、119ページ。
35　同上123ページ。『宏智広録』T 48. 1c2-3。
36　同上123-124ページ。『宏智広録』T 48. 74b25-c2（強調はシュルッターによる）。この章節は石井修道『宋代禅宗史の研究』、345ページに引用されている。また太源・ダン・レイトン（Taigen Dan Leighton）2000年、10ページをあわせて参照。
37　ここでの「行」は、過程ないしは行動として理解されるべきである。第2章の注21参照。
38　私はこの点の教示について、ロバート・F・カンパニー（Robert F. Campany）に感謝する（2002年5月2日の私信）。
39　ジェームス・H・オースティン（James H. Austin, M. D.）1998年は、この良識的なルールに著しく違反した近年の研究の一つである。それは、神経生理学に内観の問題を無理やり持ち込もうと企てた代表的な例である。たとえば、同書第1表と第2表（10ページと31ページ）の中で、オースティンは曹洞と臨済との伝統の、高度に価値判断的な一般化を適用して、こっけいなまでに両者の平行関係をこじつけて捻り出そうとしている。ひどく宗派主義的な性格をもつオースティンの禅理解は、彼の神経生理学上の仮説の大半をひどく損なってしまっている。それは実証の範囲を大きく逸脱しているからである。オースティンの試みがもつ重要な認識論上の矛盾を鋭く論評したものとして、アーサー・J・ダイクマン（Arthur J. Deikman）が Times Literary Supplement 第30号に載せた書評を参照されたい（書評を書いた時点で、ダイクマンはカリフォルニア大学サン・フランシスコ校の精神医学の教授であった）。シャーフとオースティンの中間を行くような方法が将来可能になることを願っている（第1章の注7参照）。
40　ロバート・バズウェルは2002年5月10日の私信で次のように指摘している。「唐・宋代の禅の資料は、これらの用語について、"頓""漸"以上により洗練された分析を提供している。宗密や延寿、高麗の知訥などの著作の中で、さまざまな禅の宗派を分析するために使われている"頓"と"漸"、"修"と"証"など多

様な組み合わせに注目しなければならない」。

41　バズウェル 1987 年。また大慧が用いた近道のレトリックそのものをも参照。
42　これらの立場を、東アジアに特有のもの、まして禅独特のもの、と見誤ってはならない。たとえば、ピーター・ハーヴィー（Peter Harvey）1995 年は、すべての衆生の中の先天的に明るい心（自性清浄心）の概念が、パーリ語の経典やそれ以後の文献、また主流をなす仏教のいくつかの学派のテキストの中に見出せることを指摘している（155-179 ページ、特に 157-160 と 174-175 ページ）。
43　この命題は、禅の伝統の中のこれらの立場の評価を示している。インドの主流をなす仏教では、経験豊富な禅定の指導者は、ヴィパシュヤナー（観）よりも、シャマタ（止）の修行のためにより重要であろう。
44　これら二つの立場の概観として便利なのは、チ・ワ・チャン（Chi-wah Chan）1999 年、413-418 ページである。
45　ブルック・ジポリン（Brook Ziporyn）1999 年、443 ページ。この主題はジポリン 2000 年、199-239 ページにおいて詳論されている。
46　ジポリン 1999 年、459 ページの翻訳に拠る（句読の変更を若干加えた）。『十不二門指要鈔』T 1928, 46. 718a10-13。同じ章句はジポリン 2000 年、218 ページにも紹介されている。
47　ジポリン 1999 年、459 ページ。
48　同上 454 ページ。また同様の文がジポリン 2000 年、212-213 ページにもある。
49　ジポリン 1999 年、460 ページにある翻訳。原文は『法華十妙不二門示珠指』X 100. 111a15-17 からの引用。
50　この問題の提示にあたっては、ピーター・D・ハーショック（Peter D. Hershock）1996 年、31-39 ページに恩恵を受けた。彼はまた、インドの材料をダクシナランジャン・シャストリ（Dakshinaranjan Shastri）1963 年、290-298 ページから、そして中国に関する材料をパトリシア・イーブリー（Patricia Ebrey）1991 年、16-23 ページから引き出している。ハーショックの企画が全体として成功しているか否かについては若干の疑問もあるが、インドと中国の宗教実践の比較分析を進めるのに、葬礼のやり方の類推を用いることはきわめて洞察に富んだものである。マクレーのハーショックへの書評、および、ハーショックのマクレーへの応答、そして、マクレーの再応答をも参照。
51　これは当時未発表だったロバート・デカロリ（Robert DeCaroli）2004 年を指す。
52　ジョン・ジョーゲンセン（John Jorgensen）1987 年参照。
53　通常の家系については、イーブリー 1991 年参照。宋代の語録文学をもっと研究すれば、個々の家族の家系と相似したアイデンティティー創造のために法系内で傾けられた努力が分かるかもしれない。

54 ダニエル・A・ゲッツ・ジュニア（Daniel A. Getz Jr.）1999 年参照。
55 議論を喚起するために、ここでの提議は意図的に断言調を用いている。異論を期待するからである。ここでは、充分に議論するスペースはないが、この問題が将来、他の学者によって詳しく論ぜられ、あるいは修正されることを期待している。
56 メアリー・ダグラス（Mary Douglas）1973 年。
57 ナンシー・B・ジェイ（Nancy B. Jay）1992 年参照。
58 個々人の宗教的体験についての二つの大きく異なったアプローチについては、第 1 章の注 7 とこの章の注 39 を参照。
59 もちろん私は著者として、私の考え——そして表現も——が、読者諸氏や同学たちによってどの範囲まで受け容れられるかにひじょうに強い関心を抱いている。1992 年、私が仏光山で行なった講義の最後に、それを聴講していた尼僧さんたちが私に対して心をこめて送ってくれた感謝の言葉を、ここに書きとめておくのが至当と思う。「マクレー教授、あなたの教えて下さったことは真実ではない。——それゆえに、いっそう重要です！」
60 ダヴィッド・ハケット・フィッシャー（David Hackett Fischer）1970 年、xx–xxii ページ参照。
61 エドワード・L・デイヴィス（Edward L. Davis）2001 年、特にその 7-8 ページ参照。

参考文献

PRIMARY SOURCES（原典資料）

Emerald Cliff Record（*Fóguǒ Yuánwù chánshī Bìyán lù* 仏果圜悟禅師碧巌録）: T 2003, 48. 139a1-225c14.

Five Skillful Means（*Wǔ fāngbiàn* 五方便）: McRae, *Northern School*, 171-196（English; for textual information, see 327-330, n. 161）. One ms. is printed at T 2834, 85. 1273b9-1278a7.

Great Calming and Contemplation（*Móhē zhǐguān* 摩訶止観）: T 1911, 46. 1a1-140c19.

Light-Emitting Sūtra（*Fàngguāng bōrě jīng* 放光般若経）: T 221, 8. 1a1-146c29.

Perfection of Wisdom in Eight Thousand Lines（*Xiǎopǐn bōrě bōluómì jīng* 小品般若波羅蜜経）: T 227, 8. 536c14-586c7.

Record of the Transmission of the Lamp [Compiled in] the Jingde [Period]（*Jǐngdé chuándēng lù* 景徳伝灯録）: T 2076, 51. 196b9-467a28.

Taishō shinshū daizōkyō 大正新脩大蔵経. Takakusu Junjirō 高楠順次郎 and Watanabe Kaikyoku 渡辺海旭, eds. Tōkyō: Taishō shinshū daizōkyō kankōkai, 1924-1932.

Tendon-Changing Scripture（*Yìjīn jīng* 易筋経）: *Yìjīn jīng* editorial group 易筋経編写小組. *Yìjīn jīng* 易筋経, 2d ed. Beijing: Renmin tiyu chubanshe 人民体育出版社, 1977.

Treatise on the Essentials of Cultivating the Mind（*Xiūxīn yào lùn* 修心要論）: McRae, *Northern School*, 121-132（English）and 1-16（from the back; Chinese）.

Treatise on the Immutability of Things（*Wù bù qiān lùn* 物不遷論）: T 1858, 45. 151a8-c29.

Treatise on the Two Entrances and Four Practices（*Èrrù sìxíng lùn* 二入四行論）: Yanagida, *Daruma no goroku*.

Xù zàng jīng 続蔵経. Taibei: Xinwenfeng chubangongsi 新文豊出版公司, n.d. Originally published as: *Dai Nihon zoku zōkyō: Dai isshū, Indo, Shina senjutsu* 大日本続蔵経. 第一輯, 印度, 支那撰述. Maeda Eun 前田慧雲, ed. Kyōto: Zōkyō shoin 蔵経書院, 1905-1912.

SECONDARY SOURCES（先行研究）

Abé, Ryūichi. *The Weaving of Mantra: Kūkai and the Construction of Esoteric Buddhist*

Discourse. New York: Columbia University Press, 1999.

App, Urs. *Master Yunmen: From the Record of the Chan Teacher "Gate of the Clouds."* New York, Tōkyō, and London: Kodansha International, 1994.

Austin, James H., M.D. *Zen and the Brain: Toward an Understanding of Meditation and Consciousness*. Cambridge, MA, and London: MIT Press, 1998.

Basham, A. L. *The Wonder That Was India: A Survey of the Culture of the Indian Sub-Continent before the Coming of the Muslims*. London: Sidgwick and Jackson, 1954.

Baxandall, Michael. *Patterns of Intention: On the Historical Explanation of Pictures*. New Haven, CT, and London: Yale University Press, 1985.

Benn, James A. "Where Text Meets Flesh: Burning the Body as an Apocryphal Practice in Chinese Buddhism." *History of Religions* 37, no. 4 (May 1998): 295–322.

Bokenkamp, Stephen R. "Medieval Feminist Critique of the Chinese World Order: The Case of Wu Zhao." *Religions* 28 (1998): 383–392.

Borrell, Ari. "*Ko-wu* or *Kung-an?* Practice, Realization, and Teaching in the Thought of Chang Chiu-ch'eng." In Peter N. Gregory and Daniel A. Getz Jr., eds., *Buddhism in the Sung*. Honolulu: University of Hawai'i Press, 1999, 62–108.

Broughton, Jeffrey L. *The Bodhidharma Anthology: The Earliest Records of Zen*. Berkeley and Los Angeles: University of California Press, 1999.

Buswell, Robert E., Jr. *The Korean Approach to Zen: The Collected Works of Chinul*. Honolulu: University of Hawai'i Press, 1983.

——. "The 'Short-cut' Approach of *K'an-hua* Meditation: The Evolution of a Practical Subitism in Chinese Ch'an Buddhism." In Peter N. Gregory, ed., *Sudden and Gradual: Approaches to Enlightenment in Chinese Thought*. Kuroda Institute, Studies in East Asian Buddhism, no. 5. Honolulu: University of Hawai'i Press, 1987, 321–377.

Campany, Robert F. *To Live as Long as Heaven and Earth: A Translation and Study of Ge Hong's* Traditions of Divine Transcendents. Berkeley and Los Angeles: University of California Press, 2001.

CBETA. Electronic texts of the *Taishō* canon, published by the Chinese Buddhist Electronic Texts Association (www.cbeta.org).

Chan, Chi-wah. "Chih-li (960–1028) and the Crisis of T'ien-t'ai Buddhism in the Early Sung." In Peter N. Gregory and Daniel A. Getz Jr., eds., *Buddhism in the Sung*. Honolulu: University of Hawai'i Press, 1999, 409–441.

Chappell, David W. "The Teachings of the Fourth Ch'an Patriarch Tao-hsin (580–651)." In Whalen Lai and Lewis R. Lancaster, eds., *Early Ch'an in China and Tibet*. Berkeley Buddhist Studies Series, no. 5. Berkeley, CA: Asian Humanities Press, 1983, 89–129.

Ch'en, Kenneth K. S. *Buddhism in China: A Historical Survey*. Princeton, NJ: Princeton University Press, 1964.

——. *The Chinese Transformation of Buddhism*. Princeton, NJ: Princeton University Press, 1973.

Cohen, David William. *The Combing of History*. Chicago and London: University of Chicago Press, 1994.

Davis, Edward L. *Society and the Supernatural in Song China*. Honolulu: University of Hawai'i Press, 2001.

de Bary, Wm. Theodore. *East Asian Civilizations: A Dialogue in Five Stages*. Cambridge, MA: Harvard University Press, 1988.

DeCaroli, Robert. *Haunting the Buddha: Indian Popular Religions and the Formation of Buddhism*. New York: Oxford University Press, 2004.

DeFrancis, John, ed. *ABC Chinese Dictionary*. Hong Kong: Chinese University of Hong Kong; Honolulu: University of Hawai'i Press, 1996.

Deikman, Arthur J. Review of James H. Austin, M.D., *Zen and the Brain*. In *Times Literary Supplement*, August 6, 1999, 30.

Derrida, Jacques. *Of Grammatology*. Trans. Gayatri C. Spivak. Baltimore, MD: Johns Hopkins University Press, 1974.

Douglas, Mary. *Natural Symbols: Explorations in Cosmology*. New York: Vintage Books, 1973.

Dumoulin, Heinrich, S. J. *Zen Buddhism: A History*. 2 vols. Trans. James W. Heisig and Paul Knitter. New York: Macmillan, 1988-1989; rev. ed., vol. 1, 1994.

Durt, Hubert. "Du lambeau de chair au démembrement: Le renoncement au corps dans le bouddhisme ancien." *Bulletin de l'École française d'Extrême-Orient* 87 (2000): 7-22.

Ebrey, Patricia. *Confucianism and Family Rituals in Imperial China*. Princeton, NJ: Princeton University Press, 1991.

——. "The Early Stages in the Development of Descent Group Organization." In Patricia Buckley Ebrey and James L. Watson, eds., *Kinship Organization in Late Imperial China, 1000-1940*. Berkeley and Los Angeles: University of California Press, 1986, 16-61.

Eckel, Malcolm David. *To See the Buddha: A Philosopher's Quest for the Meaning of Emptiness*. Princeton, NJ: Princeton University Press, 1992.

Faure, Bernard. "Bodhidharma as Textual and Religious Paradigm." *History of Religions* 25, no. 3 (1986): 187-198.

——. "The Daruma-shū, Dōgen, and Sōtō Zen." *Monumenta Nipponica* 42, no. 1 (Spring 1987): 25-55.

———. *The Rhetoric of Immediacy: A Cultural Critique of Chan/Zen Buddhism*. Princeton, NJ: Princeton University Press, 1991.

———. *The Will to Orthodoxy: A Critical Genealogy of Northern Chan Buddhism*. Stanford, CA: Stanford University Press, 1997.

Fischer, David Hackett. *Historians' Fallacies: Toward a Logic of Historical Thought*. New York: Harper & Row, 1970.

FitzGerald, C. P. *The Southern Expansion of the Chinese People*. New York: Praeger, 1972.

Forte, Antonino. *Mingtang and Buddhist Utopias in the History of the Astronomical Clock: The Tower, Statue, and Armillary Sphere Constructed by Empress Wu*. Roma: Istituto italiano per il Medio ed Estremo Oriente; Paris: École française d'Extrême-Orient, 1988.

———. *Political Propaganda and Ideology in China at the End of the Seventh Century: Inquiry into the Nature, Authors and Function of the Tunhuang Document S. 6502, Followed by an Annotated Translation*. Napoli: Istituto universitario orientale, Seminario di studi asiatici, 1976.

Foulk, T. Griffith. "The Ch'an School and Its Place in the Buddhist Monastic Tradition." Ph.D. diss. University of Michigan, 1987.

———. "Myth, Ritual, and Monastic Practice in Sung Ch'an Buddhism." In Patricia Buckley Ebrey and Peter N. Gregory, eds., *Religion and Society in T'ang and Sung China*. Honolulu: University of Hawai'i Press, 1993, 147–208.

Gernet, Jacques. *Chinese Society: An Economic History from the Fifth to the Tenth Centuries*. Trans. Franciscus Verellen. New York: Columbia University Press, 1995.

Getz, Daniel A., Jr. "T'ien-t'ai Pure Land Societies and the Creation of the Pure Land Patriarchate." In Peter N. Gregory and Daniel A. Getz Jr., eds., *Buddhism in the Sung*. Honolulu: University of Hawai'i Press, 1999, 477–523.

Gimello, Robert M. "Mysticism and Meditation." In Steven T. Katz, ed., *Mysticism and Philosophical Analysis*. London: Oxford University Press, 1978, 170–199.

Goffman, Erving. *The Presentation of Self in Everyday Life*. Garden City, NY: Doubleday, 1959.

Gómez, Luis O. "Purifying Gold: The Metaphor of Effort and Intuition in Buddhist Thought and Practice." In Peter N. Gregory, ed., *Sudden and Gradual: Approaches to Enlightenment in Chinese Thought*. Kuroda Institute, Studies in East Asian Buddhism, no. 5. Honolulu: University of Hawai'i Press, 1987, 67–165.

Graham, A. C. *Chuang-tzu: The Inner Chapters*. London: Unwin Paperbacks, 1986.

———. *Disputers of Tao: Philosophical Argument in Ancient China*. La Salle, IL: Open Court, 1989.

Gregory, Peter N., ed. *Sudden and Gradual: Approaches to Enlightenment in Chinese Thought*.

Kuroda Institute, Studies in East Asian Buddhism, no. 5. Honolulu: University of Hawai'i Press, 1987.

———. *Tsung-mi and the Sinification of Buddhism*. Princeton, NJ: Princeton University Press, 1991.

Gregory, Peter N., and Daniel A. Getz Jr., eds. *Buddhism in the Sung*. Honolulu: University of Hawai'i Press, 1999.

Groner, Paul. "Shortening the Path: Early Tendai Interpretations of the Realization of Buddhahood with This Very Body (*Sokushin Jōbutsu*)." In Robert E. Buswell Jr. and Robert M. Gimello, eds., *Paths to Liberation: The Marga and Its Transformations in Buddhist Thought*. Honolulu: University of Hawai'i Press, 1992, 439–473.

Hakeda, Yoshito S. *Kūkai: Major Works Translated, with an Account of His Life and a Study of His Thought*. New York: Columbia University Press, 1972.

Harvey, Peter. *An Introduction to Buddhism: Teachings, History, and Practices*. Cambridge, U.K.: Cambridge University Press, 1990.

———. *The Selfless Mind: Personality, Consciousness and Nirvāṇa in Early Buddhism*. Surrey, U.K.: Curzon Press, 1995.

Herrigel, Eugen. *Zen and the Art of Archery*. Trans. Richard F. C. Hull, with an introduction by D. T. Suzuki. New York: Pantheon Books, 1953.

Hershock, Peter D. *Liberating Intimacy: Enlightenment and Social Virtuosity in Ch'an Buddhism*. Albany: State University of New York Press, 1996.

———. Rejoinder to McRae, review of *Liberating Intimacy*. *Journal of Asian Studies* 57, no. 1 (February 1998): 161–167.

Hobsbawm, Eric, and Terence Ranger, eds. *The Invention of Tradition*. Cambridge and New York: Cambridge University Press, 1992.

Hopkirk, Peter. *Foreign Devils on the Silk Road: The Search for the Lost Cities and Treasures of Chinese Central Asia*. Amherst: University of Massachusetts Press, 1980.

Hsieh, Ding-hwa Evelyn. "A Study of the Evolution of K'an-hua Ch'an in Sung China: Yüan-wu K'o-ch'in (1063–1135) and the Function of Kung-an in Ch'an Pedagogy and Praxis." Ph.D. diss. University of California, Los Angeles, 1993.

———. "Yüan-wu K'o-ch'in's (1063–1135) Teaching of Ch'an Kung-an Practice: A Transition from Literary Study of Ch'an Kung-an and the Practical K'an-hua Ch'an." *Journal of the International Association of Buddhist Studies* 17, no. 1 (1994): 66–95.

HUANG Qijiang 黄啓江 [Huang Chi-chiang]. "Bei-Song di yijing runwenguan yu Fojiao" 北宋的訳経潤文官与仏教. In *Bei-Song Fojiaoshi lun'gao* 北宋仏教史論稿. Taipei: Taiwan shangwu yinshuguan 台湾商務印書館, 1997, 68–92.

Iriya Yoshitaka 入矢義高, supervising editor, and Koga Hidehiko 古賀英彦, compiler. *Zengo jiten* 禅語辞典 (Dictionary of Chan terms). Kyōto: Shibunkaku shuppan 思文閣出版, 1991.

Ishii Shūdō 石井修道. *Sōdai zenshūshi no kenkyū* 宋代禅宗史の研究 (Studies in the history of Song-dynasty Chan). Tōkyō: Daitō shuppansha 大東出版社, 1987.

Itō Yūten 伊藤猷典. *Hekiganshū teihon* 碧巖集定本 (Authoritative text of the *Emerald Cliff Record*). Tōkyō: Risōsha 理想社, 1963.

Jay, Nancy B. *Throughout Your Generations Forever: Sacrifice, Religion, and Paternity*. Chicago: University of Chicago Press, 1992.

Jorgensen, John. "The 'Imperial' Lineage of Ch'an Buddhism: The Role of Confucian Ritual and Ancestor Worship in Ch'an's Search for Legitimation in the Mid-T'ang Dynasty." *Papers on Far Eastern History* 35 (March 1987): 89-133.

Junker, Andrew. "Clergy, Clan, and Country: Tang Dynasty Monastic Obeisance and Sacrificial Religion." M.A. thesis. Department of Religious Studies, Indiana University, 2000.

Keenan, John P. *How Master Mou Removes Our Doubts: A Reader-Response Study and Translation of the* Mou-tzu Li-huo lun. Albany: State University of New York Press, 1994.

Kieschnick, John. *The Eminent Monk: Buddhist Ideals in Medieval Chinese Hagiography*. Kuroda Institute, Studies in East Asian Buddhism, no. 10. Honolulu: University of Hawai'i Press, 1997.

Kubo Tsugunari and Yuyama Akira, trans. *The Lotus Sutra, BDK English Tripiṭaka* 13-I. Berkeley, CA: Numata Center for Buddhist Translation and Research, 1993.

Kusumoto Masatsugu 楠本正継. "Sō-Min ryō shisō no kattō" 宋―明両思想の葛藤 (The dilemma of Song and Ming thought). In *Kusumoto Masatsugu sensei chūgoku tetsugaku kenkyū* 楠本正継先生 中国哲学研究. Tōkyō: Kokushikan Daigaku fuzoku toshokan 国士舘大学付属図書館, 1975, 167-192.

Lancaster, Lewis R., with Sung-bae Park. *The Korean Buddhist Canon: A Descriptive Catalogue*. Berkeley and Los Angeles: University of California Press, 1979.

Leighton, Taigen Dan, with Yi Wu, trans. *Cultivating the Empty Field: The Silent Illumination of Zen Master Hongzhi*. Boston, MA: Tuttle, 2000.

Levering, Miriam Lindsey. "Ch'an Enlightenment for Laymen: Ta-hui and the New Religious Culture of the Sung." Ph.D. diss. Harvard University, 1978.

———. "Miao-tao and Her Teacher Ta-hui." In Peter N. Gregory and Daniel A. Getz Jr., eds., *Buddhism in the Sung*. Honolulu: University of Hawai'i Press, 1999, 188-219.

Lévi-Strauss, Claude. *The Raw and the Cooked*. New York: Harper & Row, 1969.

Lincoln, Bruce. *Theorizing Myth: Narrative, Ideology, and Scholarship*. Chicago: University of Chicago Press, 1999.

Lincoln, Roger J.; Geoff Boxshall; and Paul Clark. *A Dictionary of Ecology, Evolution, and Systematics*. Cambridge and New York: Cambridge University Press, 1998.

Mather, Richard B., trans. *A New Account of Tales of the World*. By Liu I-ch'ing, with commentary by Liu Chün. Minneapolis: University of Minnesota Press, 1976.

McLuhan, Marshall. *Understanding Media: The Extensions of Man*. New York: McGraw-Hill, 1964.

McRae, John R. [John Robert McRae]. "The Antecedents of Encounter Dialogue in Chinese Ch'an Buddhism." In Steven Heine and Dale S. Wright, eds., *The Kōan: Texts and Contexts in Zen Buddhism*. New York: Oxford University Press, 2000, 46–74.

——. "Encounter Dialogue and the Transformation of the Spiritual Path in Chinese Ch'an." In Robert E. Buswell Jr. and Robert M. Gimello, eds., *Paths to Liberation: The Marga and Its Transformations in Buddhist Thought*. Honolulu: University of Hawai'i Press, 1992, 339–369.

——. "The Legend of Hui-neng and the Mandate of Heaven." In *Fo Kuang Shan Report of International Conference on Ch'an Buddhism*. Kaohsiung, Taiwan: Fo Kuang Publisher, 1990, 69–82.

——. *The Northern School and the Formation of Early Ch'an Buddhism*. Kuroda Institute, Studies in East Asian Buddhism, no. 3. Honolulu: University of Hawai'i Press, 1986.

——. "The Northern School of Chinese Ch'an Buddhism." Ph.D. diss. Yale University, 1983.

——. "The Ox-head School of Chinese Buddhism: From Early Ch'an to the Golden Age." In Robert M. Gimello and Peter N. Gregory, eds., *Studies in Ch'an and Hua-yen*. Kuroda Institute, Studies in East Asian Buddhism, no. 1. Honolulu: University of Hawai'i Press, 1983, 169–253.

——. "Religion as Revolution in Chinese Historiography: Hu Shih (1891–1962) on Shen-hui (684–758)." *Cahiers d'Extrême-Asie*, 12 (2001): 59–102.

——. Review of Broughton, *The Bodhidharma Anthology*. In *Journal of Chinese Religions* 28 (2000): 193–199.

——. Review of Hershock, *Liberating Intimacy*. In *Journal of Asian Studies* 56, no. 2 (May 1997): 474–476; surrejoinder in *Journal of Asian Studies* 57, no. 1 (February 1998): 167–168.

——. Review of Orzech, *Politics and Transcendent Wisdom*. In *Journal of Chinese Religions* 27 (1999): 113–121.

——. "Shenhui and the Teaching of Sudden Enlightenment in Early Chan Buddhism." In Peter N. Gregory, ed., *Sudden and Gradual: Approaches to Enlightenment in Chinese*

Thought. Kuroda Institute, Studies in East Asian Buddhism, no. 5. Honolulu: University of Hawai'i Press, 1987, 227–278.

———. "Shenhui's Vocation on the Ordination Platform and Our Visualization of Medieval Chinese Ch'an Buddhism." *Annual Report of the Institute for Zen Studies, Hanazono University* 24 (December 1998): 43–66.

———. "Shenshi chuancheng—chenshu Chanzong di ling yizhong fangshi" 審視伝承―陳述禅宗的另一種方式 (Looking at lineage: A different method of describing the Chan school). Trans. Kuan Tse-fu [Guan Zefu] 関則富. *Chung-Hwa Buddhist Journal* 13 (2000): 281–298.

———. "The Story of Early Ch'an." In Kenneth Kraft, ed., *Zen: Tradition and Transition*. New York: Grove Press, 1988, 125–139.

———. "Up Front, Out Back, and in the Field: Three Models of Buddhist Endeavor in East Asia." Oral presentation, Association for Asian Studies, November 1988. Unpublished.

———. "Yanagida Seizan's Landmark Works on Chinese Ch'an." *Cahiers d'Extrême-Asie*, 7 (1993–1994): 51–103.

———. *Zen Evangelist: Shen-hui (684–758), Sudden Enlightenment, and the Southern School of Chinese Ch'an Buddhism*. Unpublished.

McRae, John R., trans. "The Development of the 'Recorded Sayings' Texts of the Chinese Ch'an School." See under Yanagida Seizan.

Meskill, Johanna M. "The Chinese Genealogy as a Research Source." In Maurice Freeman, ed., *Family and Kinship in Chinese Society*. Stanford, CA: Stanford University Press, 1970, esp. 143–147.

Mizuno Kōgen 水野弘元. "Zenshū seiritsu izen no Shina no zenjō shisōshi josetsu" 禅宗成立以前のシナの禅定思想史序説 (Introductory explanation of meditation theory in China prior to the formation of the Chan school). *Komazawa Daigaku kenkyū kiyō* 駒沢大学研究紀要 15 (March 1957): 15–54.

Nakamura Hajime 中村元. *Bukkyōgo daijiten* 仏教語大辞典 (Encyclopedia of Buddhist terms). Tōkyō: Tōkyō shoseki 東京書籍, 1975.

Nattier, Jan. *A Few Good Men: The Bodhisattva Path according to* The Inquiry of Ugra *(Ugraparipṛcchā)*. Honolulu: University of Hawai'i Press, 2003.

———. *Once Upon a Future Time: Studies in a Buddhist Prophecy of Decline*. Nanzan Studies in Asian Religions, no. 1. Berkeley: Asian Humanities Press, 1991.

Ogawa Tamaki 小川環樹 et al. *Kadokawa shinjigen, kaitei ban* 角川新字源、改定版 (Kadokawa new word source). Tōkyō: Kadokawa shoten 角川書店, 1994.

Ong, Walter J. *Orality and Literacy: The Technologizing of the Word*. New York: Methuen,

1982.

Ono Genmyō 小野玄妙. *Bussho kaisetsu daijiten* 仏書解説大辞典 (Encyclopedia of Buddhist texts). Tōkyō: Daitō shuppansha 大東出版社, 1933-1936.

Ortner, Sherry B. *High Religion: A Cultural and Political History of Sherpa Buddhism*. Princeton, NJ: Princeton University Press, 1989.

——. "On Key Symbols." *American Anthropologist* 75 (1973): 1338-1346.

——. "Patterns of History: Cultural Schemas in the Foundings of Sherpa Religious Institutions." In Emiko Ohnuki-Tierney, ed., *Culture Through Time: Anthropological Approaches*. Stanford, CA: Stanford University Press, 1990, 57-93.

Orzech, Charles D. *Politics and Transcendent Wisdom: The Scripture for Humane Kings in the Creation of Chinese Buddhism*. University Park: Pennsylvania State University Press, 1998.

Ozaki Yūjirō 尾崎雄二郎 et al. *Kadokawa daijigen* 角川大字源 (Kadokawa large word source). Tōkyō: Kadokawa shoten 角川書店, 1992.

Poceski, Mario. "The Hongzhou School of Chan Buddhism during the Mid-Tang Period." Ph.D. diss. University of California, Los Angeles, 2000.

Pulleyblank, Edwin G. *Lexicon of Reconstructed Pronunciation in Early Middle Chinese, Late Middle Chinese, and Early Mandarin*. Vancouver, B.C.: UBC Press, 1991.

Robinet, Isabelle. *Taoist Meditation: The Mao-Shan Tradition of Great Purity*. Trans. Julian F. Pas and Norman J. Girardot. Albany: State University of New York Press, 1993.

Roth, Harold D. *Original Tao: Inward Training and the Foundations of Taoist Mysticism*. New York: Columbia University Press, 1999.

Sasaki, Ruth Fuller, trans. *The Recorded Sayings of Ch'an Master Lin-chi Hui-chao of Chen Prefecture*. Kyōto: The Institute for Zen Studies, 1975.

Schaberg, David. *A Patterned Past: Form and Thought in Early Chinese Historiography*. Cambridge, MA, and London: Harvard University Asia Center and Harvard University Press, 2001.

Schlütter, Morten. "Silent Illumination, Kung-an Introspection, and the Competition for Lay Patronage in Sung Dynasty Ch'an." In Peter N. Gregory and Daniel A. Getz Jr., eds., *Buddhism in the Sung*. Honolulu: University of Hawai'i Press, 1999, 109-147.

——. "Vinaya Monasteries, Public Abbacies, and State Control of Buddhism under the Sung Dynasty (960-1279)." In William M. Bodiford, ed., *Going Forth: Visions of Buddhist Vinaya*. Kuroda Institute, Studies in East Asian Buddhism, no. 18. Honolulu: University of Hawai'i Press, 2005.

Schopen, Gregory. "Filial Piety and the Monk in the Practice of Indian Buddhism: A Question of 'Sinicization' Viewed from the Other Side." *T'oung Pao* 70 (1984): 110-126.

Sekida, Katsuki. *Two Zen Classics: Mumonkan and Hekiganroku*. Ed. A. V. Grimstone. New York and Tōkyō: Weatherhill, 1977.

Sᴇᴋɪɢᴜᴄʜɪ Shindai 関口真大. *Daruma no kenkyū* 達磨の研究 (A study of Bodhidharma). Tōkyō: Iwanami shoten 岩波書店, 1967.

Sharf, Robert H. "Buddhist Modernism and the Rhetoric of Meditative Experience." *Numen* 42 (1995): 228-283.

——. *Coming to Terms with Chinese Buddhism: A Reading of the Treasure Store Treatise*. Kuroda Institute, Studies in East Asian Buddhism, no. 14. Honolulu: University of Hawai'i Press, 2002.

——. "Experience." In Mark C. Taylor, ed., *Critical Terms for Religious Studies*. Chicago and London: University of Chicago Press, 1998, 94-116.

——. "On the Buddha-nature of Insentient Things (or: How to Think about a Ch'an Kung-an)." Unpublished paper, 1998.

——. "The Zen of Japanese Nationalism." In Donald S. Lopez Jr., ed., *Curators of the Buddha: The Study of Buddhism Under Colonialism*. Chicago: University of Chicago Press, 1995, 107-160.

Shastri, Dakshinaranjan. *Origin and Development of the Rituals of Ancestor Worship in India*. Calcutta: Bookland, 1963.

Skjærvø, Prods Oktor. "Khotan, An Early Center of Buddhism in Chinese Turkestan." In John R. McRae and Jan Nattier, eds., *Buddhism Across Boundaries: Chinese Buddhism and the Western Regions. Collection of Essays, 1993*. Taipei: Fo Guang Shan Foundation for Buddhist and Culture Education, 1999, 265-345.

Stein, Rolf A. "Religious Taoism and Popular Religion from the Second to the Seventh Centuries." In Holmes Welch and Anna Seidel, eds., *Facets of Taoism: Essays in Chinese Religion*. New Haven, CT: Yale University Press, 1979, 53-82.

Stone, Jacqueline. *Original Enlightenment and the Transformation of Medieval Japanese Buddhism*. Kuroda Institute, Studies in East Asian Buddhism, no. 12. Honolulu: University of Hawai'i Press, 1999.

Strickmann, Michel. "Saintly Fools and Chinese Masters (Holy Fools)." *Asia Major* 3rd ser., 7, no. 1 (1994): 35-57.

——. "The Tao among the Yao: Taoism and the Sinification of South China." In Sakai Tadao sensei koki shukuga kinen no kai 酒井忠夫先生古稀祝賀記念の会, eds., *Rekishi ni okeru minshū to bunka, Sakai Tadao sensei koki shukuga kinen ronshū* 歴史における民衆と文化：酒井忠夫先生古稀祝賀記念論集. Tōkyō: Kokusho kankōkai 国書刊行会,

1982, 23–30.

Suzuki Tetsuo 鈴木哲雄. *Tō-Godai no Zenshū—Konan Kōsei hen* 唐五代の禅宗―湖南江西篇 (The Chan school in the Tang and Wudai: Hunan and Jiangxi edition). Tōkyō: Daitō shuppansha 大東出版社, 1984.

——. *Tō-Godai Zenshūshi* 唐五代禅宗史 (History of the Chan school in the Tang and Wudai). Tōkyō: Sankibō Busshorin 山喜房仏書林, 1985.

Swanson, Paul. *Foundations of T'ien-t'ai Philosophy: The Flowering of the Two Truths Theory in Chinese Buddhism*. Berkeley, CA: Asian Humanities Press, 1989.

——. "Wall-gazing, *Vipaśyanā*, and Mixed Binomes." Unpublished paper presented at the Japan Forum of The Edwin O. Reischauer Institute of Japanese Studies, October 2, 1997.

Tang Yongtong 湯用彤. *Han Wei liang Jin Nanbeichao Fojiao shi* 漢魏両晋南北朝仏教史 (History of Buddhism in the Han, Wei, the two Jin, and the North-South Dynasties). Changsha 長沙 and Chongqing 重慶: Shangwu yinshuguan 商務印書館, 1928; reprint, Taipei 台北: Guoshi yanjiushi 国史研究室, 1974.

Tatz, Mark, and Jody Kent. *Rebirth: The Tibetan Game of Liberation*. Garden City, NY: Anchor, 1977.

Turner, Victor. *Dramas, Fields, and Metaphors: Symbolic Action in Human Society*. Ithaca, NY: Cornell University Press, 1975.

Watson, Burton, trans. *The Zen Teachings of Master Lin-chi: A Translation of the* Lin-chi lu. Boston, MA, and London: Shambala, 1993.

Weinstein, Stanley. *Buddhism under the T'ang*. Cambridge: Cambridge University Press, 1987.

Welch, Holmes. *The Practice of Chinese Buddhism, 1900–1950*. Cambridge, MA: Harvard University Press, 1967.

Williams, Paul. *Mahāyāna Buddhism: The Doctrinal Foundations*. London: Routledge, 1989.

Wittern, Christian. *Das Yulu des Chan-Buddhismus: die Entwicklung vom 8.–11. Jahrhundert am Beispiel des 28. Kapitels des* Jingde Chuandenglu *(1004)*. Schweizer asiatische Studien, Monographien, Bd. 31. Bern and New York: P. Lang, 1998.

Wright, Arthur F. *Buddhism in Chinese History*. Stanford, CA: Stanford University Press, 1959; New York: Atheneum, 1965.

Wright, Dale S. *Philosophical Meditations on Zen Buddhism*. Cambridge: Cambridge University Press, 1998.

Wu, Pei-yi. *The Confucian's Progress: Autobiographical Writings in Traditional China*. Princeton, NJ: Princeton University Press, 1990.

Yamabe, Nobuyoshi 山部能宜. "*The Sūtra on the Ocean-like Samādhi of the Visualization *of the Buddha:* The Interfusion of the Chinese and Indian Cultures in Central Asia as Reflected in a Fifth-Century Apocryphal Sūtra." Ph.D. diss. Yale University, 1999.

YAMADA Shōji. "The Myth of Zen in the Art of Archery." *Japanese Journal of Religious Studies* 28, nos. 1–2 (2001): 1–30.

Yampolsky, Philip B. *The Platform Sutra of the Sixth Patriarch: The Text of the Tun-huang Manuscript with Translation, Introduction, and Notes.* New York and London: Columbia University Press, 1967.

YANAGIDA Seizan 柳田聖山. *Daruma no goroku—Ninyū shigyō ron* 達摩の語録—二入四行論. Zen no goroku 禅の語録, no. 1. Tōkyō: Chikuma shobō 筑摩書房, 1969.

——. "The Development of the 'Recorded Sayings' Texts of the Chinese Ch'an School" (Zenshū goroku no keisei) 禅宗語録の形成. *Indogaku Bukkyōgaku kenkyū* 印度学仏教学研究 18, no. 1 (December 1969): 39–47. Reprinted in Whalen Lai and Lewis Lancaster, eds., *Early Ch'an in China and Tibet,* trans. John R. McRae. Berkeley Buddhist Studies Series, no. 5. Berkeley, CA: Asian Humanities Press, 1983, 185–205.

——. "Goroku no rekishi" 語録の歴史 (The history of recorded sayings). *Tōhō gakuhō Kyōto* 東方学報 京都 57 (March 1985): 211–663.

——. "Hokushūzen no shisō" 北宗禅の思想 (The thought of Northern-school Chan). *Zenbunka Kenkyūjo kiyō* 禅文化研究所紀要 6 (1974): 67–104.

——. "The Life of Lin-chi I-hsüan." *Eastern Buddhist* n.s. 5, no. 2 (October 1972): 70–94.

——. "The *Li-tai fa-pao chi* and the Ch'an Doctrine of Sudden Awakening." In Whalen Lai and Lewis Lancaster, eds., *Early Ch'an in China and Tibet,* trans. Carl Bielefeldt. Berkeley Buddhist Studies Series, no. 5. Berkeley, CA: Asian Humanities Press, 1983, 13–49.

——. *Shoki Zenshū shisho no kenkyū* 初期禅宗史書の研究 (Studies in the historical works of the Early Chan school). Kyōto: Hōzōkan 法蔵館, 1967.

——. *Sodōshū* 祖堂集 (Anthology of the patriarchal hall). Kyōto: Chūbun shuppansha 中文出版社, 1972.

Yifa. *The Origins of Buddhist Monastic Codes in China: An Annotated Translation and Study of the* Chanyuan qinggui. Kuroda Institute, Classics in East Asian Buddhism. Honolulu: University of Hawai'i Press, 2002.

ZHOU Jiannan 周劍南. "Wushu-zhong Shaolin-pai zhi yanjiu" 武術中少林派之研究 (A study of the Shaolin school of the martial arts). *Zhongguo wushu shiliao jikan* 中国武術史料集刊 4 (1979): 125–157.

——. "Xingyi quan zhi yanjiu" 刑意拳之研究 (A study of Xingyi boxing). *Zhongguo wushu shiliao jikan* 中国武術史料集刊 2 (1975): 88–107.

Ziporyn, Brook. *Evil and/or/as The Good: Omnicentrism, Intersubjectivity, and Value Paradox in Tiantai Buddhist Thought*. Cambridge, MA, and London: Harvard University Asia Center and Harvard University Press, 2000.

——. "What Is the Buddha Looking At? The Importance of Intersubjectivity in the T'ien-t'ai Tradition as Understood by Chih-li." In Peter N. Gregory and Daniel A. Getz Jr., eds., *Buddhism in the Sung*. Honolulu: University of Hawai'i Press, 1999, 442–476.

Zürcher, E. *The Buddhist Conquest of China: The Spread and Adaptation of Buddhism in Early Medieval China*. Leiden: E. J. Brill, 1959.

索　引

あ

アーキタイプ　25
アイデンティティー　14, 17, 21, 22, 26, 41, 116, 155, 158, 159, 165, 198
アメリカ　14, 41, 70, 159, 160
阿育王山　169
阿難陀　15, 55
阿弥陀仏　55, 159
安国玄挺　84
安史の乱　101, 147, 149
安心問答　41, 44
安禄山　101
行者　91

い

イスラム教　102, 151
インサイダーとアウトサイダー　24
インド　13, 15-18, 20, 21, 39, 40, 42-44, 57, 58, 62, 63, 65, 66, 69, 70, 88, 100, 102, 106, 108, 135, 146, 152, 154-156, 190, 194-197, 200
インドラ　168
以心伝心　157
囲碁　135
一行　100
一日作さざれば、一日食わず　56
一物　77, 78, 90, 96, 97, 126
逸話　13, 19, 28, 34, 96, 99, 105-107, 111, 114, 115, 118, 129, 130, 153, 154

犬　105, 174
印可　19, 114
淫祀邪教　152

う

ウェルチ（ホームズ）　157
宇井伯寿　56
宇宙論（コスモロジー）　199
ヴィパシュヤナー（vipaśyanā）　50, 63-66, 190
内には分明に照らし　124
台　89, 90, 92, 93
雲南　203
雲門（文偃）　166, 167
雲門宗　15, 172

え

エリート仏教　160
恵可　13, 15, 27, 30, 32, 39-41, 43, 44, 47, 54, 98, 129, 133
恵能　15, 17, 19, 25, 27-29, 40, 54-56, 63, 80, 81, 83-85, 88-92, 94-98, 110, 115, 116, 118, 119, 129-132, 144, 156, 162
慧真　122, 123
懐譲（南岳）　15, 112-116
英雄史観　24
円教　79, 93
宴坐　114
縁門　85-87, 94

索　引　243

圜悟（克勤）　166, 167, 170, 172, 173, 175

お

和尚　139
黄金時代　27, 35, 145, 162, 163, 177
黄梅　31, 33, 53-55, 57, 58, 72, 73
奥の間（back room）　132, 136

か

カシミール　18
科挙　69
迦葉→摩訶迦葉
迦葉（菩薩）　81, 82
家系　18, 23, 28, 196, 198
家系図　18
家父長制　24, 199
過去七仏　15-17, 20, 154, 155
『嘉泰普灯録』　156
伽藍　74
会昌の破仏／廃仏　101, 143, 152
戒、定、慧　18, 55
戒壇　81, 82, 147
開元寺　149
開悟　28, 46, 87, 99, 130, 167, 174-177, 181, 184, 185, 188, 189, 191, 194, 198
開悟体験　185, 188, 189
階層秩序（ハイアラーキー）　196, 198
鏡　89, 90, 92, 93, 113-115, 174
格物　177, 186-188
格物致知　178
喝・棒拳　108, 110
鐘　120
磚　113, 114
看話（禅）　166, 168-170, 172, 176, 178, 186, 187

寒山　177
間主観性（intersubjectivity）　190-193
勧請　168
漢化（sinification）　151, 152
関中　69
韓子蒼　166, 168
観　50, 63-66, 190
観心　27, 74, 93
『観心論』　74, 75, 93
『観無量寿経』　61
元来是無一物　97

き

軌跡（trace）　42
記述の詳細さは、不明確さを意味する　45
鬼　197, 198, 202
規範志向　187-190
聞こえる　128
機縁問答　27, 34, 35, 87, 96, 99, 103, 105, 107-113, 117, 118, 120-124, 128-133, 135, 137, 138, 150, 153, 164, 172, 174, 176, 186, 187, 193
蘄州　71
偽経　60
義青（投子）　179, 180
義福　121
儀式　100, 117, 128, 142, 145, 159, 163, 168, 169, 195, 196, 199, 202
儀式化　99, 127, 128, 177
北と南　84
居敬窮理　178
虚構　19, 29, 96, 130-133, 158, 202
虚構された親子関係　198
教外別伝　16, 18, 103

教寺　157-159
教禅一致　103
教相判釈　159
行　52
行入　52, 53, 66, 124, 186, 187
玉泉寺　33, 54, 71, 80, 136
均質化(作用)　20, 22, 25, 28
径山　169
金(王朝)　37, 167, 169, 178, 180
金和尚　116

く

クールな媒体　115
クライマックス・コミュニティ　161, 162, 164
クライマックス・パラダイム　35, 103, 161, 162, 165, 166, 201, 203
功徳　39, 74, 75, 148
苦行　30, 47, 52, 56, 174, 190
good news　147
グナバドラ(求那跋陀羅)　44
『グリーン・デスティニー』　45
具足戒　157
空(śūnyatā)　19, 20, 48, 64, 78, 88, 94, 117, 126, 200
空・仮・中　87, 192
空劫　180
偶像破壊　35, 41, 58, 98, 99, 110, 148, 172
薫風南より来り、殿閣に微涼生ず　167

け

華厳(宗)　92, 185
『華厳経』　159
偈／偈頌　88-94, 96, 97, 115, 172, 179

系譜　17, 18, 20, 21, 23-26, 41, 44, 73, 81, 98, 99, 111, 131, 156, 176, 177, 180, 188, 193, 198, 199
荊州　31, 33, 54, 71, 116
経験　200
景賢　100
『景徳伝灯録』　73, 102, 111, 112, 115, 123, 154, 156
『建中靖国続灯録』　156
権力分配　158
玄奘　70
玄素　84
玄宗　101
玄朗　123
原型　25, 32, 41, 118
原始禅　27, 30-34, 46, 47, 51, 54, 57, 65, 163, 164, 186-188
源清　193

こ

コータン　70, 102
コミュニティ　117, 161, 162, 164, 177, 185, 202, 203
コンジェヴァラン　45
古典時代　35
古典禅　35, 105, 107, 108, 110-112, 187
胡適　16, 146, 147, 163
湖南　27, 33, 71, 149, 168
ゴータマ　56
五岳　70
五家　15, 27, 28
五祖　88, 91
五祖(弘忍)→弘忍
五祖法演　167
『五灯会元』　156

索引　245

『五方便』　77, 97, 117, 124-128
牛車　113
牛頭宗／禅　15, 27, 29, 34, 83-85, 87, 94, 95, 123, 130
後得智　124, 125, 127
語録　109
護教論　131
口語　27, 107, 109, 137, 153, 154
口述　119, 136
口承　35, 117
口頭　28, 109, 118, 124, 128, 135-137, 172, 175
公案　27, 36, 120, 121, 166, 168, 170, 172, 173, 175, 177, 193
孔子　117, 177, 178, 203
弘忍　15, 27, 33, 40, 44, 53-59, 61-63, 65, 66, 71-74, 77, 79, 81, 88-91, 94, 96-98, 116, 118, 119, 121, 171, 184, 186
交流の実践　124
江西　134, 149, 168
孝子　98
洪州　27, 31, 149
洪州宗　111, 116, 117, 132, 133, 149, 150, 152
香油　75
高宗　71
『高僧伝』　151
皎然　83, 84
黄巣の乱　101, 152, 153
降魔蔵　79
国師　71
心　40, 60, 61, 63-66, 74, 77-80, 82, 84-87, 89, 90, 92, 93, 111, 114, 120, 124-126, 171, 178, 184, 187, 188, 190, 193, 194
心是菩提樹　90
心如明鏡台　89
心を凝らして禅定に入り　79, 80
『金剛経』　44, 91
金剛石　60
金剛智　100
根本智　124, 125, 127

さ

サーチライト　64, 65
作務　56, 141, 142, 144
坐　80
坐禅　39, 45, 49, 79, 80, 98, 112-114, 120, 134, 155, 159, 160, 174
坐禅堂　13, 41, 136, 165, 189
西域　70
最澄　76
齋と齊　75
悟りという結果　176
悟りに至る階梯　189
悟りの経験／体験　21, 61, 105, 130, 133, 134, 146, 150, 180, 200
悟りの達成への過程　188
悟りのモデル　131
悟りの物語　112, 130
悟りへの努力　180, 181
三斤の麻　105, 107
三聚浄戒　74
三諦　87, 192
三段階の論法／論理　87, 94
山外派　191, 193, 194
山家派　191, 193
散華　74
懺悔　159

し

シャマタ(śamatha)　63-65, 190
シュルッター(モルテン)　184
シルク・ロード　43, 57, 69, 102
シンメトリー　133
士大夫　176
止　50, 51, 63-66, 190
止観　159
四行　52, 66
四川　116, 167
死後世界の官僚制的性格　198
死者世界の官僚制的もしくは階層制的性格　196
始覚　187, 188
指事問義　119-121
師資相承　73, 198
祠堂　198
資金調達　139, 141, 143, 147
ジェイ(ナンシー)　23, 199, 200
ジェルネ(ジャック)　163
ジポリン(ブルック)　191, 192
ジョーゲンセン(ジョン)　198
自発性／的　27, 28, 35, 103, 124, 128, 130, 135, 142, 177, 190
事実ではない、それゆえに、より重要である　19, 30
持齋　75
時時勤払拭　89
色　124, 126
十方叢林　157-159, 165
拾得　177
舎利　45
舎利弗　80, 114, 131
釈迦牟尼(仏)　15, 17, 19, 39, 92, 133, 150, 168, 203
釈尊　17, 21, 55, 74
著語　172, 175
主流仏教(Mainstream Buddhism)　65
守心　61, 65, 186
首都禅　34, 55, 57, 69, 73
修行という過程　176
修行と証悟とには煩わされない　184
受動的な禅定　168
頌　172, 173, 175
頌古　168, 172
儒教　47, 71, 163, 177, 202
儒・仏・道　203
宗派　16-18, 22, 23, 29, 34, 46, 64, 85, 103, 127, 159, 163-166, 189, 194
宗密　82, 92, 111
修辞的純粋性　129
修辞的純粋性の法則(rule of rhetorical purity)　83, 94
修身、斉家、治国、平天下　178
『修心要論』　57-63, 65, 72, 74, 121, 171, 184, 186
戒　151
『十地経論』　60
『春秋』　177, 178
処寂　116
初期・古典期の禅　186, 188
初期禅　27, 29-34, 51, 65, 88, 94, 118, 119, 123, 128, 130, 148, 186, 187, 201
初祖　15, 16, 43, 44
所化　192
書記言語　137
諸派による共有　158
諸仏出身の処　167
女性排除　23, 199

小乗(仏教)　65, 108
少林寺　31, 39, 41, 44, 45, 70
『少林寺 達磨大師』　45
生死　171, 184, 195
尚古主義　58
尚古的モデル　177
称法行　52, 67
笑話集　117
清浄心　32
焼香　74
照　182, 183, 186
韶州　31, 80
上座部　65
浄土教　61, 146, 163, 185, 199
趙州(従諗)　105-107, 110, 149
植民地化　146
心偈　88, 89, 91, 115
信　49, 93, 186
『信心銘』　72
神　197, 198, 202
神話作成　19, 22
真観　193
真歌(清了)　168, 179-182
真言宗　76
『真宗論』　130
清規　143
新疆　151
新儒教　145, 146, 177, 178, 185-188
神秀　15, 17, 27-29, 33, 54, 55, 58, 63, 71-77, 79-81, 83, 84, 89-96, 98, 100, 101, 115, 120-122, 136
神会　27, 34, 72, 79-83, 85, 87, 91, 92, 94-98, 129, 130, 134, 135, 147, 148, 183
『神会語録』　44

す

スワンソン(ポール)　50
垂示　172
遂行的(performative)　107
随縁行　52
崇遠　79, 80, 129
嵩山　31, 39, 44, 58, 70, 79
双六　134, 135
鈴木大拙　18, 105, 139, 140, 166

せ

Zen　45, 63, 139, 140
正心　177
正統　29, 33, 71, 81, 96, 99, 140, 185
正・反・合　87
成文化　117, 128, 129, 132, 133, 137, 150, 153
西堂　174
青原行思　15, 116
青原系　28, 155
聖人伝説(hagiography)　17, 41-43, 45, 46, 50, 56, 58, 63, 98
静　67, 171, 181, 182, 187, 190
静坐　186
静的・動的　187
石頭(希遷)　15, 27, 34, 110, 149, 150, 156
雪竇(重顕)　172, 175
説教師　81
『絶観論』　85, 130
『先徳集於双峰山塔各談玄理十二』　97
善無畏　100
禅　63, 80, 84, 103, 121, 123, 159
禅寺　157, 158

248

禅宗　17, 21, 23, 32, 34, 35, 39, 45, 53, 56, 57, 76, 82, 83, 98, 99, 107, 121, 134, 141, 143, 146, 152, 155, 156, 158-160, 162, 164, 165, 176, 179, 194, 199, 202

禅定　18, 21, 30, 43, 50, 52, 55-57, 63, 64, 66, 79-82, 95, 100, 113, 116, 118, 128, 159, 160, 165, 166, 168, 171, 176, 177, 183, 186, 189, 190, 193

禅定から智慧を得る方便　128

禅スタイル　69, 100, 121-123

禅ではない新しい禅　82

『禅とオートバイ修理法』　139

『禅と日本文化』　139

『禅と無心』　139

『禅苑清規』　143

禅のコミュニティ　117, 164

禅の自発性　177

『禅の道』　139

禅ブーム　69, 76

『禅門秘要決』　130

禅問答　34, 105

漸教　189

漸悟　29, 36, 83, 94

漸修　134, 190

漸進的／主義　32, 83, 92, 94, 129, 189, 190

そ

sŏn　63

祖師　15-17, 19, 20, 24, 26, 28, 44, 45, 57, 59, 73, 81, 83, 89, 96, 99, 105, 133, 150, 155, 156, 174, 175, 177, 198, 203

祖師が西から来た意図　105

祖先　175, 177, 195-199

祖先崇拝　196

『祖堂集』　17, 27, 44, 111, 114, 115, 117, 133, 136, 149, 150, 153-155

祖霊崇拝　194

遡源的　29, 30, 33, 35, 47, 51, 57, 72, 73

双峰　53

『宋高僧伝』　45, 123

宋代禅　27, 35-37, 99, 108, 128, 161, 162, 165, 166, 178, 186, 188-190, 193, 199, 201-204

相互交渉　41, 111, 123, 130, 135, 136, 142, 153, 155

相互作用　21, 134, 164

『荘子』　117, 118

曹渓　31, 97, 169

『曹渓大師伝』　97

曹山（本寂）　15, 34, 162

曹洞（系／宗／禅）　15, 17, 27, 29, 36, 63, 149, 165, 166, 168, 178-180, 185-187, 189, 194

葬送儀礼　194-198

僧璨　15, 40, 44, 59, 72

僧肇　67

僧稠　52, 63

僧堂　34, 112, 135, 147, 150, 155, 159, 165, 174

叢林　56, 145, 158

即身成仏　76

則天武后　71, 72

『続高僧伝』　44, 47, 52

外には自在に働く　124

村落　202, 203

た

ただ（但）　48, 49, 60, 61

ダグラス（メアリー）　199

大悟　170
大悟の瞬間　168
大陽警玄　179
太陽　60, 61, 65, 66, 84, 119
太陽と雲　60
体と用　66, 183, 187
泰山　31, 79
大慧(宗杲)　15, 27, 36, 166-172, 175-182, 184, 185, 189
大黒天(マハーカーラ)　203
大蔵経　155
択木堂　167
達摩　13, 15-17, 19, 21, 25, 27, 30, 32, 34, 36, 39-47, 50-52, 54, 58, 60, 63, 65-67, 70, 73, 81, 84, 94, 98, 105, 106, 110, 118, 119, 125, 127, 129, 133, 148, 150, 154, 162, 164, 178, 186, 203
単伝　96
弾指　111
湛然　50, 51
男性支配的イデオロギー　23
『壇経』(『六祖壇経』)　27, 34, 56, 83, 85, 88, 90-99, 107, 115, 116, 118, 144
『壇語』　81

ち

chan　63
チェン(ケネス)　163
チベット　151
知的植民地　146
知礼　191-193
智顗　50, 51, 84, 87, 136, 159, 190-192
中観　55, 88
中期禅　27, 31, 34, 35, 108
中国化　17, 20

中国的特色をもつ社会主義　18
中国的ルネッサンス(Chinese renaissance)　146
『中論』　117
長安　31, 33, 34, 57, 69, 70, 73, 76, 100, 101, 136, 137, 153
張九成　177, 178, 188
張商英　166

つ

徒弟院　157, 158

て

thien　63
duel　29, 52, 135
デイヴィス(エドワード)　202, 203
ディヤーナ(dhyāna)　63, 65
デューイ(ジョン)　16
デュモリン(ハインリッヒ)　45, 142-147, 158, 162
デリダ(ジャック)　42
出逢い　14, 20, 21, 41, 116, 117, 131, 135, 141, 147, 188
出逢いのパラダイム　134, 135
提唱　175
天師道　151
『天聖広灯録』　156
天真　86
天台(宗)　16, 76, 84, 122, 123, 157-159, 163, 185, 190-194, 199
天台山　31, 159, 191
天台智顗→智顗
天寧寺　167
伝道活動家　148
『伝法宝紀』　44, 54, 71, 73, 118

伝法偈　44

と

ド・バリー（ウィリアム・セオドア）
　163
努力は　照のうちに忘却される　182
度僧　148
度牒　180
灯史　13, 73, 77, 97, 109, 116, 119, 149,
　154-156, 158, 159, 172, 198, 199
当意即妙　111, 118, 132
投子義青→義青
東岳→泰山
東山　53-56, 73
東山浄門　54
東山、水上に行く　167
東山法門　33, 34, 39, 51, 53-57, 72, 118,
　136, 143, 144, 164
東堂　174
『東林和尚雲門庵主頌古』　168
洞山（守初）　105-107
洞山（良价）　15, 34, 156, 162
唐和尚　116
唐代禅　58, 112, 128, 143, 162, 163
湯用彤　67
等価性　133, 156
鄧小平　18
動　67, 171, 181, 182, 187
動と静　67
道楷（芙蓉）　180, 181
道学　178
道教　25, 70, 151, 202
道元　179, 189
道士　151, 202
道信　15, 33, 40, 44, 53-59, 72, 77, 118

道宣　49
突破の体験としての悟り　184
鳥　120
敦煌　31, 77
敦煌写本／文献／本　25, 27, 32, 48, 88,
　90, 96, 97, 116, 118
頓教　91, 189
頓悟　29, 36, 83, 92, 94, 100, 129, 146,
　176, 189, 190
頓（と）漸　63, 83, 87, 95, 135, 187-190
曇林　43

な

ナティエ（ジャン）　152
ナンセンス　106
内在論　187-190
南岳　116
南岳懐譲→懐譲
南岳系　28, 155
南宗　15, 27-29, 34, 63, 80, 83-85, 91,
　96, 97, 100, 122
『南宗定是非論』　44, 79
南泉（普願）　34, 110, 149, 173-175
南泉斬猫　172
南宋　37, 169
南朝　39, 44
南唐　37, 153
南陽慧忠　116

に

二元性／主義　51, 62, 125, 129
二元（対立／論）的　83, 87, 129, 176, 181,
　187, 195
二元的構造　123, 127
二項対立　63, 95

二十八祖／代　16, 17, 39, 150, 154, 156
二祖　13, 39
二入　36, 51, 65-67
『二入四行論』　27, 32, 43, 46, 48, 51-53, 60, 65, 66, 121, 123, 125, 127
日本曹洞宗　179
日本達磨宗　45
日本文化　18, 139
『入道安心要方便法門』　72
入理先生　85, 86, 94
如海　84
如来の普遍的な「平等」法身　127
遠行　74
庭さきのヒノキ　105

ね

涅槃　60, 61, 65, 114, 120, 183, 185
『涅槃経』　81, 120
猫　173, 174

の

ノイズ　137
ノンフィクションとしてのリアリティ　110
能化　191
能仁寺　169

は

波斯国(ペルシャ)　44
バイモダリティ(bimodality)　51, 53
バズウェル(ロバート)　176
バラモン　39, 43, 44
バレット(ティモシー)　117
馬祖(道一)　15, 27, 34, 35, 110-117, 132-134, 149, 150, 156, 162, 170, 178

罵天翁　168
パーシグ(ロバート)　139
廃仏　47, 143, 144
『裴休拾遺問』　111
白隠慧鶴　162
白話　153
貘　151
蓮の花が開いて　夢が覚める　183, 184
八風　50, 51
遥か遠くを看よ　77, 78
反主知主義　58
反二元主義　62, 129
般若　117, 190
『般若経』　67

ひ

ひとつながりの真珠　24, 26, 46, 57, 59
非論理的　107
秘伝　18, 127, 128
被漢化(sinicization)　151
ビフォアーとアフター　133
筆記　73, 87, 132, 134, 136, 137
筆写　136, 138
筆録　28, 35, 57
百丈(懐海)　34, 143, 149
『百丈清規』　143
白檀の仏像　122
評唱　172, 175
廟堂　198, 203

ふ

ファンド・レイジング(資金調達)　140
フィッシャー(ダヴィッド・ハケット)　201
フォーク(T・グリフィス)　164

不覚　193
不空　100, 102
不是心、不是仏、不是物　170, 171
不断の修行　92-94
不二　192
不二法門　62
不立文字　16
父系 (patriarchal / patrilineal)　22, 28, 199
布教師　81, 82
芙蓉道楷→道楷
浮山法遠　179
普寂　79-81, 84, 121, 122
普請　56, 144
普遍的に「平等」である如来の法身　126
ブラーフマン　195
『ブリタニカ百科事典』　45
武宗　143, 146
武道　45, 46
プレータ　195
福音伝道者　147
福州　168
仏性　27, 32, 48, 49, 60, 61, 65, 74, 75, 90, 94, 105, 107, 111, 174, 186, 187
仏性常清浄　90
仏像　39, 74, 122
仏図澄　151
仏塔　74
文章化　154, 175
文脈　107, 115, 121, 171, 172
文脈化　53, 106

へ

ヘリゲル (オイゲン)　139
ペルソナ (人格)　81

白族　203
『碧巌録』　27, 166, 172, 175
壁　50
壁観　48-51
壁定　50
返照　87, 190

ほ

ホットな媒体　115
『法華経』　16, 55, 131, 132, 159
ボード・ゲーム　134, 135
ボレル (アリ)　178
菩提樹　56, 78, 89, 90, 92, 93, 96, 168
菩提心　81, 82, 148
菩提達摩→達摩
菩提本無樹　90
方言　137
方丈　135, 150
方便　74, 93, 118, 128
宝誌　84
『宝林伝』　17, 44, 116, 133, 134, 150
『放光〔般若〕経』　67
法雲　121, 122
法欽　123
法系　13, 18, 22-25, 27, 32, 39, 57, 72, 73, 79-83, 85, 94, 99, 134, 141, 149, 150, 154-156, 158, 159, 164, 168, 174-176, 179, 185, 188, 198, 199, 202
法系図　14-26, 28, 29, 156
法系の主張は、それが強力であればあるほど、真実から離れている　22, 83
法如　55, 58, 73, 118
「法如禅師行状」　44, 73
報怨行　52
龐居士　13

牟子　131
北魏　39
北周　47
北宗　15, 27-29, 33, 34, 63, 72, 73, 77, 79-81, 83-85, 91, 95-98, 100, 101, 115-119, 121-124, 127-129, 136, 147
北面　69, 72
『法句経疏』　97
仏　105, 107, 112-114
仏を殺し、親を殺せ　173
本覚　186, 187
本覚思想　200
本則　172, 173, 175
本来無一物　90, 97
翻経院　58
梵天　168

ま

マクルーハン（マーシャル）　16, 115, 174
マクレーの法則　19, 22
摩訶迦葉　15
『摩訶止観』　50
末法　153

み

『未来のいつか』　152
身是菩提樹　89
身為明鏡台　90
道　85
道のパラダイム　134, 135
密教　100-102, 160
南と北　83
南の恵能、北の神秀　80
妙道　168, 170

む

無　105, 107
無我　20
無学な聖人　97, 99
無処　78
無所求行　52
無心　86
無相　116
無念　100

め

メタ論理　123
目覚め（ボーディ）の経験　200
明鏡本清浄　90
明鏡亦非台　90
明鏡亦無台　90
面壁　39, 41, 45, 49, 50

も

文字化　59, 109, 111
文字禅　202
木版印刷という新興のメディア　160
沐浴　75, 194
黙　183
黙照（禅）　36, 166, 168, 178, 179, 183, 184, 186, 187, 194
黙照の道　182
『黙照銘』　179, 182
黙と照　183
『物不遷論』　66
物語の連環構造　150
問答　39, 41, 43, 48, 85, 106, 107, 110, 115, 117, 119, 121, 124, 128-130, 132, 134, 137, 150, 153, 155, 172, 175, 176,

182, 183

や

訳経　58, 102
訳経院　102
柳田（聖山）　49, 150

ゆ

遊行　47, 54
維摩（詰）　80, 114
『維摩経』　114
遺偈　169, 170
用　66, 183, 187
『弓と禅』　139

よ

永嘉玄覚　116
揚子江　31, 37, 39
楊枝　75

ら

ライト（アーサー）　162
ラジニーシ（バグワン・シリ）　139
ランプ　93, 119
礼拝　75, 122
洛陽　31, 33, 34, 39, 40, 43, 44, 47, 54, 57, 69-71, 73, 76, 79, 100, 136
『洛陽伽藍記』　44

り

理所　149
理と行　53, 63
理入　48, 50-53, 65-67, 123, 125, 186, 187
『理惑論』　131

六博　135
律寺　157, 158
律宗　122, 158, 159
柳宗元　84
龍王の娘　131, 132
両極性／的　29, 52, 62, 67, 161, 183, 185, 187, 189-191
梁の武帝　39, 43, 44, 58, 129, 148
『楞伽経』　44, 47, 89, 91
『楞伽師資記』　44, 71-73, 97, 119
『楞伽人法志』　97
臨安　31, 169
臨済（義玄）　15, 27, 34, 110, 138, 156, 162, 173
臨済（宗／禅）　15, 17, 27, 29, 36, 63, 162, 165, 166, 169, 179, 186, 187, 189
臨場感　136, 138

る

ルネッサンス　145, 146

れ

レヴァリング（ミリアム）　167, 168, 170
霊媒　202
歴史家の錯誤　201
連合体（コンソシエーション）　177, 185
『聯灯会要』　156

ろ

ロマン主義はシニシズムを生み出す　158
ロマンティック　35, 158, 162
老安　84, 116, 136

索引　255

老子　203
老荘　117
六祖　56, 85, 88, 92, 96, 98, 115, 132, 169
六祖(恵能)→恵能
『六祖壇経』→『壇経』
六代　16, 17, 20, 155, 156
六波羅蜜　52, 74

わ

ワインシュタイン(スタンレー)　152
ワッツ(アラン)　139
話頭　36, 167, 170-172
宏智(正覚)　15, 27, 36, 179, 180, 182-184, 187

著者略歴

ジョン・R・マクレー（John R. McRae）1947-2011

米スタンフォード大学卒業後、イェール大学大学院に進み、修士（東アジア学、1971年）および博士（宗教学、1983年）の学位を取得。イェール大学ではスタンレー・ワインシュタイン（Stanley Weinstein）教授の門下で仏教学・仏教史を学び、その間、1972年、日本に留学。1973年から1975年まで、京都で柳田聖山教授に師事して中国禅宗史を専攻した。主著は *The Northern School and the Formation of Early Ch'an Buddhism*（University of Hawai'i Press, 1986）と本書の原著 *Seeing through Zen: Encounter, Transformation, and Genealogy in Chinese Chan Buddhism*（University of California Press, 2003）。そのほか、論文・書評、および仏典禅籍の英訳多数。コーネル大学を経て、インディアナ大学で助教授・教授を勤め、その後、東京に移住。駒澤大学の講師や東京大学の客員研究員などを勤めながら、英語・中国語・日本語を駆使して各国の講座・学会・研究会等で指導的役割を果たした。2010年、病を得て米国に帰国。その後、オーストラリアを経て、タイに居を移し、療養しつつ研究と著述に従事していたが、2011年10月22日、バンコクの病院で逝去。"Zen Evangelist: Shen-hui (684-758), Sudden Enlightenment, and the Southern School of Chinese Ch'an Buddhism" の完成が目前であった。

解説者略歴

小川　隆（おがわ　たかし）

1961年生。駒澤大学仏教学部禅学科卒業、同大学院仏教学専攻博士課程満期退学。現在、駒澤大学総合教育研究部教授。博士（文学、東京大学、2009年）。著書、『神会——敦煌文献と初期の禅宗史』（臨川書店）、『語録のことば——唐代の禅』（禅文化研究所）、『臨済録——禅の語録のことばと思想』（岩波書店）、『続・語録のことば——《碧巌録》と宋代の禅』（禅文化研究所）、『語録の思想史——中国禅の研究』（岩波書店）。はじめの二点について、マクレー教授が自身の回顧をまじえつつ日本語で書いた批評がある。「日本の禅研究と私——小川隆『神会』『語録のことば』の刊行にちなんで」（『東方』320号、東方書店、2007年10月／『禅文化』207号、禅文化研究所、2008年1月、転載）。

虚構ゆえの真実　新中国禅宗史
2012年5月20日　第1刷発行

著　　者　ジョン・R・マクレー
発 行 者　青山　賢治
発 行 所　大蔵出版株式会社
　　　　　〒113-0033 東京都文京区本郷 3-24-6-404
　　　　　TEL.03-5805-1203　FAX.03-5805-1204
　　　　　http://www.daizoshuppan.jp/
装　　幀　クラフト大友
印 刷 所　中央印刷株式会社
製 本 所　株式会社難波製本

© Jan Nattier 2012　Printed in Japan
ISBN 978-4-8043-0582-0　C3015